**HUGO DE BRITO
MACHADO SEGUNDO**

**MARCIO AUGUSTO DE
VASCONCELOS DINIZ**

COORDENADORES

TEORIA *do* DIREITO

ESTUDOS EM HOMENAGEM A ARNALDO VASCONCELOS

AUTORES

BRUNO LEONARDO CÂMARA CARRÁ
GILBERTO BERCOVICI
GLAUCO BARREIRA MAGALHÃES FILHO
HUGO DE BRITO MACHADO
HUGO DE BRITO MACHADO SEGUNDO
JOÃO MAURÍCIO ADEODATO
MARCIO AUGUSTO DE VASCONCELOS DINIZ
MARTONIO MONT'ALVERNE BARRETO LIMA
NATERCIA SAMPAIO SIQUEIRA
PAULO DE TARSO FERNANDES DE SOUZA
TERCIO SAMPAIO FERRAZ JR.
VALMIR PONTES FILHO

2021 © Editora Foco

Coordenadores: Marcio Augusto de Vasconcelos Diniz e Hugo de Brito Machado Segundo
Autores: Bruno Leonardo Câmara Carrá, Gilberto Bercovici, Glauco Barreira Magalhães Filho, Hugo de Brito Machado,
Hugo de Brito Machado Segundo, João Maurício Adeodato, Marcio Augusto de Vasconcelos Diniz,
Martonio Mont'Alverne Barreto Lima, Natercia Sampaio Siqueira, Paulo de Tarso Fernandes de Souza,
Tercio Sampaio Ferraz Jr. e Valmir Pontes Filho
Diretor Acadêmico: Leonardo Pereira
Editor: Roberta Densa
Assistente Editorial: Paula Morishita
Revisora Sênior: Georgia Renata Dias
Capa Criação: Leonardo Hermano
Diagramação: Ladislau Lima e Aparecida Lima
Impressão miolo e capa: FORMA CERTA

Dados Internacionais de Catalogação na Publicação (CIP) (Câmara Brasileira do Livro, SP, Brasil)

T314 Teoria do Direito: estudos em homenagem a Arnaldo Vasconcelos / Bruno Leonardo Câmara Carrá ... [et al.] ;
coordenado por Marcio Augusto de Vasconcelos Diniz, Hugo de Brito Machado Segundo. - Indaiatuba, SP : Editora
Foco, 2021.
172 p. ; 17cm x 24cm.

Inclui bibliografia e índice.

ISBN: 978-65-5515-151-0

1. Direito. 2. Teoria do Direito. 3. Arnaldo Vasconcelos. I. Carrá, Bruno Leonardo Câmara. II. Bercovici,
Gilberto. III. Magalhães Filho, Glauco Barreira. IV. Machado, Hugo de Brito. V. Segundo, Hugo de Brito Machado.
VI. Adeodato, João Maurício. VII. Diniz, Marcio Augusto de Vasconcelos. VIII. Lima, Martonio Mont'Alverne
Barreto. IX. Siqueira, Natercia Sampaio. X. Souza, Paulo de Tarso Fernandes de. XI. Ferraz Jr., Tercio Sampaio. XII.
Pontes Filho, Valmir. XIII. Título.

2020-2373   CDD 340   CDU 34

Elaborado por Vagner Rodolfo da Silva - CRB-8/9410

Índices para Catálogo Sistemático:

1. Direito 340   2. Direito 34

DIREITOS AUTORAIS: É proibida a reprodução parcial ou total desta publicação, por qualquer forma ou meio, sem a prévia autorização da
Editora FOCO, com exceção do teor das questões de concursos públicos que, por serem atos oficiais, não são protegidas como Direitos Autorais,
na forma do Artigo 8º, IV, da Lei 9.610/1998. Referida vedação se estende às características gráficas da obra e sua editoração. A punição para a
violação dos Direitos Autorais é crime previsto no Artigo 184 do Código Penal e as sanções civis às violações dos Direitos Autorais estão previstas
nos Artigos 101 a 110 da Lei 9.610/1998. Os comentários das questões são de responsabilidade dos autores.

NOTAS DA EDITORA:

Atualizações e erratas: A presente obra é vendida como está, atualizada até a data do seu fechamento, informação que consta na página II do livro.
Havendo a publicação de legislação de suma relevância, a editora, de forma discricionária, se empenhará em disponibilizar atualização futura.

Erratas: A Editora se compromete a disponibilizar no site www.editorafoco.com.br, na seção Atualizações, eventuais erratas por razões de erros
técnicos ou de conteúdo. Solicitamos, outrossim, que o leitor faça a gentileza de colaborar com a perfeição da obra, comunicando eventual
erro encontrado por meio de mensagem para contato@editorafoco.com.br. O acesso será disponibilizado durante a vigência da edição da obra.

Impresso no Brasil (09.2020) – Data de Fechamento (09.2020)

2021

Todos os direitos reservados à
Editora Foco Jurídico Ltda.

Rua Nove de Julho, 1779 – Vila Areal
CEP 13333-070 – Indaiatuba – SP

E-mail: contato@editorafoco.com.br
www.editorafoco.com.br

PREFÁCIO

Diversos são os fatores que podem levar uma pessoa a abraçar uma profissão e nela construir uma carreira. Nem sempre é fácil identificá-los, a menos que entre eles esteja o sincero gosto pelo que se faz. Nesse caso, a dedicação, o empenho, a resistência ao cansaço e qualidade do resultado tornam inescondível a razão maior da escolha. É o que ocorre com o Professor Arnaldo Vasconcelos, que por décadas, muitas delas na Universidade Federal do Ceará, e as mais recentes na Universidade de Fortaleza, segue contribuindo para que gerações de estudiosos do Direito tenham despertado o senso crítico, o gosto pela teoria, pela Epistemologia e por uma visão do Direito voltada aos valores que o devem inspirar.

Mas Arnaldo não é apenas um professor dedicado, o que já seria muito. Em um mundo em que já não são tão poucos os que ensinam e escrevem o que pensam, Arnaldo tem traço distintivo digno de nota, a inseri-lo em um rol muito seleto de pessoas: ele *tem um pensamento*, que não é só a reprodução ou a compilação do que outros pensaram antes dele. E procura incentivar os seus alunos a fazerem o mesmo. Suas ideias a respeito do Direito Natural, do Humanismo, da Democracia e da Epistemologia são traços inconfundíveis de sua forma própria, coerente e sistêmica de compreensão do fenômeno jurídico.

Em razão disso, como mostra da gratidão e do reconhecimento de seus alunos e de seus amigos por sua trajetória e sua contribuição ao pensamento jurídico brasileiro, decidiu-se, no âmbito do Programa de Pós-Graduação em Direito da Universidade Federal do Ceará, organizar o presente livro, sua homenagem (*Festschrift*), o qual é integrado por textos voltados aos seguintes eixos temáticos: *i)* Epistemologia Jurídica; *ii)* Teoria da Norma Jurídica; *iii)* Teoria do Ordenamento Jurídico; *iv)* Hermenêutica Jurídica. Os autores do volume, além de estudiosos de tais assuntos, são amigos do homenageado e, mais que isso, foram de algum modo influenciados por seu pensamento. Alguns, aliás, foram seus alunos ainda no curso de bacharelado, tendo sido por ele introduzidos à Teoria do Direito, o que confere especial unidade à obra. Não são textos que apenas reproduzem o pensamento do autor, ou o descrevem; em verdade, são trabalhos que percorrem os assuntos elegidos de modo a evidenciar a importância e a marcante influência das ideias de Arnaldo sobre todos nós, o que parece ser o verdadeiro propósito de uma *Festschrift*.

Não podemos encerrar essas breves palavras introdutórias, porém, sem o registro de alguns agradecimentos. Aos autores, por terem prontamente atendido ao nosso convite e produzido os textos que ora integram esta coletânea; e à Editora FOCO, pela cuidadosa edição e publicação da obra, viabilizando esta *Festschrift* em torno do saudoso Professor Arnaldo Vasconcelos.

Fortaleza, 24 de setembro de 2020

Marcio Augusto de Vasconcelos Diniz
Hugo de Brito Machado Segundo

SUMÁRIO

PREFÁCIO

Marcio Augusto de Vasconcelos Diniz e Hugo de Brito Machado Segundo III

I – EPISTEMOLOGIA JURÍDICA

HANS KELSEN, A DEMOCRACIA E O PARADOXO DO RELATIVISMO AXIOLÓGICO

Hugo de Brito Machado Segundo.. 3

CONSIDERAÇÕES SOBRE A CONTRAPOSIÇÃO ENTRE QUESTÕES POLÍTICAS E QUESTÕES JURÍDICAS NA JURISDIÇÃO CONSTITUCIONAL SOB A ÓTICA DA EPISTEMOLOGIA

Martonio Mont'Alverne Barreto Lima e Paulo de Tarso Fernandes de Souza....... 17

UMA VISÃO NATURAL DO DIREITO

Valmir Pontes Filho 27

II – TEORIA DA NORMA JURÍDICA

SANÇÕES JURÍDICAS: RELEITURA À LUZ DA PREVENÇÃO E DA PROTEÇÃO EFICAZ DOS DIREITOS

Bruno Leonardo Câmara Carrá 43

UMA TEORIA DA NORMA JURÍDICA

Hugo de Brito Machado 59

ESTRUTURA E FUNÇÃO DA NORMA JURÍDICA EM HANS KELSEN – E A DISCUSSÃO SOBRE A RESPOSTA CORRETA

João Maurício Adeodato... 69

III – TEORIA DO ORDENAMENTO JURÍDICO

HANS KELSEN E A TEORIA DA CONSTITUIÇÃO

Gilberto Bercovici 89

PONTES DE MIRANDA, HANS KELSEN E OS DEBATES SOBRE A JURISDIÇÃO CONSTITUCIONAL NA ASSEMBLEIA CONSTITUINTE DE 1933-1934

Marcio Augusto de Vasconcelos Diniz 95

IV – HERMENÊUTICA JURÍDICA

A TEORIA DOS VALORES EM C. S. LEWIS

Glauco Barreira Magalhães Filho 123

COERÊNCIA E CRÍTICA: A HERMENÊUTICA JURÍDICA EM TEMPOS DEMO-CRÁTICOS

Natercia Sampaio Siqueira 139

IN CLARIS CESSAT INTERPRETATIO? ALGUMAS CONSIDERAÇÕES EM TORNO DOS LIMITES DA INTERPRETAÇÃO JURÍDICA

Tercio Sampaio Ferraz Jr. 153

I – Epistemologia Jurídica

HANS KELSEN, A DEMOCRACIA E O PARADOXO DO RELATIVISMO AXIOLÓGICO

Hugo de Brito Machado Segundo

Mestre e Doutor em Direito. Advogado em Fortaleza. Membro do ICET – Instituto Cearense de Estudos Tributários. Professor da Faculdade de Direito da Universidade Federal do Ceará, de cujo Programa de Pós-Graduação (Mestrado/Doutorado) é Coordenador. *Visiting Scholar* da *Wirtschaftsuniversität*, Viena, Áustria.

Sumário: 1. Introdução. 2. Positivismo e ceticismo axiológico. 3. Relativismo e consequente adequação da democracia. 4. Democracia e minorias. 5. Possível contraponto às premissas e subsistência das conclusões. 6. Considerações finais. 7. Referências.

1. INTRODUÇÃO

Geralmente associado à Teoria Pura do Direito, Hans Kelsen é pouco lembrado, chegando a ser por muitos ignorado, relativamente às contribuições que deu ao estudo e à defesa da democracia. Suas ideias a esse respeito, contudo, merecem reflexão e divulgação, mostrando-se surpreendentemente atuais e pertinentes em um cenário em que se acentuam conflitos aparentemente insolúveis em torno de valores, princípios e modos de vida. Essa, inclusive, tem sido a preocupação do Instituto Hans Kelsen, que está a publicar versões em inglês das obras seminais do aludido autor a respeito da democracia, na tentativa de ver corrigida, de algum modo, essa omissão nos estudos a seu respeito[1].

Parece pertinente, assim, revisitar essa parte do pensamento de Kelsen, cotejando-a com algumas reflexões adicionais, havidas no âmbito da Epistemologia, a respeito da Ciência e dos valores. É o que se pretende fazer neste pequeno estudo, dedicado a compor coletânea organizada em homenagem a um dos maiores estudiosos do pensamento kelseniano no Brasil, Arnaldo Vasconcelos. Aliás, além de exímio conhecedor de Kelsen, Arnaldo é, também, pioneiro no estudo da Epistemologia Jurídica no país, respondendo sobretudo por seu florescimento no âmbito do Estado do Ceará, o que talvez reforce a adequação da temática aqui escolhida.

2. POSITIVISMO E CETICISMO AXIOLÓGICO

Apesar das dificuldades em se identificarem características comuns às várias correntes agrupadas sob o genérico e abrangente rótulo do *positivismo*, sabe-se que um dos pontos de convergência entre elas, notadamente no que tange ao positivismo jurídico, é o ceticismo axiológico. Partindo da premissa de que os valores seriam emocionais e

---

1. Cf., v.g, KELSEN, Hans. *The essence and value of democracy.* Translated by Brian Graf. Maryland: Rowman & Littlefield Publishers, 2013.

subjetivos, afirmações em torno deles não poderiam ter sua correção aferida a partir de critérios objetivos. Daí por que a ciência deveria ocupar-se apenas da realidade como é, e não sobre como essa realidade deveria ser, algo que dependeria das preferências pessoais do pesquisador.

Aplicando-se esse raciocínio ao estudo do Direito, não haveria critério objetivo para se afirmar, por exemplo, que uma determinada concepção de justiça seria melhor, ou mais correta, do que outra. Essa é a base sobre a qual se constrói a Teoria Pura do Direito, voltada para o estudo do elemento comum às várias ordens jurídicas particulares, tal como elas são, independentemente de qualquer questionamento sobre como elas deveriam ser, para quem as estuda[2].

Por isso, à luz da Teoria Pura, Direito e Estado se confundem, representando os dois lados da mesma moeda. Povo, território e soberania, os três elementos formadores do Estado, nada mais seriam que os destinatários da ordem jurídica, seu âmbito espacial de vigência e a coação que lhe garante eficácia[3]. Presente um mínimo de eficácia, requisito tido como condição de sua validade, a ordem jurídica existe como tal, independentemente de seu conteúdo. O pesquisador pode, subjetivamente, não gostar de uma ordem jurídica, que lhe parece injusta ou iníqua, mas terá de admitir que se trata de uma ordem jurídica, diferenciando *as coisas como são* daquelas que ele considera que *deveriam ser*. Kelsen não nega, por certo, que as normas jurídicas sejam elaboradas à luz de valores, mas estes são objetivados na ordem jurídica quando de sua positivação, não se confundindo com aqueles alimentados subjetivamente pelo intérprete[4].

Não é o caso, aqui, de se detalhar o pensamento de Kelsen no âmbito da Teoria Pura[5]. O relevante é notar que, no que tange aos valores, precisamente por partir de tais premissas céticas ou relativistas, Kelsen defendia, no campo da ciência política, a Democracia como o regime mais adequado às sociedades humanas, a pressupor, paradoxalmente, liberdade, igualdade e tolerância.

---

2. KELSEN, Hans. *Teoria Pura do Direito*. Tradução de João Baptista Machado. 6. ed. São Paulo: Martins Fontes, 2000, p. 1.
3. KELSEN, Hans. *Teoria pura do direito*. Tradução de João Baptista Machado. 6.ed. São Paulo: Martins Fontes, 2000, p. 317 a 321; *Id. Teoria geral do direito e do Estado*. Tradução de Luis Carlos Borges. São Paulo: Martins Fontes, 2000, p. 261 e ss. Em razão disso, Herman Heller acusa-o de haver criado uma "teoria do Estado sem Estado" HELLER, Herman. *Teoria do Estado*. Tradução de Lycurgo Gomes da Motta. São Paulo: Mestre Jou, 1968, p. 78.
4. E mesmo esse valor objetivo, subjacente à norma posta e que orienta o *dever ser lógico* (porque determinado pela ordem jurídica), em contraste com o *dever ser axiológico*, que Kelsen repele (porque fundado nas preferências subjetivas de cada um), é, na Teoria Pura, algo bem diferente dos "valores" que se reconhecem positivados nas normas contemporaneamente vistas como tendo "estrutura de princípio". A incapacidade da Teoria Pura, mesmo com o reconhecimento de "valores objetivados na ordem jurídica", de lidar com normas com estrutura de princípio pode ser observada de diversas de suas passagens, como aquela na qual se afirma que "a graduação do valor no sentido objetivo não é possível, visto uma conduta somente poder ser conforme ou não ser conforme uma norma objetivamente válida, contrariá-la ou não a contrariar – mas não ser-lhe conforme ou contrariá-la em maior ou menor grau." KELSEN, Hans. *Teoria pura do direito*. Tradução de João Baptista Machado. 6.ed. São Paulo: Martins Fontes, 2000, p. 22.
5. Para tanto, confira-se VASCONCELOS, Arnaldo. *Teoria Pura do Direito*: repasse crítico de seus principais fundamentos. 2.ed. Rio de Janeiro: GZ, 2010.

3. RELATIVISMO E CONSEQUENTE ADEQUAÇÃO DA DEMOCRACIA

Já no início de seu escrito seminal[6] sobre a democracia Kelsen parte de premissas que talvez não se conciliem bem com o princípio de Hume, subjacente ao positivismo em geral, também conhecido como repúdio à falácia naturalista: a maneira como a realidade *é* não pode fundamentar, por si só, um juízo a respeito de como essa mesma realidade *deveria ser*. De fato, ao tratar da democracia, Kelsen parte da ideia de que o ser humano tem uma natural tendência ou instinto à liberdade, opondo-se a toda forma de dominação ou heteronomia, mas por outro lado consideraria insuportável o ônus de tudo ter de decidir e resolver, necessitando assim de padrões para seguir. Esses dois instintos naturais criariam uma situação paradoxal de repulsa e de carência às amarras inerentes à vida em sociedade, que teria na democracia a maneira mais adequada de conciliação. Com efeito, por meio da democracia, obtém-se um alívio à agonia da heteronomia, mas, ao mesmo tempo, preserva-se a liberdade, pois as normas que compõem a ordem jurídica e limitam a liberdade dos indivíduos são, de algum modo, fruto da vontade destes, ou da maior parte destes.

> [a] liberdade possível dentro da sociedade, e especialmente dentro do Estado, não pode ser a liberdade de qualquer compromisso, pode ser apenas a de um tipo particular de compromisso. O problema da liberdade política é: como é possível estar sujeito a uma ordem social e permanecer livre? Assim Rousseau formulou a questão cuja resposta é a democracia. Um sujeito é politicamente livre na medida em que a sua vontade individual esteja em harmonia com a vontade 'coletiva' (ou 'geral') expressa na ordem social. Tal harmonia da vontade 'coletiva' com a individual é garantida apenas se a ordem social for criada pelos indivíduos cuja conduta ela regula.[7]

Mas não só. Kelsen considera que por meio da democracia faz-se com que um maior número possível de pessoas determine o conteúdo das normas a que se submeterão, sendo a forma menos imperfeita ou mais adequada de garantir a liberdade a um maior número de pessoas, no âmbito da vida em sociedade. Tudo, repita-se, por conta do ceticismo axiológico, do qual o relativismo axiológico é apenas uma espécie ou vertente. Se não há critério objetivo para afirmar a correção de uma concepção de justiça ou a incorreção de outra, todas devem ter espaço na deliberação política, e todas as pessoas devem ter oportunidade de participar da elaboração das normas jurídicas.[8]

Esse é um Kelsen que, nas palavras de Miguel Reale, "anda esquecido."[9] Um Kelsen que defendeu, é certo, a possibilidade de o Direito ter qualquer conteúdo, sem deixar de ser, por isso, Direito; mas que defendeu, precisamente por conta da impossibilidade de se afirmar a existência de um conteúdo correto, de forma científica, objetiva e neutra,

---

6. A primeira edição do livro "A essência e o valor da democracia", no qual essas ideias se acham expostas, é de 1920. Em português, confira-se: KELSEN, Hans. *A democracia*. Tradução de Ivone Castilho Benedetti, Jefferson Luiz Camargo, Marcelo Brandão Cipolla e Vera Barkow. São Paulo: Martins Fontes, 2000.
7. KELSEN, Hans. *Teoria geral do direito e do Estado*. Tradução de Luís Carlos Borges. São Paulo: Martins Fontes, 2000, p. 408.
8. Isso confere legitimidade à ordem jurídica, a qual, na lúcida dicção de Arnaldo Vasconcelos, "resolve-se sempre pela compatibilização dos valores dos sistemas respectivos com os valores do grupo social que o mantém" VASCONCELOS, Arnaldo. *Direito, humanismo e democracia*. São Paulo: Malheiros, 1998, p. 26.
9. REALE, Miguel. *Direito natural/direito positivo*. São Paulo: Saraiva, 1984, p. 67.

dada a subjetividade e a relatividade dos valores, que estes, os valores, deveriam ser conciliados democraticamente. É o que explica, ainda, Reale:

> A democracia não significa, dizia Kelsen, não crer em valores. Mas a democracia significa reconhecer que o valor, no qual eu ponho a minha fé, não exclui o valor admitido por outrem. A tolerância, dizia Kelsen, é o gérmen e o fundamento da democracia. A democracia é a ordem política que tem por base a equivalência dos valores e a tolerância no exercício do conhecimento teórico e da vida prática.
>
> Talvez uma das teses liberais fundamentais esteja nesta formulação kelseniana, de que resultava algo de muito importante, que era a preservação das minorias. A democracia existe para que haja minoria. A democracia não existe para que haja maioria, porque a maioria existe também nos regimes ditatoriais. A democracia existe para que haja minoria, porque esta significa a presença de tolerância. Onde não há minoria não há tolerância.[10]

A propósito de tolerância, convém notar, como se faz no próximo item deste artigo, o quão longe na defesa de alguns valores, paradoxalmente, o relativismo axiológico de Kelsen o conduziu. Com efeito, a preservação da vontade da maioria, em uma democracia, há de pressupor, como elemento necessário, a proteção das minorias.

4. DEMOCRACIA E MINORIAS

Para Kelsen, a democracia não é apenas o regime onde prevalece a vontade da maioria, mas no qual se respeita a minoria. Em suas palavras,

> [o] princípio de maioria não é, de modo algum, idêntico ao domínio absoluto da maioria, à ditadura da maioria sobre a minoria. A maioria pressupõe, pela sua própria definição, a existência de uma minoria; e, desse modo, o direito da maioria implica o direito de existência da minoria. O princípio de maioria em uma democracia é observado apenas se todos os cidadãos tiverem permissão para participar da criação da ordem jurídica, embora o seu conteúdo seja determinado pela vontade da maioria. Não é democrático, por ser contrário ao princípio de maioria, excluir qualquer minoria da criação da ordem jurídica, mesmo se a exclusão for decidida pela maioria.
>
> Se a minoria não for eliminada do procedimento no qual é criada a ordem social, sempre existe uma possibilidade de que a minoria influencie a vontade da maioria. Assim, é possível impedir, até certo ponto, que o conteúdo da ordem social venha a estar em oposição absoluta aos interesses da minoria. Esse é um elemento característico da democracia.[11]

Veja-se que, paradoxalmente, em razão do ceticismo axiológico do qual parte, Kelsen termina por defender, de forma aparentemente universal, a democracia, a liberdade, a igualdade e a tolerância. Termina por afirmar que tais premissas são necessárias ao florescimento da verdade e da ciência[12], e por atribuir ainda à democracia uma forma mais adequada de realizar tendências *naturais* ao ser humano. Com isso, talvez se evi-

---

10. *Ibid.*, 1984, p. 67.
11. KELSEN, Hans. *Teoria geral do direito e do Estado*. Tradução de Luis Carlos Borges. São Paulo: Martins Fontes, 2000, p. 411.
12. KELSEN, Hans. *Que es la justicia?* Disponível em: <http://www.usma.ac.pa/web/DI/images/Eticos/Hans%20 Kelsen.%20La%20Juticia.pdf>. Acesso em: 11.11.2008. No mesmo sentido, Norberto Bobbio, outro positivista, reconhece que "governo democrático e ciência livre não podem existir um sem o outro." BOBBIO, Norberto. *Teoria geral da política* – a filosofia política e as lições dos clássicos. Tradução de Daniela Beccaccia Versiani. São Paulo: Campus, 2000, p. 398-399

dencie que a própria defesa do relativismo axiológico incorre, ela própria, no paradoxo de recorrer a valores[13].

De fato, defender o estudo meramente descritivo da realidade, tal como ela é, sem considerações sobre como ela deveria ser, é, em si mesmo, *prescrever* algo ao pesquisador, o que só se pode fazer tendo como parâmetro uma ideia de como a realidade (a pesquisa) *deve ser*. Isso, por si, já viola a premissa positivista de rejeição à metafísica. Mas, adicionalmente, vê-se que o ceticismo axiológico, conduzindo ao relativismo, impõe a conclusão de que, se todas as concepções de justiça têm igual valor, é superior àquela que dá voz a todas as outras, em um ambiente de liberdade e tolerância.

Referidas passagens mostram, ainda, que a Epistemologia pressupõe a defesa de alguns valores, tendo em vista que por meio dela se examina o conhecimento humano e se sabe que existem cenários mais propícios ao florescimento da ciência. Afinal, a ciência pressupõe a possibilidade de a opinião dominante ser desafiada, e se sabe que a verdade só é alcançada quando existe ampla liberdade, independência e tolerância para que isso ocorra.[14] É inescapável, portanto, mesmo quando se adota a concepção positivista de ciência, defender valores, nem que sejam apenas aqueles capazes de viabilizar o próprio desenvolvimento da ciência.

5. POSSÍVEL CONTRAPONTO ÀS PREMISSAS E SUBSISTÊNCIA DAS CONCLUSÕES

Tão interessante quando observar a eloquente contradição no pensamento kelseniano, que defende democracia, liberdade, igualdade e tolerância como consequência de um ceticismo axiológico, é verificar que a crítica às premissas adotadas pelo positivismo, a saber, o caráter meramente descritivo da ciência e o relativismo ou o ceticismo axiológico, pode afastar essas mesmas premissas mas preservar, talvez até com maior solidez, as mesmas conclusões, o que talvez atribua maior contraste aos equívocos de tais premissas.

Primeiro, vale passar a limpo as premissas epistemológicas do positivismo jurídico. Não é correta a ideia de que o conhecimento científico é composto de afirmações ou crenças cuja veracidade pode ser aferida objetivamente, de sorte a afastar qualquer dúvida a respeito, aspecto que motivaria o afastamento dos valores.

Considerada desde a primeira e mais primitiva forma de acúmulo de informações na natureza, que é o processo de seleção natural e o registro dele decorrente impresso no DNA dos seres vivos[15], até o conhecimento consciente e racional desenvolvido por seres humanos, com todas as situações intermediárias verificadas entre essas duas pontas –

---

13. Confira-se, a esse respeito, DWORKIN, Ronald. *Justice for Hedgehogs*. Cambridge: Harvard University Press, 2011.
14. "A sociedade de cientistas deve ser uma democracia. Apenas se pode manter viva e crescer por uma tensão constante entre a dissidência e o respeito; entre a independência das opiniões dos outros e a tolerância para com elas." BRONOWSKI, J. *O homem e a ciência*: ciência e valores humanos. Tradução de Alceu Letal. Belo Horizonte: Itatiaia. São Paulo: Editora da Universidade de São Paulo. 1979, p. 68.
15. Confira-se, a propósito, AFTALIÓN, Enrique R.; VILANOVA, José; RAFFO, Julio. *Introducción al derecho*. Buenos Aires: Abeledo-Perrot, 2004, p. 41-47; DAWKINS, Richard. *O maior espetáculo da terra*: as evidências da evolução. Tradução de Laura Teixeira Motta. São Paulo: Companhia das Letras, 2009, p. 50 e ss.

como o instinto[16] e a intuição – percebe-se que o conhecimento desenvolve-se através da tentativa e do erro.

Aliás, essas duas formas de conhecimento estão relacionadas, pois os órgãos dos sentidos, produtos do processo de seleção natural, não fornecem ao ser que os possui uma impressão *perfeita* do mundo que o cerca. Além das limitações decorrentes da localização – no tempo e no espaço[17] – em que o indivíduo se encontra, e das dificuldades inerentes à interpretação das informações obtidas por tais órgãos, essa impressão perfeita, mesmo que fosse possível em tese, exigiria recursos demasiados, que fariam falta para outros fins igualmente necessários à sobrevivência do organismo. Daí por que os sentidos nos dão apenas uma impressão correta o suficiente (para a sobrevivência e a reprodução) a respeito do ambiente que nos cerca.[18]

Mas veja-se: o fato de os seres vivos terem o seu acesso ao mundo sensível intermediado por sentidos imperfeitos, a partir dos quais constroem internamente uma imagem provisória e retificável do mundo à sua volta, não deve conduzir à conclusão exageradamente cética segundo a qual as impressões que têm do mundo são falsas, ou sempre falsas, discrepantes da realidade concreta subjacente, que as provoca. Se assim fosse, os seres que delas dependem para sobreviver teriam perecido, enganados por seus sentidos sobre onde encontrar alimento, ou a respeito de para onde fugir de seus predadores. Deve-se, porém, reconhecer que elas tampouco são perfeitas, e às vezes são mesmo falsas, como sabe qualquer um que já teve a forte impressão de ver um amigo na rua, mas quando chegou um pouco mais perto constatou ser outra pessoa. O importante é ter em mente que essas impressões podem ser falsas, e por isso mesmo devem ser tomadas de forma provisória, presumindo-se corretas até que se chegue a conclusão contrária.

Não bastasse isso, a realidade é demasiadamente complexa, sendo o conhecimento, sempre, uma simplificação dela, em algum grau. Independentemente da imperfeição das informações trazidas ao cérebro pelos órgãos dos sentidos, seria impossível ao cérebro, mesmo que perfeitas e completas pudessem ser essas informações, processá-las em sua completude, inteireza e abundância. Aliás, não só impossível, mas isso, em muitas situações, do ponto de vista da sobrevivência, seria desnecessário, requerendo um esforço inútil de tempo e energia, que poderiam estar sendo empregados em outra finalidade.

Na verdade, no processo de conhecimento valorizam-se parcelas da realidade, desprezando-se (ainda que momentaneamente) outras, o que se evidencia na própria identificação do objeto a ser estudado. A precisão na determinação dos detalhes e das particularidades do objeto examinado é buscada apenas na medida em que isso é *necessário* ao propósito imediato pelo qual se busca conhecê-lo. Até a atividade consciente

---

16. Sobre o instinto como forma de conhecimento sem relação, Pontes de Miranda observa que por meio dele os animais, cuja gênese se confunde com a do próprio instinto, "fazem certo sem saber". Cf. MIRANDA, Pontes de. *O problema fundamental do conhecimento*. Porto Alegre: O Globo, 1937, p. 19.

17. Confira-se, a propósito, GLEISER, Marcelo. *A ilha do conhecimento*. Os limites da ciência e a busca por sentido. Rio de Janeiro: Record, 2014, p. 123.

18. NICOLELIS, Miguel. *Muito além do nosso eu*. São Paulo: Companhia das Letras, 2011, p. 452 e ss. É igualmente esse *trade off* de recursos escassos dos quais dispõem os organismos que explica o fato de animais que vivem em lugares nos quais não há luz, como águas extremamente profundas ou o subsolo, não terem olhos, ou terem-nos muito pouco desenvolvidos.

funciona assim, não sendo possível prestar atenção a tudo o tempo inteiro. Enquanto lê estas linhas, o leitor pode não estar atento à sua respiração ou às suas orelhas, mas pode, por um momento, dedicar total atenção a uma dessas duas coisas, que ocupação o centro de suas atenções, em detrimento das demais parcelas da realidade.

Além da escolha sobre quais parcelas serão conhecidas, há, também, escolha a respeito do quanto de precisão se exige nesse conhecimento. Imagine-se, por hipótese, que alguém pretende conhecer a distância entre duas cidades. Será problemático determinar com exatidão onde cada uma delas começa e termina, de modo a identificar, com precisão milimétrica, o espaço que as separa. Caso se deseje apenas saber o tempo aproximado de viagem de uma a outra, de avião, alguns quilômetros poderão ser desprezados e a descrição da distância, ainda assim, será adequada. Caso se pretenda conhecer a altura de um sujeito, coloca-se o mesmo problema. Precisão absoluta será impossível, mas se se deseja apenas saber se determinada camisa lhe vestirá bem, alguns milímetros a mais, ou a menos, poderão ser desprezados. Milímetros que serão decisivos, por sua vez, se se trata de determinar o grafite a ser utilizado na lapiseira do colega que nos pede um pouco emprestado, se 0.5 ou 0.7.

Em síntese, a descrição perfeita e exata da realidade não só não é possível, como muitas vezes ela não é necessária aos propósitos a que se destina. O cérebro humano, naturalmente, simplifica a realidade, desprezando parcelas irrelevantes ou "arredondando" frações desnecessárias, tudo à luz da finalidade para a qual deseja conhecê-la em cada situação específica. Uma descrição mais perfeita envolve sempre um *custo*, o qual muitas vezes não é recompensado quando o detalhe com ele obtido não tem relevância. Pense-se, no caso, no trabalho que envolveria determinar em milímetros, a distância entre duas cidades, e na necessidade de se enfrentar esse custo cognitivo se apenas se deseja calcular a conveniência de fazer o trajeto entre ambas de carro ou de avião.

Isso significa, em poucas palavras, que descrever envolve escolha, tanto sobre o que será descrito, por que será descrito, para que será descrito, sobre até que nível de detalhamento será necessário à descrição, e sobre quais elementos serão desprezados quando das aproximações inescapavelmente feitas quando da descrição. E tais escolhas, como parece claro, não são aleatórias, sendo, em verdade, guiadas por *valores*.

Por isso mesmo, Arnaldo Vasconcelos, com a precisão que lhe é peculiar, observa que "a ciência adulta do Século XX teve de renunciar a duas pretensões, que a qualificaram como conhecimento superior a todos os demais, quais sejam, de apresentar exatidão em seus resultados e de resolver definitivamente os grandes problemas do homem."[19]

Relevante, porém, é notar que a imperfeição e a precariedade do conhecimento humano podem levar a diferentes posturas diante dele. É importante analisá-las. Pode-se, partindo da concepção de que não temos certeza de termos atingido a verdade quanto ao conhecimento, assim entendida a correspondência entre a imagem formada do objeto e este objeto, adotar postura cética segundo a qual o próprio conhecimento é inviável[20]. Tudo o que sabemos, ou pensamos saber a respeito da realidade, pode ser

---

19. VASCONCELOS, Arnaldo. *Direito, humanismo e democracia*. São Paulo: Malheiros, 1998, p. 35.
20. Taruffo adota a expressão *perfeccionista desilusionado* para designer essa posição de quem, sabendo que a verdade absoluta não é possível passa ao extremo oposto e sustenta a impossibilidade de qualquer conhecimento racional. TARUFFO, Michele. *La prueba de los hechos*. Tradução de Jordi Ferrer Beltrán. Madrid: Trotta, 2.ed., 2009, p. 30.

falso. Um dia, todas as teorias nas quais os especialistas da atualidade acreditam terão o seu desacerto demonstrado. Aliás, alguém não pode ter sequer a certeza, absoluta, de que não está sonhando, enquanto lê estas linhas. Se hoje rimos dos médicos de quinhentos anos passados, o mesmo farão a respeito dos médicos de hoje os que viverem em 2515, pelo que tudo o que os médicos de hoje acham que sabem deve ser falso.

No outro extremo, pode-se adotar, diante da imperfeição do conhecimento, a postura relativista, segundo a qual tudo pode ser verdadeiro. Se a postura cética envolve a concepção de que tudo o que sabemos pode ser falso, devendo, portanto, ser assim considerado, a posição relativista faz o contrário, preconizando que, se o conhecimento é apenas possivelmente verdadeiro, qualquer afirmação pode ser verdadeira. Voltando ao exemplo dos médicos, se hoje rimos dos médicos de quinhentos anos passados, e daqui a mais quinhentos anos rirão dos médicos de hoje, não há motivo para preferirmos uma teoria construída por um pesquisador da medicina às afirmações de um curandeiro ou às prescrições da "sabedoria popular" sobre o diagnóstico e a terapia de certas moléstias. Tudo pode ser verdadeiro, afinal. Ceticismo e relativismo são extremos que se tocam, o que acontece não só no estudo de realidades empíricas, mas também no que tange à consideração de valores: se é impossível afirmar o acerto ou o erro de uma concepção de justiça, não se pode afirmar sua superioridade sobre as demais, pelo que a todas se deve atribuir igual relevo e importância.

Há, ainda, uma terceira postura possível, que mistura um pouco das outras duas: o dogmatismo. Dada a precariedade do acesso do ser humano a realidade a ser conhecida, constrói-se uma versão ou imagem dessa realidade, sem maior preocupação com sua fundamentação, que em seguida é colocada a salvo de qualquer questionamento. Afinal, se tudo pode estar errado, a crítica que se faz à ideia dogmaticamente defendida também há de estar. E como tudo pode também estar certo, esse deve ser o caso da ideia dogmaticamente defendida. É o que fazem alguns religiosos, que usam a reconhecida insuficiência da cognição humana para afirmar que seus dogmas podem estar corretos, e as versões alternativas para as explicações dos mesmos fenômenos (v.g., surgimento da vida, evolução das espécies etc.) devem estar erradas. Veja-se, por exemplo, o seguinte trecho da música "Teoria", de autoria de Padre Zezinho:

> "(...)
> no mundo de mil poetas
> e de mil filosofias
> de mil caminhos andados
> e milhões de teorias
> também posso ver a minha que nasceu da minha Fé
> a humanidade caminha pra Jesus de Nazaré
> a humanidade caminha pra Jesus de Nazaré
> ma maranata la la la la la la la
> ma maranata la la la la la la la
> no mundo de mil verdades
> e milhões de mentirinhas
> de mil excentricidades

e de mil sugestoesinhas
também quero dar a minha que nasceu da minha Fé
porque você não caminha com Jesus de Nazaré?
porque você não caminha com Jesus de Nazaré?
(...)"

É bem perceptível a equiparação do dogma religioso, sem nenhum fundamento racional, às afirmações científicas e filosóficas, baseada no caráter falível e provisório destas últimas. Afinal, se existem muitas teorias, e muitas "verdades", a crença católica seria só "mais uma", tão bem fundamentada quanto qualquer outra, ou até mais bem fundamentada, porquanto baseada na fé.

Como um meio termo entre essas três posições extremadas, o falibilismo, que corresponde, em alguma medida, à forma como se comportam os seres vivos em geral e o ser humano em particular, parece ser a forma mais adequada de lidar com o *risco de estar errado*, equilibrando a busca pela verdade, de um lado, com a necessidade práticas de se tomarem decisões imediatas, de outro. Diante da sensação de sede, e da imagem de um copo de água diante de si, o sujeito não ficará por horas a refletir se realmente é sede o que sente, e se é água o que vê à sua frente, ou se está sonhando ou realmente acordado. Ele simplesmente beberá a água. Mas se, no meio do processo, ao aproximar-se do copo, perceber, pelo odor, tratar-se de outra substância, *retificará* a imagem inicialmente formada, corrigindo o curso de suas ações. Por outras palavras, a falibilidade do conhecimento deve manter o sujeito sempre aberto para a possibilidade de estar errado, mas essa possibilidade não deve ser confundida com a certeza de se estar errado. O fato de que teorias podem ter falhas não significa que não existam teorias melhores do que outras. É preciso ter humildade diante do desconhecido, o que não implica a necessidade de se atribuir igual valor a toda e qualquer tentativa de explicá-lo[21]. O falibilismo e as três referidas posturas extremadas diante do risco de estar errado o conhecimento podem ser graficamente representados assim:

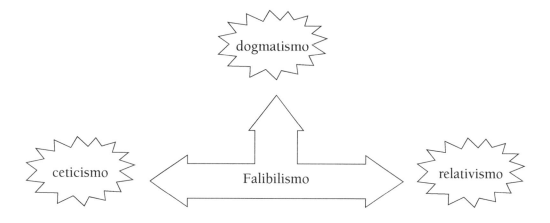

---

21. Como registra Henri Atlan, é preciso encontrar um meio termo entre divinizar a ciência e diabolizá-la. ATLAN, Henri. Será que a ciência cria valores? O bom, o verdadeiro e o poeta. In: PESSIS-PASTERNAK, Guitta. *A ciência*: Deus ou Diabo? Tradução de Edgard de Assis Carvalho e Mariza Perassi Bosco. São Paulo: Unesp, 2001, p. 184.

Tal forma de compreender o processo cognitivo permite que se resolva, inclusive, a velha questão do *trilema de fries*[22], ou do *trilema de münchausen*, assim entendida aquela relacionada à fundamentação do conhecimento e ao perigo do regresso ao infinito[23], na tentativa de resolver a "problemática pirrônica"[24]. Se alguém pedir as razões pelas quais se considera que a afirmação "A1" é verdadeira, utilizar-se-á outra afirmação, "A2", como fundamento. Caso se peçam as razões pelas quais "A2" é verdadeira, empregar-se-á a afirmação "A3" como fundamento, e assim por diante. Diz-se que se trata de um trilema porque a ele se têm dado três soluções alternativas, a saber: *(i)* dogmatismo: interrompe-se a série de fundamentações de forma arbitrária, com um "porque sim!", e ponto; *(ii)* recurso ao infinito: segue-se eternamente respondendo ao "por quê?" de uma afirmação, usando-se novas afirmações como apoio; e, finalmente, *(iii)* circularidade: usam-se afirmações anteriores como amparo para afirmações posteriores, que as fundamentam. É por essa terceira solução, uma evidente petição de princípios, que se diz tratar-se de um trilema de "Münchausen", figura lendária que teria ficado presa em um pântano com seu cavalo e dele se desvencilhou – junto com o cavalo, preso entre suas pernas – puxando os próprios cabelos para cima[25].

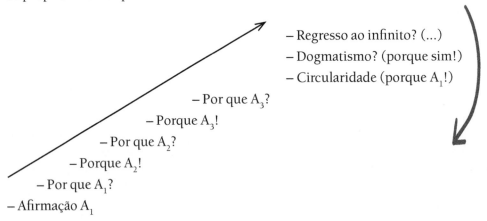

O falibilismo permite solução satisfatória para o problema, sem incorrer na circularidade. Interrompe-se a série de fundamentações, não de forma dogmática, inviabilizando o debate, tampouco se segue eternamente fundamentando, ou se incorre em circularidade. Simplesmente se inverte o ônus argumentativo, perguntando a quem cobra por mais e

---

22. POPPER, Karl. *A lógica da pesquisa científica*. 12.ed. Tradução de Leônidas Hengenberg e Octanny Silveira da Mota. São Paulo: Cultrix, 2006, p. 111-112.
23. Cf. MACHADO SEGUNDO, Hugo de Brito. *Por que dogmática jurídica?* Rio de Janeiro: Forense, 2008, p. 48.
24. SOSA, Ernest. *Epistemologia da virtude*. Crença apta e conhecimento reflexivo. Tradução de Luiz Paulo Rouanet. São Paulo: Loyola, 2013, p. 119.
25. Ernest Sosa propõe, com amparo em Descartes, que a solução para a circularidade seria a formação de uma "visão de mundo" por parte do sujeito cognoscente, a qual seria oriunda do "encaixe de peças suficientes" do quebra-cabeças formado por seu conhecimento. A partir de então, as afirmações poderiam buscar fundamento ultimo nessa "visão de mundo". Essa proposta, porém, não afasta a necessidade de se adotar o raciocínio falibilista, já que não deixa, de algum modo, de incorrer em uma petição de princípios ou em alguma circularidade. Confira-se, a propósito, SOSA, Ernest. *Epistemologia da virtude*. Crença apta e conhecimento reflexivo. Tradução de Luiz Paulo Rouanet. São Paulo: Loyola, 2013, p. 126.

mais fundamentos: "por que não?". Em vez de fundamentar indefinidamente a veracidade de uma afirmação (e à certeza absoluta a respeito dessa veracidade nunca se vai chegar), fundamenta-se até que se chegue a uma certeza além da dúvida razoável, e se impõe a quem quiser continuar discutindo que indique as razões pelas quais haveria dúvida.

Há, portanto, afirmações sobre a realidade, e teorias formuladas com um conjunto delas, que podem ser consideradas corretas, ou pelo menos mais adequadas que outras, o que não significa que são perfeitas, absolutas ou irretocáveis, mas apenas que, dada a quantidade razoável de testes pelos quais já passaram e ainda não falharam, são consideradas verdadeiras até que se demonstre o contrário ou se apresente teoria melhor, respondendo-se ao *por que não?* referido anteriormente e que caracteriza o conhecimento científico.

Nessa ordem de ideias, parece claro que os valores – como quaisquer outras coisas – podem ser discutidos *falibilisticamente*[26], até porque "não existem, como até há pouco tempo se acreditou, objetos que por natureza sejam científicos e outros, não científicos."[27] Não se exige a certeza objetiva de um enunciado para que ele seja considerado científico, a qual de resto inexiste mesmo em ciências como a física[28] ou a biologia, pois não se tem acesso ao mundo objetivo, tal como ele é. Além disso, é preciso distinguir a inexistência de critérios para aferir a correção de uma afirmação a respeito deles, de um lado, da impossibilidade de se chegar à certeza sobre a correção dessa mesma afirmação. Em termos mais diretos: a inexistência de resposta correta não é a mesma coisa da incerteza sobre a correção de uma resposta[29]. Isso vale para a determinação da verdade em relação a afirmações sobre o mundo empírico, podendo ser aplicado, por igual, àquelas que dizem respeito a questões morais ou valorativas.

E isso para não referir a possibilidade de os valores serem examinados por uma ótica biológica, o que pode permitir seu estudo mesmo se mantidas todas as premissas epistemológicas do positivismo, o que propicia a que se retome o debate entre positivistas e não positivistas, por óticas diversas das exploradas até o momento[30]. Afinal, a biologia tem mostrado que os sentimentos de justiça e equidade, ainda que em forma bastante primitiva, são comuns a vários animais, tendo sido moldados pelo processo de seleção natural, o que afasta a ideia de um direito natural sancionado pelos deuses[31], ou decorrente de uma razão exclusivamente *humana*, mas por igual repele a compreensão de que os sentimentos morais são inteiramente subjetivos e variáveis, impossíveis de cognição

---

26. Dworkin observa, a esse respeito, que a tese de que uma proposição científica é verdadeira quando corresponde à realidade é tão circular e opaca quanto suas respostas relativas à autonomia do valor e à possibilidade de cogitar de uma verdade em torno de questões morais. DWORKIN, Ronald. *Justice for Hedgehogs*. Cambridge: Harvard University Press, 2011, p. 65 e ss.

27. VASCONCELOS, Arnaldo. *Direito, humanismo e democracia*. São Paulo: Malheiros, 1998, p. 36.

28. Como registra Arnaldo Vasconcelos, a decantada invulnerabilidade das chamadas ciências exatas cedeu justamente no terreno onde pareciam inteiramente inatingíveis, o espaço epistemológico das físicas e das matemáticas." VASCONCELOS, Arnaldo. *Direito, humanismo e democracia*. São Paulo: Malheiros, 1998, p. 35.

29. Como registra Dworkin, "uncertainty is not the same as skepticism." DWORKIN, Ronald. *Justice for Hedgehogs*. Cambridge: Harvard University Press, 2011, p. 60.

30. MACHADO SEGUNDO, Hugo de Brito. Contributions from Neuroscience and Biology to the Philosophy of Law. *UNIO – EU Law Jounal*, v. 1, p. 40-54, 2015.

31. WAAL, Frans de. *The bonobo and the atheist*: in search of humanism among the primates. New York: W. W. Norton & Company, 2013, *passim*.

pela ciência e, nessa condição, necessários de serem afastados do debate científico. Essa aproximação biológica no estudo dos valores confirma a importância da democracia, da liberdade e da tolerância, pois mostra que os mecanismos naturais ou instintivos são às vezes insuficientes para a solução de conflitos verificados entre pessoas que se vêm como diferentes, e não como semelhantes, impondo a teorização de critérios destinados a otimizá-los ou aprimorá-los[32].

Ainda que, de tudo isso, se conclua igualmente pela necessidade de defesa da democracia, da liberdade, da igualdade e da tolerância, tal como feito por Kelsen, a adoção dessas outras premissas conduz a uma defesa mais coerente. Primeiro, porque compatível com a crença de que as afirmações feitas em torno desses valores – defesa da democracia, liberdade, tolerância e igualdade – são corretas. Do contrário, das premissas – o ceticismo ou o relativismo axiológicos – não se chega logicamente à conclusão, a defesa do regime democrático, pois o próprio conceito de democracia é ao mesmo tempo descritivo e ideal, dizendo respeito a um estado ideal que jamais será integralmente atingido[33] conquanto deva sempre ser incansavelmente buscado. Pode-se dizer, como se faz em relação a todo ideal, que o seu atendimento se dá de modo gradual, e não sob a forma de um tudo ou nada. Um governo pode sempre ser mais democrático do que já é. Uma sociedade na qual "os que têm direito ao voto são os cidadãos masculinos maiores de idade" – exemplifica Norberto Bobbio – "é mais democrática do que aquela na qual votam apenas os proprietários e é menos democrática do que aquela em que têm direito ao voto também as mulheres."[34] Por essa razão, Giovani Sartori afirma que "o que a democracia é não pode ser separado do que a democracia deve ser."[35].

Além disso, se os valores fossem de fato inteiramente subjetivos e emocionais, qual seria a razão apresentada na defesa de um ponto de vista a respeito deles, em oposição a outro? O próprio debate democrático, a ser viabilizado por meio da promoção dos princípios tão bem defendidos por Kelsen, não faria sentido.

6. CONSIDERAÇÕES FINAIS

Em razão do que foi visto ao longo deste trabalho, pode-se concluir, em síntese, que mesmo partindo de premissas positivistas, que o levaram a um relativismo axiológico, Kelsen pôde defender a necessidade de se adotar um regime democrático, no qual todos tenham oportunidade de influir nas decisões políticas e na elaboração das normas jurídicas, com liberdade e tolerância, respeitando-se, sobretudo, as minorias, para que

---

32. GREENE, Joshua. *Moral tribes*. New York: Penguin Press, 2013, *passim*.
33. Rousseau, a esse respeito, admite que "se tomarmos o termo no sentido estrito, nunca houve uma verdadeira democracia, e jamais haverá." (ROUSSEAU, J. J. Contrato social. In: MORRIS, Clarence (Org.). *Os grandes filósofos do direito*. Tradução de Reinaldo Guarany. São Paulo: Martins Fontes, 2002. p. 211-234, p. 228). Somente a título exemplificativo, Bobbio lembra que mesmo a mais perfeita democracia imaginável teria de prever um limite de idade abaixo do qual os cidadãos não poderiam participar do processo de escolha de representantes ou de tomada de decisões. BOBBIO, Norberto. *O futuro da democracia* – uma defesa das regras do jogo. Tradução de Marco Aurélio Nogueira. São Paulo: Paz e Terra, 1984, p. 19.
34. *Ibid.*, 1984, p. 19.
35. SARTORI, Giovani. A *teoria da democracia revisitada*. Tradução de Dinah de Abreu Azevedo. São Paulo: Atica, 1994. v.1, p. 23.

estas possam, eventualmente, angariar mais adeptos para as suas ideias, passando, no futuro, à condição de maioria.

A contradição em que incorre Kelsen demonstra, na verdade, o caráter inafastável dos valores. Para defender uma ciência avessa a eles, é preciso não só fazer uso deles, mas se chega, como resultado, à defesa de um regime em que deve prevalecer a vontade da maioria, porque assim se atendem a tendências humanas naturais, mas isso deve ser feito com respeito às minorias, com igualdade e tolerância, afirmações permeadas de juízos de valor. A própria ciência, para prosperar, mesmo pretensamente pura e neutra, dependeria deles.

7. REFERÊNCIAS

AFTALIÓN, Enrique R.; VILANOVA, José; RAFFO, Julio. *Introducción al derecho*. Buenos Aires: Abeledo-Perrot, 2004.

ATLAN, Henri. Será que a ciência cria valores? O bom, o verdadeiro e o poeta. In: PESSIS-PASTERNAK, Guitta. *A ciência*: Deus ou Diabo? Tradução de Edgard de Assis Carvalho e Mariza Perassi Bosco. São Paulo: Unesp, 2001.

BOBBIO, Norberto. *Teoria geral da política* – a filosofia política e as lições dos clássicos. Tradução de Daniela Beccaccia Versiani. São Paulo: Campus, 2000. BOBBIO, Norberto. *O futuro da democracia* – uma defesa das regras do jogo. Tradução de Marco Aurélio Nogueira. São Paulo: Paz e Terra, 1984.

BRONOWSKI, J. *O homem e a ciência*: ciência e valores humanos. Tradução de Alceu Letal. Belo Horizonte: Itatiaia. São Paulo: Editora da Universidade de São Paulo. 1979.

DAWKINS, Richard. *O maior espetáculo da terra*: as evidências da evolução. Tradução de Laura Teixeira Motta. São Paulo: Companhia das Letras, 2009.

DWORKIN, Ronald. *Justice for Hedgehogs*. Cambridge: Harvard University Press, 2011

GLEISER, Marcelo. *A ilha do conhecimento*. Os limites da ciência e a busca por sentido. Rio de Janeiro: Record, 2014.

GREENE, Joshua. *Moral tribes*. New York: Penguin Press, 2013.

HELLER, Herman. *Teoria do Estado*. Tradução de Lycurgo Gomes da Motta. São Paulo: Mestre Jou, 1968.

KELSEN, Hans. *Que es la justicia?* Disponível em: <http://www.usma.ac.pa/web/DI/images/Eticos/Hans%20Kelsen.%20La%20Juticia.pdf>. Acesso em: 11 nov. 2008.

KELSEN, Hans. *Teoria geral do direito e do Estado*. Tradução de Luis Carlos Borges. São Paulo: Martins Fontes, 2000.

KELSEN, Hans. *A democracia*. Tradução de Ivone Castilho Benedetti, Jefferson Luiz Camargo, Marcelo Brandão Cipolla e Vera Barkow. São Paulo: Martins Fontes, 2000. KELSEN, Hans. *The essence and value of democracy*. Translated by Brian Graf. Maryland: Rowman & Littlefield Publishers, 2013.

KELSEN, Hans. *Teoria pura do direito*. Tradução de João Baptista Machado. 6.ed. São Paulo: Martins Fontes, 2000.

MACHADO SEGUNDO, Hugo de Brito. *Por que dogmática jurídica?* Rio de Janeiro: Forense, 2008.

MACHADO SEGUNDO, Hugo de Brito. Contributions from Neuroscience and Biology to the Philosophy of Law. *UNIO – EU Law Jounal*, v. 1, p. 40-54, 2015.

MIRANDA, Pontes de. *O problema fundamental do conhecimento*. Porto Alegre: O Globo, 1937.

NICOLELIS, Miguel. *Muito além do nosso eu*. São Paulo: Companhia das Letras, 2011.

POPPER, Karl. *A lógica da pesquisa científica*. 12. ed. Tradução de Leônidas Hengenberg e Octanny Silveira da Mota. São Paulo: Cultrix, 2006.

REALE, Miguel. *Direito natural/direito positivo*. São Paulo: Saraiva, 1984.

ROUSSEAU, J. J. Contrato social. In: MORRIS, Clarence (Org.). *Os grandes filósofos do direito*. Tradução de Reinaldo Guarany. São Paulo: Martins Fontes, 2002.

SARTORI, Giovani. *A teoria da democracia revisitada*. Tradução de Dinah de Abreu Azevedo. São Paulo: Atica, 1994. v.1

SOSA, Ernest. *Epistemologia da virtude*. Crença apta e conhecimento reflexivo. Tradução de Luiz Paulo Rouanet. São Paulo: Loyola, 2013.

TARUFFO, Michele. *La prueba de los hechos*. Tradução de Jordi Ferrer Beltrán. Madrid: Trotta, 2.ed. 2009.

VASCONCELOS, Arnaldo. *Teoria Pura do Direito*: repasse crítico de seus principais fundamentos. 2.ed. Rio de Janeiro: GZ, 2010. VASCONCELOS, Arnaldo. *Direito, humanismo e democracia*. São Paulo: Malheiros, 1998.

WAAL, Frans de. *The bonobo and the atheist*: in search of humanism among the primates. New York: W. W. Norton & Company, 2013.

CONSIDERAÇÕES SOBRE A CONTRAPOSIÇÃO ENTRE QUESTÕES POLÍTICAS E QUESTÕES JURÍDICAS NA JURISDIÇÃO CONSTITUCIONAL SOB A ÓTICA DA EPISTEMOLOGIA

Martonio Mont'Alverne Barreto Lima

Professor Titular da UNIFOR e Procurador do Município de Fortaleza.

Paulo de Tarso Fernandes de Souza

Mestrando em Direito Constitucional do Programa de Pós-Graduação em Direito da UNIFOR.

Sumário: Introdução. I. A tensão epistemológica entre jurisdição constitucional e teoria da democracia. II. A ciência e o conhecimento científico. III. A Ciência Política. IV. A Ciência do Direito. V. A relação epistemológica entre direito e política na jurisdição constitucional. Conclusão. Referências.

INTRODUÇÃO

A jurisdição constitucional despertou acirradas controvérsias desde o momento em que formulada nos Estados Unidos da América do Norte, especialmente por sua vertente política: afinal, o *Justice* John Marshall havia julgado caso em que, noutro momento, havia sido parte. De um modo geral, as discussões discutem a compatibilidade entre o controle jurisdicional de constitucionalidade e a teoria da democracia. De um lado, o judiciário, formado por integrantes que não estão submetidos a controle popular. De outro, o legislativo e o executivo constituídos por membros eleitos diretamente pelo povo e sujeitos à responsabilização política periódica através do exercício do sufrágio. No primeiro caso, a legitimidade política decorrente da constituição, vale dizer: indiretamente da soberania popular; no segundo, a legitimidade política decorre diretamente da soberania popular já que é o povo que escolhe seus representantes.

O problema da compatibilidade entre jurisdição constitucional e democracia ocupa lugar de destaque na realidade brasileira, na medida que a Constituição Federal de 1988 representou o retorno à democracia depois de um longo período ditatorial e, simultaneamente, previu um amplo sistema de controle jurisdicional de constitucionalidade. No âmbito do direito comparado, o tema é igualmente objeto de estudos e intensos debates. Embora as discussões se acumulem por mais de duzentos anos, o problema permanece atual e pulsante, na medida que novos argumentos são formulados e, especialmente, o ambiente político-jurídico é alterado com releituras de teorias elaboradas em outros momentos históricos.

Dentre os diversos temas abordados para criticar e para fundamentar a existência da jurisdição constitucional e a consequente compatibilidade com a teoria da democracia existe a natureza das questões constitucionais. Para uma corrente, o judiciário não detém legitimidade democrática para atuar como guardião da constituição, porque as questões constitucionais são questões de natureza política, o que as conduz para o âmbito da competência do poder legislativo. Para outra corrente, contudo, as questões constitucionais são questões de natureza jurídica. Como os juízes possuem formação técnica em direito, devem ser os profissionais responsáveis pela proteção da constituição. Demais, as cortes constitucionais seriam tribunais com a tarefa de fortalecer a constituição. Assim, salta aos olhos o tema eminentemente epistemológico: a distinção entre conhecimento jurídico e conhecimento político.

Nesse contexto, consideramos relevante elaborar palavras iniciais sobre a viabilidade científica de diferenciar questões jurídicas e questões políticas na jurisdição constitucional. Para atingir esse objetivo, divido o artigo em cinco partes. No tópico I, realizamos a exposição do problema epistemológico e das correntes do pensamento jurídico a criticarem e justificarem o controle jurisdicional de constitucionalidade, a partir da distinção entre questões jurídicas e políticas. No tópico II, procuraremos diferenciar conhecimento comum e conhecimento científico. No tópico III, analisaremos o objeto de conhecimento e os métodos da Ciência Política. No tópico IV, exporemos o objeto de conhecimento e os métodos da Ciência do Direito. No tópico V, finalmente, empregaremos as considerações tecidas no estudo da diferenciação entre questões políticas e jurídicas.

I. A TENSÃO EPISTEMOLÓGICA ENTRE JURISDIÇÃO CONSTITUCIONAL E TEORIA DA DEMOCRACIA

1. Um dos problemas levantados pelo controle jurisdicional de constitucionalidade consiste na legitimidade democrática do judiciário para analisar questões de natureza política. Uma primeira corrente defende que a jurisdição constitucional invade a competência do legislativo e, por consequência, viola a separação dos poderes, tendo em vista que as questões constitucionais são questões *políticas*. Em sentido oposto, uma segunda corrente sustenta a compatibilidade entre controle de constitucionalidade e democracia com base na ideia de que as controvérsias suscitadas a partir da constituição possuem, em verdade, natureza *jurídica*. Desse modo, o tema pode ser analisado sob a ótica da *epistemologia jurídica*, na medida que a discussão versa sobre a possibilidade de delimitar a relação entre política e direito.

2. De acordo com CARL SCHMITT (2007), as *questões políticas* relacionadas à Constituição de Weimar deviam ser resolvidas por um órgão de coordenação, que seria o Presidente do Reich (*Reischspräsident*), e não por um tribunal constitucional. O judiciário devia atuar com base em leis reconhecidas de conteúdo definível. A vinculação à lei conferia objetividade à decisão judicial e garantia relativa autonomia do juiz perante à vontade estatal. Para CARL SCHMITT (2007), a independência judicial possuía natureza

apolítica e concedia, de maneira defensiva e negativa, uma proteção contra a *vontade política*. Não podia ser utilizada para tornar o judiciário um órgão responsável pelo controle dessa *vontade política*. A partir do momento em que ultrapassasse os limites da lei, o juiz adentraria o campo da *política* e, como consequência, não estaria mais protegido pela independência.

3. Conforme entendia CARL SCHMITT (2007), os tribunais possuíam apenas o "direito de exame judicial material", que os permitia analisar a "coerência material das leis" perante os "comandos constitucionais". Havia incoerência material se a norma constitucional e a lei ordinária disciplinassem o mesmo fato típico, porém, previssem consequências jurídicas contraditórias. Na visão de CARL SCHMITT (2007), o parâmetro de controle estava restrito às normas constitucionais que permitissem uma subsunção, calculável e mensurável, do fato típico previsto para o caso concreto a ser decidido, o que excluía os princípios e as máximas gerais. Desse modo, os tribunais *não* eram guardiões de uma *ordem política* indisponível ao Estado, tal como ocorria com a Suprema Corte dos Estados Unidos da América do Norte.

4. Considerava CARL SCHMITT (2007) que, em toda decisão judicial, mesmo quando proferida através da subsunção do fato ao tipo legal correspondente, existia um elemento de pura decisão, o elemento *decisionista*, que não era extraído da norma jurídica. Assim, com a decisão judicial, dava-se uma eliminação arbitrária da dúvida, pois havia argumentos favoráveis às várias interpretações possíveis. Na hipótese de uma instância competente para dirimir dúvidas, inseguranças e divergências de opinião, a exemplo de um tribunal constitucional, o elemento decisionista era o sentido e a finalidade da decisão judicial e o valor residia na eliminação autoritária da dúvida, em virtude das diversas argumentações possíveis. Dessa maneira, CARL SCHMITT (2007) concluía que o controle jurisdicional de constitucionalidade ocasionaria a *politização da justiça*, e não a *juridicização da política*. Schmitt, como se vê, integra a corrente realista de compreensão constitucional e política, aderindo à tradição maquiaveliana, fortalecida por Hobbes e Hegel. Qualquer contraponto a debater a moral é rejeitado por sua teoria[1].

5. Em sentido contrário, de acordo com HANS KELSEN (2007), inexistia contradição essencial entre funções *jurisdicionais* e funções *políticas*. Se a palavra *política* fosse entendida como resolução de conflitos de interesses e como decisão, o tribunal constitucional que realizasse controle de constitucionalidade e a própria jurisdição *eram funções políticas*. Desse modo, em toda decisão judicial era possível encontrar um elemento decisório, de *exercício de poder*. Para HANS KELSEN (2007), quanto maior fosse o poder discricionário atribuído ao judiciário pelo legislativo, maior seria o caráter *político* da jurisdição. Na medida que o legislador autoriza o juiz a avaliar, dentro de certos limites, interesses contrastantes e decidir conflitos, conferia um *poder* de criação de direito ao judiciário.

---

1. Para uma leitura da compreensão de Carl Schmitt sobre "O Guardião da Constituição", v. BERCOVICI, Gilberto. Carl Schmitt e a Constituição de Weimar: Breves Considerações. Revista Latino-Americana de Estudos Constitucionais, Belo Horizonte, v. 2, p. 363-372, 2003; e id. Carl Schmitt, o Estado Total e o Guardião da Constituição. Revista Brasileira de Direito Constitucional, São Paulo, v. 1, p. 195-201, 2003.

6. Conforme HANS KELSEN (2007), tanto a legislação quanto a jurisdição eram *funções políticas* e criativas de direito. Entre o caráter *político* da legislação e o caráter *político* da jurisdição existia uma diferença quantitativa, e não qualitativa. A função exercida por um tribunal constitucional diferia da função exercida pelos demais tribunais e juízes, tendo em vista que possuía maior dosagem *política*, embora continuasse a ser *jurisdição*. Nesse sentido, na visão de HANS KELSEN (2007), o tribunal constitucional permanecia um tribunal com jurisdição e um órgão dotado de independência judicial. Não era possível, portanto, excluir o controle de constitucionalidade do âmbito de atribuições dos tribunais sob o argumento de que representava uma *função política*[2].

7. Atualmente, GILBERTO BERCOVICI (2013) considera que as questões constitucionais são *questões políticas*. A doutrina segundo a qual a constituição é a norma jurídica superior do ordenamento responsável pela organização do Estado e pela distribuição das funções estatais entre os órgãos constituídos, todavia, ignora esse *caráter político*. Na medida que os constitucionalistas tradicionais estão limitados à *esfera jurídica*, perdem a visão da realidade constitucional do país e desprezam a *esfera política*. GILBERTO BERCOVICI (2013) sustenta que a ascensão da jurisdição constitucional no lugar do legislativo tem ocorrido, em parte, porque a garantia da constituição foi reduzida a um problema de *técnica jurídica*. A consequência, ressalta, é o abandono de questões constitucionais centrais, como a democracia. Por essa razão, defende que a teoria constitucional deve se concentrar no papel da constituição na *dinâmica política* e abandonar o *positivismo* tradicional do direito público.

8. Em sentido contrário, ainda nos dias de hoje, LUÍS ROBERTO BARROSO (2009) afirma que o Supremo Tribunal Federal, na condição de último intérprete da constituição, deve assegurar o respeito às regras democráticas e proteger os direitos fundamentais, na medida que assume a função de fórum de princípios e de razão pública, e não de um local para *política e ideologias políticas*. Para LUÍS ROBERTO BARROSO (2009), a equiparação entre *direito e política* expressa uma visão distorcida de mundo e das instituições, tendo em vista que submete o que é correto e justo à vontade de quem tem *poder*. No pós-positivismo, o direito se aproxima da ética e se torna instrumento da legitimidade, da justiça e da realização da dignidade humana.

II. A CIÊNCIA E O CONHECIMENTO CIENTÍFICO

1. O *senso comum* consiste na espécie de conhecimento, preponderantemente, prático e assistemático que, baseado no consenso de opiniões, direciona a maior parte de ações diárias do ser humano. Desse modo, na medida que as experiências sobre um determinado fato são compartilhadas, o conhecimento é ratificado. No senso comum, o sujeito cognoscente (REALE, 2000) acredita compreender a realidade de forma pura e neutra, sem qualquer traço de subjetividade, pois pressupõe que os fatos são indiscutíveis. Por ser intensamente vinculado a dados perceptivos, dispensa abstrações e generalizações capazes de desenvolver teorias explicativas de forma lógica e coerente. As asserções

---

2. Cf.: LIMA, Martonio Mont'Alverne Barreto. A Guarda da Constituição em Hans Kelsen. Revista Brasileira de Direito Constitucional, São Paulo, v. 1, n.1, p. 203-209, 2003.

formadas a partir do senso comum podem ser consideradas, e em muitas oportunidades o são, cientificamente corretas, mas prescindem de sistematização racional, ordenada e metódica (MARQUES NETO, 2002).

2. O *conhecimento científico* difere do senso comum em grau e qualidade. A ciência trabalha com o objeto construído por intermédio de um procedimento, embora seja direcionada ao objeto real. A teoria científica cria o objeto de conhecimento e representa o resultado de um processo de construção alicerçado na *razão*. A captação do real não é considerada pura, tendo em vista que os dados colhidos estão limitados ao método escolhido para a realização da investigação científica. Por essa razão, a teoria científica expressa um conhecimento aproximado e retificável que não representa um simples reflexo dos fatos. O conhecimento científico é operativo, e não contemplativo, pois viabiliza a criação de teorias que incidem sobre o real com potencial de transformação (MARQUES NETO, 2002).

3. A ciência evolui na medida que se liberta das próprias verdades e permite o constante trabalho de construção e desconstrução. Como afirma AGOSTINHO RA-MALHO (2002), a partir de uma *epistemologia dialética*, o grau de maturidade de uma ciência é diretamente proporcional à capacidade que possui de realizar autocríticas, de duvidar perenemente dos próprios princípios, e não pelo apego conservador a dogmas, entendidos como verdades absolutas. Nesse sentido, para KARL POPPER (1993), um sistema apenas pode ser considerado científico se passível de comprovação pela experiência. Desse modo, propõe o critério de demarcação da *falseabilidade*, segundo o qual um sistema científico é valido se assumir uma forma lógica que possa ser validada por meio de provas empíricas.

4. Nesse contexto, a *ciência* consiste no empreendimento intelectual que, a partir da *razão*, busca a produção de saber, por intermédio da formulação de um sistema teórico lógico e coerente, da constituição de um objeto de conhecimento e da adoção de uma metodologia adequada. A ciência viabiliza a aquisição de um *conhecimento especializado* e a aplicação prática das teorias científicas é denominada de *técnica*. O conhecimento científico é a síntese da interação dialética entre teoria e prática e deve estar comprometido com a problemática que a realidade social contém.

III. A CIÊNCIA POLÍTICA

1. O *objetivo de conhecimento* da Ciência Política consiste na *política*, tema que, desde a antiguidade clássica, esteve associado às diversas formas de *poder* exercido pelo ser humano (BONAVIDES, 2010). O poder é entendido como a capacidade de influenciar, condicionar e determinar o comportamento das pessoas (BOBBIO, 2000). Conforme ARISTÓTELES (2013), existiam o poder paterno, do pai sobre os filhos, o poder senhorial, do senhor sobre os escravos, e o poder político, do governante sobre o governado. O poder político era exercido na *pólis* e almejava o bem comum. Para a teoria contratualista de JOHN LOCKE (2003), o poder da sociedade política decorria de um consenso entre todos os respectivos integrantes.

2. De acordo com NORBERTO BOBBIO (2000), a política, em sentido amplo, abrange todas as relações de poder entre pessoas e grupos existentes em uma sociedade. Em sentido estrito, consiste no conjunto de ações relacionadas direta ou indiretamente à conquista e ao exercício do mais elevado poder de direito de uma determinada comunidade. A principal relação política é a estabelecida entre governantes e governados. Para NORBERTO BOBBIO (2000), o poder político é caracterizado pela função de direcionar e comandar o comportamento humano, mediante a potencial utilização de força física contra aqueles que resistirem, com o intuito de garantir um mínimo de ordem interna à sociedade politicamente organizada e de atingir outros objetivos traçados.

3. Na visão de PAULO BONAVIDES (2010), o objetivo de conhecimento da Ciência Política também abrange temas como o Estado, a nação, a legitimidade, a autoridade, os partidos políticos, as ideologias políticas, as relações internacionais, sistemas e regimes políticos. A Ciência Política adota diversos *métodos* das Ciências Sociais, tais como o positivismo, o behaviorismo, estruturalismo, racionalismo, pluralismo, biológico, sistémico, dentre outros (ANDRADA, 1998).

Deve ser ressaltada, por fim, a ideia da fundação da Ciência Política, matriz de todas as teorias que acima rapidamente esboçou-se. Referimo-nos à formulação de Maquiavel, materializada tanto no seu "O Príncipe", como robustecida pelos "Discursos sobre a Primeira Década de Tito Lívio". Em ambas obras a presença da política como é – e não como poderia ter sido ou deveria ser – funda a base de toda a Ciência Política, para redirecionar a observação científica na história, e desta forma compreender os mecanismos da ação humana na política e na constituição dos estados. A reflexão maquiaveliana resta comprovada pelo que a sucedeu e, sobretudo, para dar força à epistemologia como busca do método e da ciência.

IV. A CIÊNCIA DO DIREITO

1. De acordo com AGOSTINHO RAMALHO (2002), o objeto real da Ciência do Direito é o *fenômeno jurídico*, formado e transformado no interior de um contexto histórico e social, em decorrência de um constante processo de diferenciação das relações humanas, tal como ocorre com os demais fenômenos sociais. O fenômeno jurídico possui existência própria, mas somente pode ser apreendido mesclado com os demais fenômenos sociais. Não pode, portanto, ser encontrado em um estado de pureza, tal como pretendeu HANS KELSEN (2012) com a teoria pura do direito. Conforme destaca ARNALDO VASCONCELOS (2010), o fato puro é mera idealização porque o conhecimento humano é desenvolvido dentro de um contexto social e histórico e está sujeito a condicionamentos de infraestrutura e superestrutura. Desse modo, o cientista configura teórica e previamente os fatos e os acontecimentos e analisa o objeto de conhecimento a partir dos próprios valores.

2. Na visão de AGOSTINHO RAMALHO (2002), o objeto de conhecimento da Ciência do Direito é construído dentro de enfoques teóricos e metodológicos próprios ao direito que pretendem uma normatização, tendo em vista que o direito é operacionalizado por meio de regras jurídicas. Como destaca ARNALDO VASCONCELOS (2006), a norma jurídica é a expressão formal do direito, enquanto disciplina de condutas. Para

AGOSTINHO RAMALHO (2002), na medida que a Ciência do Direito tem caráter interdisciplinar, as investigações científicas devem ser realizadas com o auxílio de outras áreas do conhecimento humano. A interdisciplinaridade significa o efetivo engajamento de profissionais e pesquisadores provenientes de campos diversos nas diversas etapas de desenvolvimento da pesquisa.

3. No entendimento de AGOSTINHO RAMALHO (2002), a Ciência do Direito é destituída de um método próprio que possa ser considerado como exclusivamente *jurídico*. O cientista pode escolher o procedimento metodológico que entenda ser o mais adequado para a pesquisa que pretenda realizar. Para AGOSTINHO RAMALHO (2002), a validade do método selecionado dependerá da satisfação dos resultados obtidos e, portanto, somente poderá ser constatada de forma retroativa. Desse modo, assim como a teoria, a metodologia adotada é construída e retificada.

V. A RELAÇÃO EPISTEMOLÓGICA ENTRE DIREITO E POLÍTICA NA JURISDIÇÃO CONSTITUCIONAL

1. O *objeto de conhecimento* é insuficiente para estabelecer uma linha divisória entre Direito e Política. Tanto a Ciência do Direito como a Ciência Política trabalham com questões constitucionais, tais como democracia, partidos políticos, formas de governo, tipos de regimes, legitimidade. Como destaca AGOSTINHO RAMALHO (2002), qualquer fato social pode ser objeto de conhecimento do direito, bastando que seja analisado sob enfoques próprios da teoria do direito. Desse modo, as questões constitucionais podem ser entendidas simultaneamente como questões políticas e jurídicas. Esse critério é insuficiente, portanto, para justificar ou proibir o controle jurisdicional de constitucionalidade.

2. No mesmo sentido, o *método científico* utilizado não estabelece qualquer diferença substancial entre questões jurídicas e questões políticas, na medida que a Ciência do Direito e a Ciência Política podem utilizar as mesmas metodologias. Compete ao cientista definir qual o método mais adequado à pesquisa que deseja proceder. Com base nessas conclusões, é oportuno analisar os argumentos desenvolvidos pelos críticos e pelos defensores da legitimidade democrática do judiciário para analisar as questões consideradas *políticas*.

3. CARL SCHMITT (2009) utilizava o nível de liberdade interpretativa como critério distintivo do direito e da política. Desse modo, afirmava que a aplicação da constituição do fato ao tipo legal correspondente era característica do jurídico, enquanto a discricionariedade fornecida pelos princípios e pelas máximas gerais especificava o político. Inexiste suporte epistemológico para esse entendimento, na medida que a abertura semântica das palavras e das expressões utilizadas na manifestação linguística de uma norma não a tornam menos jurídica do que outras. Se essa posição fosse adotada, seria necessário aceitar que nem toda norma constitucional é norma jurídica.

4. De acordo com GILBERTO BERCOVICI (2013), a visão técnica dos constitucionalistas tradicionais os impossibilita de compreender as questões constitucionais, que possuem natureza política. Como exposto nesse artigo, a técnica é a aplicação prática da teoria. Dessa maneira, tanto a Ciência do Direito como a Ciência Política, por estarem

baseadas em teorias, proporcionam o desenvolvimento de técnicas. A título de exemplo, os estudos sobre a democracia conduzidos por um cientista político conferem um saber especializado e teórico que será aplicado às análises que realizar da realidade através de uma técnica política. A geral compreensão da obra de GILBERTO BERCOVICI (2013) permite concluir que a intenção do autor é criticar o avanço desmedido do judiciário sobre as atribuições do legislativo. Para atingir esse objetivo, todavia, incide no erro epistemológico de estabelecer o político como limite do jurídico.

5. De acordo com LUÍS ROBERTO BARROSO (2009), o Supremo Tribunal Federal exerce a proteção da democracia e dos direitos fundamentais livre da política e das ideologias políticas, porque protegeria a constituição. Nessa afirmação, existe a crença de que o direito viabiliza um conhecimento puro, o que é epistemologicamente insustentável. O próprio pensamento de LUÍS ROBERTO BARROSO (2009) demonstra o equívoco cometido, na medida que considera o Supremo Tribunal Federal um protetor da *democracia*, que é uma espécie de *ideologia política*.

6. Conforme LUÍS ROBERTO BARROSO (2009), somente uma visão distorcida de mundo defenderia a equiparação entre direito e política, pois o que é justo e correto não pode ser submetido à vontade de quem tem poder. Como destaca ARNALDO VASCONCELOS (2006), o direito injusto também é direito. Essa foi uma importante contribuição epistemologia do positivismo jurídico de Hans Kelsen (2010), para quem as leis elaboradas pelo regime nazista contra os judeus eram direito. Em virtude da própria condição humana, o ser pode não corresponder ao dever ser (VASCONCELOS, 2010). Além desse aspecto, a vontade de quem possui poder é um elemento, embora não seja essencial, que pode ser utilizado para definir o jurídico.

7. Nesse contexto, justamente o posicionamento de HANS KELSEN (2007) se diferencia por romper a barreira epistemológica que os demais estabelecem entre direito e política, ao afirmar que inexiste diferença essencial entre questões políticas e questões jurídicas. Essa conclusão apenas realça os problemas do purismo metodológico pretendido pelo próprio HANS KELSEN com a teoria pura do direito (VASCONCELOS, 2010).

8. As discussões sobre a compatibilidade entre a jurisdição constitucional e democracia, a partir da diferenciação de questões políticas e questões jurídicas, podem expressar as dificuldades epistemológicas enfrentadas pelos cientistas do direito. A formação dogmática do jurista reduziu o objeto do conhecimento do direito à norma, enquanto enunciado linguístico, e elegeu o método analítico como propriamente jurídico (FERRAZ JÚNIOR, 1995; ALEXY, 2008). A exclusão, do âmbito da Ciência do Direito, de conhecimentos produzidos e de métodos adotados por outros ramos científicos, em especial, pelas Ciências Sociais, causa a inaptidão do direito para atender à dinâmica da realidade e a consequência perda de cientificidade.

CONCLUSÃO

Nas discussões sobre a compatibilidade entre jurisdição constitucional e democracia, um dos temas abordados consiste na diferença entre questões jurídicas e questões políticas. A corrente que critica a existência do controle jurisdicional de constitucionalidade afirma que as questões constitucionais são questões de natureza política e não integram a competência do judiciário. A corrente que sustenta a validade da jurisdição constitucional alega que a jurisdição e a legislação são funções, simultaneamente, jurídicas e políticas ou afirma que o direito não se confunde com a política, mas que os problemas constitucionais possuem natureza jurídica e, por isso, devem ser examinados pelos juízes.

O senso comum é a espécie de conhecimento prático e assistemático que guia grande parte do comportamento diário do ser humano. Esse conhecimento é formado através das experiências compartilhadas entre os integrantes de um grupo social. No senso comum, o indivíduo acredita que apreende a realidade de forma pura e neutra. Em sentido contrário, o conhecimento científico é caracterizado pela formulação de teorias sistemáticas a partir das potencialidades da razão e através de uma metodologia adotada previamente. A ciência permite o desenvolvimento especializado que é aplicado através da técnica. Desse modo, a diferença entre conhecimento comum e conhecimento científico é quantitativa e, em especial, qualitativa.

A Ciência Política possui como objeto de conhecimento a política. Geralmente identificada com o poder existente nas relações entre governantes e governados, a palavra *política*, nesse contexto, abrange temas como partidos políticos, representação, regimes políticos, Estado, nação e povo. O cientista político adota os métodos empregados pelas Ciências Sociais. A Ciência do Direito possui como objeto de conhecimento o fenômeno jurídico, que somente pode ser encontrado de forma mesclada com os outros fenômenos sociais, tais como o econômico e o político. O cientista do direito detém a liberdade para escolher o método conforme o enfoque teórico que pretenda conferir ao problema elaborado.

Nesse contexto, com base na bibliografia analisada, concluo que, do ponto de vista da epistemologia jurídica, é possível que não exista diferença substancial entre questões políticas e questões jurídicas nas discussões sobre o caráter democrático da jurisdição constitucional. Dessa maneira, as questões constitucionais podem ser objeto de conhecimento tanto da Ciência do Direito, o que as fazem jurídicas, como da Ciência Política, o que as tornam políticas. É provável que a dificuldade decorra da formação ainda preponderantemente dogmática dos profissionais do direito.

REFERÊNCIAS

ALEXY, Robert. *Teoria dos direitos fundamentais*. São Paulo: Malheiros, 2008.

ANDRADA, Bonifácio de. *Ciência Política*: ciência do poder. São Paulo: Livraria dos Tribunais, 1998.

ARISTÓTELES. *A política*. 6. ed. São Paulo: Martin Claret, 2013.

BARROSO, Luís Roberto. *O controle de constitucionalidade no direito brasileiro*. 4. ed. São Paulo: Saraiva, 2009.

BOBBIO, Norberto. *Teoria geral da política*: a filosofia política e a lição dos clássicos. Rio de Janeiro: Elsevier, 2000.

BONAVIDES, Paulo. *Ciência Política*. 17. ed. São Paulo: Malheiros, 2010.

FERRAZ JÚNIOR, Tércio Sampaio. *A Ciência do Direito*. 2. ed. São Paulo: Atlas, 1995.

KELSEN, Hans. *Jurisdição constitucional*. São Paulo: Martins Fontes, 2007.

LOCKE, John. *Two treatises of government and a letter concerning toleration*. Nova Iorque: Vail-Ballou Press, 2003.

MARQUES NETO, Agostinho Ramalho. *A Ciência do Direito*: conceito, objeto, método. 2. ed. Rio de Janeiro: Renovar, 2002.

POPPER, Karl Raimund. *A lógica da pesquisa científica*. São Paulo: Pensamento, 1993.

REALE, Miguel. *Filosofia do direito*. 19. ed. São Paulo: Saraiva, 2000.

SCHIMITT, Carl. *O guardião da constituição*. Belo Horizonte: Del Rey, 2007.

VASCONCELOS, Arnaldo. *Teoria pura do direito* – repasse crítico de seus principais fundamentos. 2. ed. Rio de Janeiro: GZ, 2010.

VASCONCELOS, Arnaldo. *Teoria da norma jurídica*. 6. ed. São Paulo: Malheiros, 2006.

UMA VISÃO NATURAL DO DIREITO

Valmir Pontes Filho

Extremamente difícil é e sempre foi formular um conceito de Direito que apresente grau mínimo de segurança, é dizer, que esteja apto a identificar, com razoável objetividade, o objeto da investigação científica a ser realizada pelo jurista, vale dizer, pelo cientista do Direito.

Refiro-me, evidentemente, àquele conjunto de normas e princípios jurídicos formulados pelos homens, em dada época e lugar, destinado ao controle (na medida de sua eficácia) da conduta dos homens em sociedade. Chamemo-lo, por enquanto e para os fins aqui imediatamente colimados, de Direito, simplesmente.

Antes, porém, é necessário chamar a atenção para algo que aos leigos em geral passa despercebido: a presença e importância do Direito em todos os momentos da vida de cada um de nós, na medida em que as condutas humanas, sem exceção, sejam elas positivas ou negativas (exteriorizem-se elas, portanto, em ações ou omissões), estão juridicamente reguladas. Mesmo aquelas que pareçam comuns e repetitivas. Isto porque uma conduta pode ser (pelo Direito) considerada *obrigatória* (por exemplo, ato de votar, para os maiores de dezoito anos), ou *proibida* (o ato de ultrapassar um semáforo vermelho). Mas se não for uma coisa nem outra (nem *obrigatória* nem *proibida*), será, por via de consequência, *permitida*. Nos dois primeiros casos, estar-se-á agindo como campo, respectivamente, da legalidade ou da ilegalidade. Na última hipótese, no campo da mera licitude.

Feita essa rápida digressão, cabe fazer uma pergunta fundamental para a compreensão do tema: será possível conceituar o Direito sem a utilização de critérios axiológicos? Será viável concebê-lo sem que soframos a influência dos nossos preceitos morais e éticos, dos nossos preconceitos, das nossas idiossincrasias, dos nossos amores e desamores? Enfim, das nossas crenças ou da nossa fé?

Afinal, somos todos nós nascidos e criados em determinado meio (familiar, social, político, econômico, religioso etc.) que fatalmente nos molda a personalidade, a ideologia e os gostos. Somos habituados, a depender da época e do lugar onde nascemos e crescemos, a considerar certas ações, pessoas e objetos sob a ótica peculiar da nossa formação moral, no sentido mais largo que essa expressão possa ter, vendo-as como "boas" ou "más", "certas" ou "erradas", "belas ou feias", "justas" ou "injustas". E é perfeitamente natural que assim seja, pois afinal somos humanos, e, portanto, limitados e sujeitos, infelizmente, a paixões desmedidas e a ódios incontroláveis.

Somos, enfim, incapazes de conhecer as coisas que nos rodeiam em sua inteireza, tal como elas efetivamente são em si mesmas, mas apenas razoavelmente competentes para formar, em nossa mente limitada, uma *imagem* delas. E uma imagem, claro, comprometida pelos "filtros" morais que carregamos conosco e dos quais não nos conseguimos livrar[1].

É muito comum, portanto, que a alguém certa conduta pareça "boa" e "justa", que um quadro ou uma peça literária se apresente como digna de admiração, que uma música encante aos ouvidos, que uma pessoa pareça bela. Tal não significa, entretanto, que a conduta, o quadro, a peça literária, a música e a pessoa tenham, para outrem, necessariamente as mesmas qualidades (ou características).

Não se deve esquecer – e aqui pedimos vênia para recorrer à sempre sábia cultura popular – de que "... quem ama o feio bonito lhe parece"! A nossa eventual preferência por uma composição de Villa-Lobos, ou por uma poesia de Augusto dos Anjos, não significa que a do nosso vizinho por música sertaneja e por versos de cordel seja, em essência, menos qualificada em termos de valor, ou seja, que ela venha a ser "pior" do que a nossa. Talvez assim pareça para nós, mas não para o nosso vizinho, que, por sua vez, provavelmente nos criticará o gosto. Será possível indicar com quem definitivamente estará a razão, quem estará inquestionavelmente "certo"?

De igual modo, uma dada norma jurídica (que nos dite a obrigação de pagar certo tributo, por exemplo) se nos pode apresentar como iníqua, injusta, absurda mesmo, enquanto a outros (especialmente aos que cuidam do Erário) ela parecerá equânime e necessária à implantação de uma verdadeira justiça fiscal e social. A muitos, como aos ocidentais, parecerão inaceitáveis regras que restrinjam a liberdade da mulher (no que respeita, por exemplo, à escolha de sua profissão, de seu estado civil ou até mesmo das roupas que deve usar). Tais restrições, entretanto, podem ser consideradas normais em certos países do Oriente Médio, nos quais a própria mulher talvez se sentisse ultrajada se lhe fosse sugerido o uso de vestes sumárias, tão comuns por estas plagas tropicais. Trata-se, evidentemente, de uma questão de cultura, a moldar o comportamento dos povos, em diferentes locais e tempos.

Sob a ótica positivista, trilham em erro aqueles que pensam ser possível identificar uma norma como "jurídica" (aquela que integra o ordenamento criado pelos homens) mediante a utilização de critérios só (ou eminentemente) valorativos e, por isso mesmo, prenhes de relatividade. Fazê-lo, portanto, seria caminhar por trilha insegura, que pode levar a um verdadeiro caos conceitual.

Explicando melhor: será jurídica, ou seja, pertencente ao Direito posto pelos homens, apenas a norma "justa" e "boa"? Mas justa e boa para quem? Em qual momento e lugar?

Se somente a Deus é possível estabelecer o *justo universal*, quem, dentre nós, deseje substituí-Lo nessa tarefa, estará indo além do que pode ou deve? Afinal, o que se apresenta justo e adequado para os latino-americanos, também o será para uma comunidade de nórdicos ou de muçulmanos? O que foi justo há três ou quatro décadas, continuará

---

1. Costuma apropriadamente dizer o Prof. Carlos Roberto Martins Rodrigues, fraternal amigo e eminente jurista, que as pessoas possuem *características*, as quais são vistas, por terceiros, como "qualidades" ou "defeitos"; assim, o que é "qualidade" para um, poderá ser "defeito" para outro...

a sê-lo nos dias que correm? Eis algumas indagações que revelam parecer difícil a busca por esse justo universal como fundamento de validade ou de sustentação para o Direito[2].

Aliamo-nos à linha dos que consideram politicamente intolerável, por exemplo, qualquer ordem jurídico-normativa de berço ditatorial, que vise a cercear as liberdades individuais e sociais. Tal convicção político-ideológica, todavia, não nos obriga a dizer que essa ordem não seja dotada de juridicidade (ou de "juspositividade"), pela simples circunstância de, segundo nossa opinião, carregar ela consigo esse mau predicado. A crítica que a ela se pode (e até se deve) fazer, porém, é de caráter "político" (no sentido mais lato da expressão).

Ao cientista do Direito criado pelo homem cabe, sim, averiguar dados outros, de conteúdo não axiológico, os mais objetivos possíveis, para determinar a validade jurídica desse sistema normativo. Ainda assim, todavia, é forçoso reconhecer que essa determinação de validade não se poderá dar com o abandono completo, pelo menos no plano da interpretação/aplicação, de critérios axiológicos (e, portanto, dotados de certo grau de subjetividade). Este, sem dúvida, o ponto nevrálgico do problema, a merecer, mais adiante, a devida reflexão.

Dever-se-ia, dizem outros, para certificar a juridicidade de um dado ordenamento humanamente positivado, recorrer à averiguação de sua legitimidade, ou seja, da conformidade ou não dele com a vontade da maioria das pessoas a cuja conduta as normas se destinam (os destinatários do *discurso normativo*, no dizer de Tércio Ferraz). Assim, jurídico seria tão só o ordenamento que, além de justo, fosse igualmente legítimo[3]. Sem embargo da forte impressão que o argumento pode causar, dele ouso discordar. Uma Constituição será norma jurídica – e, em consequência, estará apta a validar as manifestações normativas (estatais ou não estatais) que lhe forem subsequentes (e aquelas que lhe forem anteriores, ao recepcioná-las) – se editada por quem esteja, de fato, em dado momento histórico, na titularidade do "poder constituinte" (o poder de elaborar, originariamente, a Constituição de um país politicamente soberano).

Ainda que se trate de uma pessoa ou grupo de pessoas a quem o povo não confiou seu exercício, por qualquer meio imaginável (a via das eleições é a mais comum), ou mesmo que a maior parte de suas disposições não se mostre compatível com a vontade da maioria dos destinatários normativos, inquestionável será a juridicidade da Constituição positivada. Essa sua ilegitimidade originária (tanto formal, à conta do modo autocrático do exercício do poder constituinte, quanto material, por conta da falta de sintonia das suas prescrições com o sentimento popular) não tem o condão, todavia, de lhe comprometer

---

2. Embora, com notável mestria, o Prof. Arnaldo Vasconcelos defenda a existência de uma "ideia" de Justiça, inerente a qualquer ser humano, em qualquer lugar ou época (v. *Teoria da Norma Jurídica,* 3. ed. São Paulo: Malheiros, 1993).

3. Segundo Arnaldo Vasconcelos, cuja lucidez no trato do tema é digna de admiração – embora não de inteira concordância, no que nos diz respeito – a *norma jurídica* tem *instâncias de validade* (a juridicidade, a positividade, a vigência e a eficácia) e *instâncias de valor* (a justiça e a legitimidade); sobre esta última é categórico o eminente teórico do Direito: "... sob o prisma axiológico, a norma necessita ser não apenas justa, mas também legítima. Na prática, no entanto, uma coisa não envolve a outra: a norma pode ser justa sem ser legítima, legítima sem ser justa, e, ao mesmo tempo, justa e legítima ou injusta e ilegítima. A legitimidade constitui, pois, a última razão da exigibilidade do Direito positivo que, em si, é objetivo e eticamente neutro". Verifica-se a preeminência do fator político sobre o jurídico, colocando-se a legitimidade por cima da justiça" (ob. cit., p. 325).

a validade (no sentido de juridicidade). No máximo se poderá dizer que tal Constituição é "ruim", tenderá a ser ineficaz e, consequentemente, a ter uma "vida curta", é dizer, a ser substituída por outra, de índole democrática. Enquanto existir, porém, valerá como norma jurídica superior e fundamentante das demais manifestações normativas criadas para valerem na ambiência humana.

A própria história já nos deu exemplo de regimes políticos ditatoriais, instaurados pela força e sustentados por uma Constituição outorgada (no sentido de "imposta") pelos que hajam assumido ilegitimamente, sob o aspecto formal, o poder, mas que findaram, embora que por tempo limitado, a "conquistar" legitimidade, seja pela elaboração de leis "populares"[4], seja pela ação eficaz de uma poderosa máquina de propaganda[5].

Acresça-se a isto outra circunstância relevante: a do universo de pessoas a ser consultado para aferição do grau de legitimidade de uma norma. Se a uma dada classe social, numericamente mais alentada, certa lei parece "boa" ou "má", segundo sua peculiar avaliação, tal não significa dizer que a mesma lei mereça idêntica avaliação por outra categoria social que, embora reduzida em número, possua maior capacidade de formar opinião (por seu acesso fácil, por exemplo, aos órgãos de imprensa). Pode até mesmo ocorrer que, graças a uma eficiente ação da mídia, aquilo que de início era "bom" para a maioria, transfigure-se em algo "mau" da noite para o dia. De outra sorte, algo ilegítimo na apreciação de alguns mais cultos e intelectualizados não o seja segundo a ótica de muitos que, desassistidos, não dispõem do mesmo estofo cultural[6].

---

4. Foi o caso do "Estado Novo" getulista, ainda hoje reverenciado por conta da edição da CLT.
5. Recorde-se de Hitler, que teve em Goebels um formidável agente de "marketing", cujo governo, até certo momento, mereceu amplíssimo apoio da população alemã.
6. Até hoje a maioridade penal se inicia, em nosso país, aos 18 anos de idade. Sob uma perspectiva jurídico-positiva eu estava convencido da possibilidade (e conveniência, até) da diminuição dessa maioridade. Se um jovem, enfim, constitucionalmente está apto a eleger o Presidente da República, não o estaria para responder, como adulto, pelos crimes que comete? Esta a opinião hoje dominante. Depois de ler, todavia, essa bela poesia do inolvidável José do Patrocínio – recebida pelo médium e professor Nilton Sousa e de certo elaborada em consonância com o Direito superiormente ditado por Deus (vejam abaixo) –convenci-me da inconsistência e do descabimento da proposta de alteração do Texto Constitucional. O caminho há de ser outro: o da assistência educacional aos jovens.
   O ADULTO CRIME
   Devias afastar do infante o crime
   Quando decretas a emancipação
   E, nele, tu institucionalizas a ação
   Amplias a violência que oprime!
   Se o mal alcançou a pura infância
   Não foi a criança que o abraçou...
   O adulto exemplo que fracassou
   Expondo o assassínio, em ânsia!
   Pois bem, ó homem, a tua lei
   Porque, além daí, hoje eu sei
   Onde há crime faltou educação!
   Não assines a tua incompetência
   Aperfeiçoes a terrena ciência
   E, com o bem, a tua civilização"
   JOSÉ DO PATROCÍNIO/ NILTON SOUSA (escuta mediúnica em 1º de agosto de 2015).

Fica difícil, senão impossível, à vista disso, eleger a legitimidade como o único e seguro critério para indicar se uma norma é jurídica ou não. Algo assim tão cambiante, sujeito a tão drásticas mutações, não pode, ou pelo menos não deve, servir de parâmetro para a fixação da validade de uma norma ou de um sistema normativo positivado. Perscrutá-la, portanto, poderá interessar à sociologia e à axiologia jurídica, não à Ciência do Direito.

Aliás, por muito tempo (senão ainda hoje) os estudantes dos cursos jurídicos alimentaram (e talvez continuem a alimentar), em relação aos dos chamados cursos técnicos (de Engenharia, Física, Medicina etc.), um sentimento de inferioridade, causado pela falsa ideia de que, não lidando com ciências ditas "exatas", estariam fadados a ser simples memorizadores de conceitos e de códigos, destituídos de qualquer consciência crítica. Nada mais equivocado, porém.

Afinal, primeiro é preciso que se esclareça algo: o verdadeiro jurista não é aquele que "sabe" leis ou definições de cor, assim como o verdadeiro matemático não será o que decorou todas as fórmulas de cálculo indicadas nos compêndios, já que elas certamente estarão na memória de seu *notebook*. Cientista do Direito será, na verdade, aquele que se mune do arsenal de conhecimentos necessários para, em primeiro lugar, responder a indagações do tipo: o que é Direito e o que é norma jurídica? Por qual razão e para que existem um e outra? Como proceder à sua interpretação e aplicação? Bem manuseando as noções básicas da Teoria Geral, da Filosofia do Direito e da Hermenêutica Jurídica, terá ele, então, condições de lidar com as normas jurídicas positivadas, cuidando de proceder à sua adequada exegese e aplicação.

Nunca se deve olvidar, enfim, que não é possível aplicar a lei em si mesma, mas a interpretação que dela se faz! Nem esquecer que quem interpreta as leis é o homem, cuja mais candente característica vem a ser a falibilidade. Até mesmo os matemáticos e os físicos chegaram à prudente conclusão de que as categorias com que trabalham têm valia apenas relativa, na medida em que somente oferecerão os resultados esperados desde que numa dada ambiência. Isso é verdadeiro mesmo quanto à força da gravidade – tida como uma *lei da natureza* (diferente das que compõe o Direito Natural, na concepção que deste tenho hoje) – a qual pode sofrer alterações quando aplicada no campo do incrivelmente grande (na cosmologia, por exemplo, onde existe uma força "repulsiva" – a *energia escura* – que a anula e permite o crescimento do Universo[7]) ou do fantasticamente pequeno (o das partículas de que o átomo se compõe)[8].

---

7. A "constante cosmológica" de Einstein, que ele julgou ter sido um "erro" seu, mas cuja existência depois se comprovou existir.

8. Um dos mais festejados físicos da atualidade, o inglês Stephen Hawking, assim se manifestou: "...Hoje os cientistas descrevem o universo em termos de duas teorias parciais básicas: a teoria da relatividade geral e a mecânica quântica. São as duas grandes realizações intelectuais da primeira metade deste século. A teoria da relatividade geral descreve a força da gravidade e a estrutura em grande escala do universo, isto é, a estrutura das escalas de alguns poucos quilômetros até escalas tão grandes quanto um milhão de milhão de milhão de milhão de quilômetros (1 seguido de 24 zeros), o tamanho do universo observável. A mecânica quântica, por outro lado, trata de fenômenos em escalas muito pequenas, tais como um milionésimo de milionésimo de centímetro. Infelizmente, porém, *sabe-se que essas duas teorias são incompatíveis* – não podendo ambas estar corretas. Um dos maiores esforços feitos na física, hoje, e que constitui o principal tema deste livro, é a busca por uma nova teoria que incorpore ambas – uma teoria quântica da gravitação. Ainda não temos tal teoria e é possível que estejamos muito longe de tê-la... Se você acredita que o universo não é arbitrário, mas é governado por leis definidas, em última análise você terá que combinar as teorias parciais para formar uma teoria unificada completa que descreva tudo no universo. *Mas a busca por tal*

Idêntico raciocínio se aplica a um conceito dantes tido como imutável e absoluto: o *tempo*. Desde Einstein se sabe que o tempo não existe por si só, mas relativamente a um espaço ao qual se refere, surgindo, daí, o conceito unificado de *espaço-tempo*. Ora, se nem o *tempo físico* existe por si, como um "tic-tac" permanente, eterno e imutável, sendo alterável, no plano terreno, pela influência das forças gravitacionais e da velocidade que dado corpo possa alcançar, impossível, nessa mesma ambiência (físico-terrena, exclusivamente), seria ter um conceito absoluto e universal, do "bom", do "correto" e do "justo".

Ora, se cientistas da estatura de Albert Einstein, Stephen Hawking, e Marcelo Gleiser, ao lidarem com uma ciência dita "exata", se põem diante de tamanhos paradoxos, como poderíamos nós, operadores de uma ciência (supostamente) "inexata", formular uma teoria única capaz de explicar, de modo suficiente e irretorquível, o Direito (criado pelos homens) como um todo?

Na medida em que aceitarmos, todavia, o pressuposto gnosiológico de que há um "Direito Natural", de origem superior, a validar o sistema normativo humano aqui e alhures, em qualquer instância do tempo e do espaço, teremos de admitir que nosso próprio esforço de conhecimento será guiado por essa mesma lei; ou ainda mesmo a de que, para conhecê-la, precisamos ir além das nossas limitações terrenas e de nossas paixões passageiras. Por outro lado, se o universo não é "arbitrário" – posto que governado por lei natural (física) que manteve e mantém o delicado equilíbrio de forças (de expansão e retração) a lhe permitir ser como é (nem permanecendo denso demais, como no seu início, nem difuso ao extremo, a ponto de inadmitir a formação de galáxias e planetas) – quem, afinal poderia ter editado tão poderosa e inquebrantável regra?

Aos materialistas tudo parece ter sido uma mera obra do acaso, de circunstâncias eventuais, mas jamais provadas ou reproduzidas laboratorialmente, apesar das incontáveis tentativas feitas mesmo nos prodigiosos Séculos XX e XXI. Já cheguei a assim pensar, admito, ao assumir uma posição panteísta. Mas, como só não muda de ideia quem não tem ideia alguma, alterei, de modo consciente e raciocinado, esse modo de ver as coisas.

As regras universais e eternas leis só podem, logicamente, ter sido ditadas Deus, dada a perfeição e justeza de suas essências. Como lembrou Einstein, "Deus não joga dados"! Ainda que movido por sua descrença em algo transcendente, afirmou CARL SAGAN, notável físico e cosmólogo norte-americano: "... *se descobrirmos uma teoria completa, ela deverá, ao longo do tempo, ser compreendida por todos e não apenas por alguns cientistas. Então devemos todos, filósofos, cientistas e mesmo leigos, ser capazes de fazer parte das discussões sobre a questão de por que nós e o universo existimos. Se encontrarmos*

---

teoria unificada encerra um paradoxo fundamental. As ideias sobre as teorias científicas acima expostas partem do pressuposto que somos seres racionais, livres para observar o universo como quisermos e tirar conclusões lógicas a partir do que vemos. Num esquema desse tipo, é razoável supor que nos poderíamos aproximar cada vez mais das leis que governam nosso universo... No entanto, se realmente existe uma teoria unificada completa, presume-se que ela também deveria determinar nossas ações. E assim, a própria teoria determinaria o resultado de nossa busca por ela! E por que ela deveria determinar que chegaremos às conclusões certas, a partir das evidências? Não seria igualmente possível que determinasse que chegássemos à conclusão errada? Ou a nenhuma conclusão?" (destaques nossos – Breve história do tempo ilustrada, São Paulo, Albert Einstein Ltda., 1997, pp. 18 a 21).

a resposta para isso, teremos o triunfo definitivo da razão humana: ... teremos, então atingido o conhecimento da mente de Deus"[9].

Já passou a época em que se imaginava ser a Terra o centro do mundo, ao redor da qual todos os planetas giravam. Ou mesmo que o nosso Sol exercia esse papel. Atualmente se sabe que num pedaço de céu (um centésimo milionésimo dele, esclareça-se), podem ser vistas (por telescópios potentes em órbita, como o "Hubble") mais de cem trilhões de estrelas, sendo que a imensa maioria está em outras galáxias. Segundo o mesmo Sagan[10], *"... tomando por base evidências modernas, o número de planetas distantes nesse pedaço minúsculo do céu é relativamente muito elevado"*.

Diante disso, surgem as seguintes cruciais indagações: será o nosso o único planeta habitado no universo? Seremos nós os únicos seres inteligentes? As nossas convicções e crenças, nele forjadas, serão universalmente válidas e prevalecentes? Se, por um lado, como afirmou o filósofo grego Crisipo, *"... seria um caso insano de arrogância um ser humano vivo pensar que nada lhe é superior em todo o mundo"*, igualmente é certo que não nos devemos esquecer de que a Terra, planeta onde agora vivemos, teve um começo, terá um fim e não passa, no concerto físico universal, de um "grão de poeira cósmica" (SAGAN). Neste pequeno globo, com efeito, temos momentaneamente a nossa casa e ali estão *"... todos aqueles que amamos, que conhecemos, de que já ouvimos falar, todos os seres humanos que já existiram, vivem ou viveram as suas vidas. Toda a nossa mistura de alegria e sofrimento, todos os caçadores e saqueadores, heróis e covardes, criadores e destruidores de civilizações, reis e camponeses, jovens casais apaixonados, pais e mães, todas as crianças, todos os inventores e exploradores, professores de moral, políticos corruptos, 'superastros', 'líderes supremos', todos os santos e pecadores da história de nossa espécie estão ali – num grão de poeira suspenso num raio de sol"*[11].

Reforcemos a ideia imaginando que a Terra, nosso *habitat* em tal grandioso arranjo celeste, pode ser comparada a uma mera gota d'água no oceano. Pois bem: mesmo que toda a humanidade tivesse um consenso – e lamentavelmente ainda não tem – a respeito do que seja "bom", "correto" e "justo", esses valores deveriam ser iguais em todo o Universo? Ou, ao reverso, o "justo", "correto" e "bom" aqui é simplesmente *relativo* àquela gota d'água, ou seja, ao nosso particular ambiente? Como dar resposta a esse impasse, afinal?

Cremos, com isto, haver pelo menos suscitado a dúvida sobre se somos mesmo capazes, como seres habitantes de tão minúsculo espaço físico do Universo, e ainda assim guardando tantas diferenças entre nós, de eleger um critério valorativo que nos proporcione meio seguro de identificar, ou determinar, certa regra como sendo uma "norma jurídica". É claro que tais normas albergam valores, exatamente porque, uma vez que cada uma delas visa à regulação da conduta humana em sociedade e buscará regulá-la *num dado sentido*. Ou seja, visará a encaminhar o comportamento do destinatário normativo[12] numa direção tal ou qual, eleita como a "melhor", ou a "mais adequada" por quem, fazendo uso de seu poder – só político, quando se trate de elaborar a Constituição

---

9. Carl Sagan, *Pálido ponto azul,* São Paulo, Cia. das Letras, 1996, p. 51.
10. Ob. cit., p. 233.
11. Carl Sagan, ob. cit., p. 31.
12. A rigor, a destinatária da norma é a *conduta* humana, não o homem em si mesmo.

de um dado país, ou político-jurídico, nos demais casos – cria a norma. Assim, qualquer regra do Direito positivado, enquanto expressão do dever-ser, contém um valor que deseja ver preservado.

Dir-se-á, por exemplo (e muito singelamente), que o dispositivo do Código Penal que proíbe o homicídio tem como objetivo resguardar o valor *vida humana*, enquanto o que capitula o furto como crime visa a proteger o valor *propriedade*. O que se deve entender, todavia, é a inadequação da tentativa de buscar, no valor humanamente protegido pela norma jurídica, o seu elemento de identificação enquanto tal. Enfim, como já se teve a oportunidade de salientar, esse valor, mesmo que bem aceito pela maioria dos integrantes de um dado corpo social, em certo momento, pode perfeitamente ser, em outro instante, rejeitado, despido de significação maior, por outra sociedade, ainda que na mesma quadra histórica, mas de diferente formação cultural.

Não seria possível deixar de aludir, agora com mais detença, ao Direito Natural, compreendido este como um conjunto de normas válidas para toda a humanidade (como também para os seres habitantes de outros planetas, em planos espirituais diversos[13]), desde sempre e para todo o sempre, em qualquer lugar.

Seria descabido, hoje reconheço, deixar de admitir a existência de um Direito Natural e, por essa razão, a tudo superior (mas nem sempre, infelizmente, a servir como instrumento de validação de todas as ordens jurídicas positivadas).

Isto mais se solidificou em mim ao receber a seguinte lição do meu pai, Valmir Pontes: "*A Constituição mais precisa no homem é a consciência, capela onde a voz do jurista do Universo declara as suas leis*".

Como também à conta da que restou ditada pelo eminente jurista e advogado cearense Hilário Gaspar de Oliveira: "*Fala-se muito dos direitos dos vivos, compreende-se que o Direito por sobre a face terrena, sendo desdobramento das Leis Divinas, intuídas por todos os povos e todos os tempos e nas mais variadas geografias. Assim, o Direito não pode ser encarado como uma mera peça de elaboração humana, levando-se em conta, ipso facto, que o Direito que se propaga sobre a Terra é, na verdade, uma forma de pressentimento humano da Constituição Divina que paira acima da atmosfera das mentes humanas. Inúmeros são os juristas que tentam, do lado de cá, acotovelar, no melhor modo de dizer, os juristas terrenos, a fim de que os mesmos possam reelaborar as bases pétreas do Direito e compreender que pétreas, pedras angulares do Direito, somente podem ser aquelas leis que se apliquem a todas as gentes os negros, os brancos, os brancos, os pardos, os lúcidos, aqueles que vivem os transtornos da ausência de si mesmos, pela provação da loucura. Ou ainda as mulheres, os homens, as crianças, os adolescentes, os jovens, os adultos, os*

---

13. É inquestionável, enfim, a existência de vida inteligente fora do nosso planeta. De acordo com Luís Pellegrine (em artigo publicado na revista *Planeta Nova Era* nº 11, Ed. Três), "... para a astronomia e a exobiologia, todo o sistema solar não é mais do que um grão de poeira a girar ao redor do centro de nossa galáxia, acompanhado por 100 bilhões de outras estrelas! Todas essas estrelas não são tão hospitaleiras quanto o Sol, porém, segundo os últimos cálculos, pelo menos uma em cada dez estrelas se parece com ele, e uma em cada cem teria planetas ao redor. Portanto, *existem mais planetas na Via Láctea do que seres humanos na face da Terra*. O Universo, no entanto, é ainda muito maior que a nossa galáxia, cuja situação é análoga à do Sol: também ela é um grão de poeira a vagar entre 100 bilhões de outras galáxias. Basta somar e multiplicar: no universo, *a Terra deve possuir pelo menos mil bilhões de planetas irmãos ...*".

idosos, em todas as dimensões e papéis desenvolvidos pela criatura humana na sua faceta de experiência terrenal".

Por exemplo, de certo bem fundamentada, do ponto de vista jurídico, é dizer, segundo as normas criadas pelo próprio homem, em dado lugar e tempo e a teor dos valores que lhe parecem mais relevantes, a decisão, tomada pelo Supremo Tribunal Federal brasileiro, segundo a qual as mulheres têm a prerrogativa de promover o aborto fetos anencefálicos. E aí com certeza estou a adentrar em seara polêmica, notadamente para os ateus ou agnósticos.

Com efeito, a interrupção da gravidez, quando comprovada a anencefalia do feto, estaria supostamente a privilegiar a liberdade e a dignidade feminina, notadamente no que respeita ao seu direito de realizar uma "saudável" reprodução (fisicamente falando). Já que a desdúvidas sem cérebro (de acordo com exames médicos absolutamente seguros), a criança viveria pouquíssimo tempo, incapaz, mesmo nesse breve período, de ter qualquer atividade cerebral. Daí alegar-se que a interrupção da gravidez, neste caso, não seria, tecnicamente, um aborto, olvidando-se de que atividade cerebral não se confunde com a consciência! Esta, aliás, independe daquela, como demonstrou o neurocirurgião da Universidade de Harvard, Dr. Eben Alexander III, em seu livro "Uma Prova do Céu".

O problema que se põe, todavia, é de outra ordem: a espiritual. Vejo-me um homem absolutamente cônscio (não se trata, acreditem, de uma tola fé dogmática, mas plenamente raciocinada) de que a vida de cada um de nós não se encerra com a morte do corpo físico. Nem começa do nada, sem razões ou motivações pretéritas. Os planos da existência são vários, sequenciais e purificadores de nós mesmos, criaturas imperfeitas em permanente busca de aprimoramento.

Nem poderia, logicamente, deixar de ser assim, dada a grandeza do Universo e a perfeição das suas leis (físicas) que regeram e regem sua criação, sua expansão e sua existência tal como é. Tudo foi feito com tal engenhosidade e precisão milimétrica, temporal e espacial, que se a sua velocidade inicial de expansão (após o chamado "*big bang*"), tivesse sido minimamente diferente, ele próprio não existiria. Nem tudo o que nele se contém, inclusive a Terra e seus habitantes (nós mesmos!).

Em outras palavras, só na concepção Divina pode haver a unificação das leis do macro e do microcosmo, este último estudado pela física quântica, já que essas leis são, ainda aparentemente, incompatíveis entre si. Conhecer a "teria do tudo", como dizem os mais brilhantes profissionais da física teórica e experimental, seria "penetrar a mente de Deus".

Portanto, nós não estamos aqui à toa, sem propósito, fadados a um fim abrupto, trágico e absoluto, mas para experimentar bons e maus momentos que nos moldem o espírito, inclusive por conta de certos sofrimentos e expiações que esta vida nos reserva. Fugir delas significa apenas adiar o nosso engrandecimento, que necessariamente ocorrerá depois. Temos todos, enfim, uma missão a cumprir, com maior ou menor peso a carregar, queiramos ou não que isso aconteça. Nem estaremos, pelos erros cometidos em vida (notadamente a arrogância, a vaidade, o egoísmo e a falta de caridade), definitivamente condenados, como dizem absurdamente alguns, a "arder nas chamas do inferno". Até mesmo em nome do contraditório e da ampla defesa (é proposital a referência ao direito constitucional posto), sempre nos será dada a oportunidade de sincera recuperação.

Se, no caso de um feto anencefálico (ainda que nasça e viva alguns segundos, minutos ou horas), não se pode dizer que ele próprio não tenha uma missão ou algo a expiar. Mas o mesmo não se afirme em relação aos pais (e, em especial à sua mãe, a quem vai caber, segundo a decisão tomada pelo STF, a decisão de interromper ou não a gravidez). A eles, pais, se reservou essa provação, só se justificando a interrupção da existência do nascituro se a vida da própria mãe estiver em risco. Como enfrentá-la é questão íntima, a ser tomada com profunda consciência espiritual.

Pode parecer estranho, à primeira vista, que um outrora juspositivista como eu esteja, desta feita, a fazer tais afirmações. Mas não é, garanto. Para o direito dos homens, a referida decisão do STF é compreensível. Mas para a vontade Superior, todavia, seguramente não. Superei minha longa fase agnóstica, pois, afinal, só não muda de ideia quem não as tem. O Direito Natural, de origem Divina – é apenas assim que o concebo – se compõe de regras eternas e intrinsecamente justas.

Em inspirado escrito[14], Arnaldo Vasconcelos elege sete teses em favor do Direito Natural (em sua concepção). Já em obra posterior do mesmo autor[15], estas se transformaram em oito, com os seguintes enunciados: 1ª) *O Direito Natural não é direito da natureza, considerada esta como domínio das chamadas ciências naturais;* 2ª) *O Direito Natural de fundamentação teológica não é todo o jusnaturalismo, nem sua origem o inferioriza diante das suas outras versões, nem diante da Teoria da Ciência;* 3ª) *O sistema de Direito Positivo não afasta o Direito Natural, dada a insuficiência daquele;* 4ª) *A dialetização de fatos e valores não constitui equívoco do jusnaturalismo, mas, precisamente ao contrário, sua incomunicabilidade é a grande falha da teoria sociológica;* 5ª) *As ideias de progresso e de Direito Natural não são incompatíveis;* 6ª) *Pretender afastar o Direito Natural, alegando sua indisponibilidade para aplicação judicial, constitui equívoco primário;* 7ª) *A incomunicabilidade entre ser e dever-ser, fundamento da chamada objeção de princípio ao Direito Natural, constitui teoria de aceitação restrita aos círculos kantianos, porém há muito ultrapassada;* e 8ª) *O Direito Natural é imprescindível como modelo do Direito Positivo.*

Diante de tais colocações – e não sem antes afirmar que a discussão do tema não nos parece anacrônica, despropositada ou despida de interesse científico – sou forçado, embora com a humildade dos aprendizes, a tentar construir algumas aligeiradas e parciais objeções à doutrina do mestre[16].

As leis que regem o mundo puramente físico, como se sabe, simplesmente existem de uma dada maneira, em certo e específico ambiente espaço-temporal, inadmitindo o seu descumprimento. A relação que nelas se vê é a da *causalidade*, ou seja, a do necessário e inafastável nexo entre a causa e o efeito, desde que estejamos inseridos em uma determinada realidade física. No nosso planeta, por exemplo, a lei da gravidade impõe

---

14. Publicado na *Revista da Faculdade de Direito da UFC*, v. 31, ano 90, tão gentil quanto ironicamente dedicado a este autor, por uma suposta "identidade de ideias"!

15. *Direito, humanismo e democracia*, São Paulo, Malheiros, 1998.

16. Dada a profundidade do trabalho referido, não cabe aqui discuti-lo por inteiro e adequadamente; atrever-se-á o autor a fazê-lo em outra oportunidade, com mais vagar.

que um corpo seja obrigatoriamente atraído para a superfície imediatamente abaixo dele, seja qual for sua densidade ou peso[17]. Já se demonstrou, aliás, que a própria luz – que é constituída de partículas (os fótons, ou *quanta* de luz) e ondas, ou de *ondas-partículas*, como preferem alguns – sofre os efeitos da gravidade[18]. Também aqui é certo que o tempo acarreta o envelhecimento do nosso corpo, com a progressiva falência dos nossos órgãos.

Observe-se, todavia, que essa mesma lei não "vigora" com as mesmas características, ou com a mesma intensidade, em outros pontos do Universo: no espaço intergaláctico os efeitos da gravidade são bem menores, a ponto até de fazer com que o tempo corra mais vagarosamente lá do que aqui. O mesmo ocorre em velocidades altíssimas, como a da luz, situação em que o tempo simplesmente para. Já nas proximidades de um "buraco negro", a gravidade é tão forte que atrai não só os corpos sólidos, mas até a própria luz, reduzindo tudo a uma singularidade de infinita densidade! Reitere-se, aqui, a ideia de o quanto as coisas podem ser relativas, mesmo onde não há "liberdade".

Aos seres humanos não é dada a possibilidade de agir livremente em relação às normas da natureza, sendo impossível descumpri-las. Há, nelas, uma relação de *causalidade*. Já as normas do Direito, formuladas pelo homem, segundo seus valores e em dado momento e espaço, encerram prescrições que podem ser pelo próprio homem desobedecidas, exatamente porque, nelas, o nexo entre a causa (a conduta contrária à prescrição, por exemplo) e a sanção (no sentido de penalidade imposta ao descumpridor da regra) é de mera *imputação* (não de causalidade). Ou seja: é a norma jurídica, criada pelo homem, que imputa uma consequência a uma causa, isto não querendo dizer que sempre que a causa existir a consequência ocorrerá (alguém pode matar outrem e não ser, por algum motivo, condenado pela prática desse ato tido como delituoso pela lei).

As normas do Direito Natural não se encontram, portanto, no domínio da Ciência da Natureza, sendo, ao contrário, obra Divina. Não são, pois, produto de uma concepção humana. O homem terreno que não cria as regras naturais, mas simplesmente sofre os efeitos delas. É de Arnaldo Vasconcelos, afinal, a feliz assertiva segundo a qual "*o homem não cabe em fórmulas humanas, tanto que sempre procurou aproximar-se de modelos divinos*".

Em momento anterior cheguei a enfaticamente sustentar que o ato de creditar a Deus a origem e feitura do Direito Natural seria, no mínimo, temerário, já que isto importaria admitir tenha sido (ou venha a ser) o homem capaz de conhecer, integral e originariamente, Sua palavra e Seu querer. Afora os que negam a sua existência (os ateus e os agnósticos, mas que nem por isso deixam de ser humanos), os homens acreditam Nele por motivos diversos, entre os quais se há de incluir o simples receio do que possa vir após a morte do corpo físico.

Superei essa fase, já disse. Se não podem os homens, por óbvio, substituir Deus ou conhecê-lo integral e completamente, são plenamente capazes de saber de Sua existência e de comprovar isto logica e racionalmente. Essencialmente justo – embora a determinadas

---

17. A gravidade resulta, na verdade, de uma deformação no espaço causada por objeto que contém massa (Einstein), como uma bola de boliche deforma a superfície de uma cama elástica, dessas em que as crianças brincam nas festas de aniversário.

18. Com a sustentação dessa teoria, depois comprovada experimentalmente, Einstein revolucionou, no início do Século XX, a física moderna de forma definitiva.

pessoas e em certas circunstâncias possa Ele parecer (equivocadamente) não sê-lo – são de Sua feitura as regras superiores que inadmitem descumprimento sem sanção, ou seja, sem que consequências (imediatas, é dizer, nesta existência, ou não) deixem de ocorrer.

Ordenamentos jurídicos podem, sim, ser humanamente positivados em absoluto descompasso com o Direito Natural (Divino), como aqueles que estabelecem penas de açoite, de apedrejamento ou de morte para quem comete certos delitos.

É também acertado, noutra via de ver as coisas, afirmar-se que os conceitos de tempo e de espaço não fazem sentido "antes" do início do Universo[19].

A questão é problemática ao extremo, como se vê. No que respeita aos homens, pensamos que Deus nos deu a capacidade de agir livremente (o conhecido "livre-arbítrio"), conforme sua vontade, até mesmo para destruir-se a si mesmo (como muitos fizeram, tentaram fazer, ainda fazem ou tentam fazer).

Não se pode negar, em absoluto, a dimensão espiritual (que não é necessariamente religiosa, no sentido comum da expressão) do homem, posto que este elabora e elege, em seu espaço e seu tempo, um conjunto de valores que reputa "bons" e "justos", desejando que eles prevaleçam *ad eternum*.

Tal conjunto seria, então seu "direito natural", tão modificável no tempo e no espaço quanto ele próprio, o homem. Eis que finalmente se poderia dizer – sem a mínima intenção de originalidade – que o Direito é basicamente funcional, ou seja, vem a ser *instrumento,* criado pelo homem e por ele manuseado, de regulação da conduta humana em sociedade. Serve, pois, como meio de solução de conflitos, desde quando prescreve certas condutas e prevê sanções para as hipóteses em que as condutas sejam contrárias àquelas por ele prescritas. Inserido no mundo do dever-ser, o Direito busca tornar possível (e eventualmente harmoniosa e saudável) a convivência entre as pessoas. Claro, e isso é forçoso admitir, que quanto mais justas e legítimas e, portanto, bem recebidas forem as normas por uma dada sociedade, em certo momento de sua existência, mais elas tenderão a permanecer válidas e a surtir os efeitos desejados (a ser eficazes, portanto).

Jamais, por outro lado, se imaginou fosse um certo complexo de normas positivadas (um dado Direito Positivo) "suficiente", quer no sentido de ser capaz de regular direta e especificamente todas as condutas humanas (já se sabe que as que não forem tidas pelas normas jurídico-positivas como obrigatórias ou proibidas serão simplesmente juridicamente permitidas), quer no de que estabeleceria sempre prescrições "boas", "justas", "politicamente corretas" ou agradáveis. Axiologicamente, quaisquer normas do Direito serão dotadas de "qualidades" ou "defeitos" segundo o critério de quem as observa, isso não importando dizer que elas sejam incapazes, em seu conjunto (o conjunto do ordenamento positivo), de oferecer, pela ação dos seus intérpretes/aplicadores, respostas institucionalizadas aos conflitos surgidos na sociedade.

---

19. Segundo Hawking, "... isso foi apontado pela primeira vez por Santo Agostinho. Quando indagado: 'O que Deus fez antes de criar o Universo?', Agostinho teria reagido: 'Ele estava preparando o inferno para receber pessoas que formulam perguntas como essa'. Mas para depois responder que o tempo é uma propriedade do Universo que Deus criou, não tendo sentido cogitar de sua existência antes do início do Universo".

Se tais respostas serão "boas" ou "más", isto também dependerá de uma apreciação valorativa, de caráter personalíssimo, mesmo se tendo em conta a possibilidade, admitida pelo próprio ordenamento jurídico-positivo, de utilização de recursos de interpretação e/ou aplicação do Direito, como a equidade, a analogia, a jurisprudência, a doutrina e os princípios gerais do Direito. Mas, fundamentalmente, de sua adequação às prescrições do Direito Divino, natural por essência.

II – Teoria da Norma Jurídica

SANÇÕES JURÍDICAS: RELEITURA À LUZ DA PREVENÇÃO E DA PROTEÇÃO EFICAZ DOS DIREITOS

Bruno Leonardo Câmara Carrá

Doutor em Direito Civil pela Universidade de São Paulo com pós-doutoramento pela Scuola di Giurisprudenza della Università degli Studi di Bologna. Juiz Federal e Professor Universitário.

Sumário: 1. Um pouco de mitologia (introdução). 2. Direito e sanção. 3. As insuficiências do controle *a posteriori*. 4. Sanções coincidentes e não coincidentes. 5. As medidas de prevenção como *sanção antecipada*: a iminência como ilícito. 6. Referências.

1. UM POUCO DE MITOLOGIA (INTRODUÇÃO)

Proponho começar da seguinte forma: uma releitura intrinsecamente jurídica do conhecido mito de Sísifo. Conta-se, como todos sabemos, que Sísifo era o mais astuto dos homens. Por algum tempo chegou até mesmo a enganar Tânatos, atando-lhe a grilhões de maneira que, quando o deus da morte foi lhe buscar, terminou sem poder ceifar a vida de mais ninguém por determinado tempo. Tânatos acabou sendo libertado por Ares e Sísifo, então, foi arrastado para o inframundo.

Contudo, ele ainda tinha um último ardil: antes de baixar ao inferno, combinou com sua mulher para que ela não fizesse o sacrifício cerimonial aos mortos. Assim, um lamurioso Sísifo findou por convencer Hades a permitir seu regresso ao mundo superior, concessão jamais feita a qualquer mortal. Para tanto nosso malicioso personagem disse a Hades que voltaria ao inferno seu deus do inframundo lhe desse a mencionada oportunidade de lá sair apenas para poder castigar sua relapsa esposa. E o que fez Sísifo depois de libertado? O que todo e qualquer sagaz faria em uma situação idêntica: fugiu!

Viveu, segundo diz a lenda, por vários anos em Corinto até que, com a ajuda de Hermes, foi novamente capturado e obrigado retornar ao inferno outra vez. Só então a ordem pode ser restabelecida. Pela ignominiosa transgressão, Sísifo foi finalmente condenado arrastar uma pedra, encosta acima, a qual sempre rolava para baixo antes que o cume fosse atingido, de modo que o trabalho sempre recomeçava. A punição, além de eterna, tinha um elemento adicional de vingança, requintadamente preparado: já que se considerava o mais inteligente dos mortais, recebeu Sísifo o mais fastidioso e inútil dos castigos por haver desdenhado os deuses.[1]

---

1. Cf. CAMUS, Albert. *El Mito de Sísifo*. Tradução de Luís Echávarri. Buenos Aires: Losada, 1953.

Agora o que nos interessa! Não obstante ter sido Sísifo devolvido aos infernos, o que de alguma maneira diminuiu as consequências de seus atos, tenhamos em conta que o rigor de seu castigo já nada mais poderia fazer para reverter a ilicitude de seu comportamento. Um morto havia escapado de Hades, alterando a ordem cósmica, e a pena aplicada a Sísifo, por maior que fosse, não seria capaz de reverter esse fato.

Com efeito, a sanção aplicada não iria, por si somente, ser capaz de fazer desaparecer sob o aspecto fenomenológico os conturbados efeitos da transgressão de Sísifo. O que estava feito, não apenas estava feito como não poderia ser desfeito, já que nem os deuses tinham o poder de fazer o tempo retroceder. Aliás, o tempo e o destino, eles próprios material de incontáveis lendas e tragédias, eram incontroláveis pelos deuses e, por isso mesmo temido até mesmo por Zeus.[2] Assim, toda pena imposta a Sísifo, por mais inclemente que fosse, seria apenas um paliativo. Se os deuses pensaram que por meio delas poderiam reverter sua façanha, estavam, na verdade, ingenuamente enganados.

Aqui, inclusive, é o caso de lembrar de outro mito ainda mais evidenciador da pouca eficácia das sanções que se aplicam como castigo: Prometeu, que também desafiou o poder do Olimpo ao roubar o fogo sagrado entregá-lo aos homens. Pela afronta, que se diferencia das de Sísifo por seu caráter altruísta, Prometeu foi acorrentado em uma montanha e tinha seu fígado todo dia comido por uma águia, já que todo dia ele se regenerava para que seu sofrimento continuasse sem fim. A inutilidade do trabalho de Sísifo ou o fígado de Prometeu diuturnamente dilacerado e recomposto constituem faces de uma mesma moeda.

São alegorias que refletem ficticiamente aquilo que tentaremos demonstrar com este trabalho: que os esquemas jurídicos no geral dão à sanção um caráter limitado, nela enxergando muitas vezes apenas a reação por direito já violado. Ao assim proceder, entretanto, termina-se por incidir em um lamentável reducionismo ontológico que obnubila a compreensão desse importante elemento do Direito e, portanto, do fenômeno jurídico como um todo.

A sanção jurídica não tem como principal função infligir castigo ou pena, salvo para um grupo muito reduzido de autores, como Alf Ross, que nela enxergam apenas um instrumento de castigo em termos estritos.[3] Se isso existiu no passado, com as vinganças privadas, por exemplo, nada mais o justifica. *Modus in rebus*: não se nega que a sanção exista como forma de castigo, há sanções que realmente revelam esse elemento punitivo, o que não se pode é, de forma pueril, predicar que haja uma correlação sincera entre sua

---

2. As Moiras eram as filhas de Zeus com Têmis, Deusa da Justiça. Também denominadas filhas da noite, representavam o rigor e a inafastabilidade do destino que alcançava até mesmo os deuses. A inafastabilidade do destino consistiu tema recorrente na Grécia antiga. Na mais expoente das tragédias que o tinham como pano de fundo, o *Édipo Rei*, após vazar as órbitas dos olhos, diz o desgraçado rei de Tebas, agora arrasado pela descoberta de que não poderia lutar contra o imponderável destino: "Nuvem negra de trevas, odiosa,/que zombaste do céu sobre mim,/ indizível, irremediável,/que não posso, não posso evitar!/Infeliz! Infeliz outra vez!/Com que ponta aguçada me ferem o agulhão deste meu sofrimento/e a lembrança de minhas desgraças?" (SÓFOCLES. Édipo Rei *In A Trilogia Tebana*. Tradução, introdução e notas de Mário da Gama Kury. 10 ed. Rio de Janeiro: Jorge Zahar, 2002. p. 87-88).
3. Nesse sentido: "[…] and the only good grounds the judge can offer for sentencing a man for theft is that man in question is guilty of theft. It is no justification for sentencing the man that society or the man himself will benefit from his being punished." (ROSS, Alf. *On Guilt, Responsibility and Punishment*. Berkley: University of California Press, 1975. p. 28).

aplicação e a restauração da regra jurídica violada. O que foi violado muitas vezes não pode mais ser reposto, como denunciam os dois mitos acima relidos à luz do Direito; mas sequer é necessário fazer uso deles, basta pensar no dia à dia com seus incontáveis assassinatos e outras violações à integridade do ser humano: qualquer pena que venha a ser aplicada nesse contexto é quase tragicômica, pois, não podendo reverter os efeitos do ato praticado, apenas serve para atestar a impotência do Direito e, com ela, a nossa própria.

Isso considerado, significaria que o Direito nada pode fazer para evitar o próprio acontecimento ilícito, devendo sempre agir *a reboque* das violações? Não. Muitas são ao nosso sentir as normas jurídicas que preveem sanções para evitar o próprio acontecimento ilícito, mas devido à lógica reparadora ainda reinante, elas terminam por passar despercebidas, impedindo a percepção de que o Direito pode reagir também antes que o ilícito ocorra. O presente estudo pretende fazer um rápido esboço dessas formas de sanção de modo a demonstrar, uma vez mais, que sob essa designação ingressam distintas formas, modelos ou institutos jurídicos, sendo muitos deles, inclusive, de natureza preventiva, ou seja, voltados não para a repressão e sim para o impedimento mesmo do descumprimento de um preceito jurídico.

2. DIREITO E SANÇÃO

Estabelecido nosso objetivo, tratemos logo de demonstrar o quão inexpressivo muitas vezes torna-se o conceito de sanção jurídica quando atrelado à ideia de constituir-se como evento posterior e repressivo em relação à transgressão normativa. O conceito de sanção torna-se, desde as lições de John Austin ainda no Século XIX, pedra fundamental para a própria definição do conceito de Direito. Ou seja, a partir das construções de Austin, que viam no Direito um sistema de comandos, assim entendidos como ordens dotadas de capacidade para infligir "um mal ou dor", a sanção passa a desempenhar uma função essencial para a compreensão do próprio fenômeno jurídico. Segue em tradução livre a clássica passagem de *The Providence of Jurisprudence Determined and The Uses of the Study of Jurisprudence*, obra base de Austin, que define a ideia de comando:

> Um comando é distinto de outras significações do desejo, não pelo nome no qual o desejo é anunciado, mas pelo poder e pela intenção da parte que comanda para infligir um mal ou dor no caso de a vontade ser desconsiderada. Se você não pode ou não vai me prejudicar no caso de eu não cumprir a sua vontade, a expressão de sua vontade não é um comando, embora você pronuncie sua vontade em uma frase imperativa. Se você é capaz de, e disposto a, me prejudicar no caso de eu não cumprir a sua vontade, a expressão de sua vontade equivale a um comando, mesmo que você seja levado, por um espírito de cortesia, a proferi-la na forma de um pedido. [4]

---

4. "A command is distinguished from others significations of desire, not by the style in which the desire is signified, but the power and the purpose of the party commanding to inflict an evil or pain in case the desire be disregarded. If you cannot or will not harm me I comply not with your wish, the expression of your wish is not a command, although you utter wish in imperative phrase. If your are able and willing to harm me in case I comply not with your wish, the expression of your wish amounts to a command although you are prompted by a spirit of courtesy to utter it in a shape of request" (AUSTIN, John. *The Providence of Jurisprudence Determined and The Uses of the Study of Jurisprudence*. Indianapolis: Hackett, 1998. p. 14).

John Austin é visto atualmente como o primeiro jusfilósofo dedicado a diferenciar efetivamente o Direito da Moral, pelo que pode ser entendido como o primeiro grande positivista moderno. É sua noção de Direito como ordem que influenciará todas as construções juspositivistas formuladas ao longo da primeira metade do Século XX quando a correlação entre sanção e Direito parece dominar todo o cenário teórico daquela época. Esse, de fato, passa a ser compreendido substancialmente em função daquela, a saber, uma resposta normativa à desobediência de uma regra de conduta.

O conceito e a estrutura da sanção jurídica, entretanto, receberá seu estudo mais relevante com a obra de Hans Kelsen. Ela assumirá uma função de prestígio jamais vista, sendo entendida como a reação de um ordenamento (jurídico) contra o ato antijurídico; por outras palavras, a reação da comunidade jurídica, constituída pelo ordenamento jurídico em relação ao violador do ordenamento.[5] Porém, mais que dar um conceito formal à ideia de sanção, Kelsen procedeu à exposição de seus contornos estruturais sob uma lógica deontológica precisa e irreprochável.

Partindo das conclusões já divisadas no pensamento analítico de Austin, Kelsen, como dito, trata a sanção como dado normativo que caracteriza e define ontologicamente o Direito.[6] Nesse contexto, o mestre de Viena destacava que as sanções tinham como objetivo inibir o comportamento socialmente indesejado, por intermédio da ameaça de emprego da força, ou, fundamentalmente, da possibilidade de seu emprego efetivo, sendo o caso.

Com isso, Kelsen assimila os conceitos de sanção e coação, não sendo o caso, aqui de adentrar em essa que é outra polêmica questão. O ponto que nos interessa ao momento é destacar que todo raciocínio kelseniano em relação ao tema é o de emprestar à sanção um caráter de coação psíquica, como é por ele expressamente enunciado.[7] Desse modo, é (sempre na esteira de Austin) pela ameaça de aplicação de um mal no caso do descumprimento de uma regra que o Direito obteria o comportamento socialmente desejado. Aqui, dois aspectos importantes devem ser registrados para uma melhor compreensão do tema.

Em primeiro lugar, devemos ter em consideração que para Kelsen o Direito é um meio, uma técnica de controle social específica, daí a preocupação central com o método que esse *constructo* (o Direito) utiliza para implementar seu objetivo de produzir tal ou qual comportamento (o comportamento desejado). De conseguinte, dos vários

---

5. Cf. KELSEN, Hans. *Teoría General del Derecho y del Estado*. Tradução de. Luíz Legaz y Lacambra. 2 ed. Ciudad de México: UNAM, 1995. p. 23-24.

6. "Cuando un sistema social, como el orden jurídico, obliga a una conducta en cuanto estatuye para el caso de la conducta opuesta una sanción, cabe describir la situación mediante una proposición que enuncia que, en caso de determinada conducta, debe producirse una determinada sanción. Con ello ya queda dicho que la conducta que es condición de la sanción se encuentra prohibida, y su contraria es obligatoria." (KELSEN, Hans. *Teoría Pura del Derecho*. Tradução de Roberto José Vernengo. Ciudad de México: UNAM, 1979. p. 39).

7. "El derecho es un orden coactivo, no en el sentido de que ejerce – o, más correctamente: su representación – coacción psíquica, sino en el sentido en que los actos coactivos, a saber: la privación coactiva de la vida, de la libertad, de bienes económicos y otros, son estatuidos por él como consecuencias de condiciones que él determina. Esas condiciones son, en primer término – aunque no, como ya lo hemos observado y como lo veremos más de cerca, exclusivamente – una determinada conducta humana que, por haber sido convertida en condición de un acto de coacción dirigido contra el hombre que así se comporta (o contra sus familiares), se convierte en prohibida, en contraria a derecho, para ser así impedida y para que deba ser producida la contraria, la conducta socialmente útil, deseada, conforme a derecho" (KELSEN, Hans. *Teoría Pura del Derecho* cit. p. 63-67).

meios que existem para realizá-lo, coloca-se em evidência aquele que na visão clássica positivista é o único a produzir resultados efetivos: o temor da realização de um mal. Não se desconhecem outros meios para a produção do comportamento desejado como, por exemplo, a recompensa, mas ela não inspiraria a mesma convicção de acatamento da regra estabelecida.[8]

Kelsen irá, como já mencionado, ver na sanção a própria essência da norma jurídica e nesta o próprio conceito de Direito, o que, por propriedade transitiva, implica dizer que a sanção constitui a essência mesma do Direito. Daí porque sua formula é enunciada simplesmente como: "Dada a não prestação deve ser sanção" (dado n-P deve ser S). Ou seja, o que define o Direito é a violação da conduta, que faz nascer a sanção. Além de resumir todo fenômeno jurídico ao campo normativo, o pensamento kelseniano prossegue reduzindo-a para nela encontrar apenas a repressão à ilicitude.

De fato, é a sanção que constitui a parte verdadeira de juízo hipotético. A outra parte da norma que enuncia o dever jurídico propriamente dito é chamada secundária e não tem maior importância que a primeira (dado Ft deve ser P), pois é na possibilidade de aplicação de uma sanção socialmente organizada que reside o elemento ontológico definidor do Direito. O conceito unitário de sanção entabulado por Kelsen parece claramente seguir o modelo teórico das normas penais proposto por Karl Binding que já dividia a estrutura lógica das normas penais de modo muito claro entre a enunciação da premissa (preceito) e a consequência por seu não cumprimento (sanção).

É nítida, como irão fazer questão de lembrar seus críticos, a associação entre o Direito Penal e a Teoria Pura de Kelsen, importando isso uma dimensão ainda mais restrita da ideia de sanção. Impera o elemento de reação ao ilícito baseado no método *psicológico-sociológico* proposto por John Austin e já sabidamente difundido na pelos estudiosos da seara criminal. Evidencia-se assim que a sanção sempre responde a uma conduta humana proibida para que somente então viesse a ser aplicada, o que significa dizer, que ela não se destinaria a impedir o ilícito, mas apenas reagir a ele.

De Kelsen, passemos a Carlos Cossio e sua Escola Egológica. de base husserliana. Cossio compreende o fenômeno jurídico em função de sua difundida fórmula que nele denota a *conduta (humana) em interferência intersubjetiva*. Uma correlação de forças entre o fato da conduta e sua normatividade que dialética e simbioticamente se comutam para conformarem a essência do Direito.[9]

---

8. Essa distorção será frequentemente apontada pelos não poucos opositores do pensamento kelseniano. Com efeito, Kelsen parece desconsiderar qualquer possibilidade de comportamento altruísta no ser humano *ex sponte propria*, como deixa muito claro o trecho a seguir transcrito: "en las creencias actuales de la humanidad el miedo al infierno si encuentra mucho más vivo, y la imagen de un lugar de expiación es mucho más concreta que la esperanza usualmente muy vaga de un paraíso en donde nuestra virtud encontrará su recompensa" (KELSEN, Hans. *Teoría General del Derecho y del Estado cit.* p. 21).

9. "La Teoría Egológica resulta ser, con esto, la única concepción jurídica que sabe qué hacer con las norma y qué hacer con la conducta, sin hacer perder su normatividad a las primeras ni hacer perder su efectividad a la segunda. Ambas cosas se ubican con unidad en la mismidad de la conducta, desde que se ha visto que la conducta jurídica se integra con el conocimiento de sí misma y que es normativa la naturaleza de éste como pensamiento. A esta luz, las leyes vigentes aparecen como el pensamiento de sí misma en lo general de la conducta de las personas que integran la comunidad que ha dictado esas leyes." (COSSIO, Carlos. *Teoría de la Verdad Jurídica*. Buenos Aires: El Foro, 2007. p. 127).

Cossio apresenta o problema do descumprimento do dever jurídico em termos mais próprios, colocando-a não mais sob a conformação de um juízo hipotético, mas sim disjuntivo. Ao tratar o problema do cumprimento/descumprimento da norma jurídica sob tal perspectiva, Cossio o posiciona dentro de uma abordagem lógica mais realista que contempla tanto o normal acatamento da norma como sua eventual violação. A descrição do fenômeno jurídico agora contempla tanto a realização da prescrição normativa como sua eventual negativa, com a imposição da sanção que lhe alcança, é descrita em conformidade com o esquema abaixo transcrito:

1. dada una situación coexistencial como el hecho inicial de una totalidad sucessiva (H),

2. debe ser (cópula proposicional),

3. la prestación de alguién (P),

4. con alguién obligado (Ao),

5. ante alguién titular (At),

6. o (cópula disyuntiva que delimita endonorma y perinorma),

7. dado el entuerto como no prestación (no-P),

2. debe ser (cópula proposicional),

8. la sanción del responsable (S),

9. impuesta por un funcionario obligado a ello (Fo),

10. gracias a la pretensíon de la comundidad (pC).[10]

Esta, na terminologia cossiana, será designada por endonorma e a outra, que veicula a sanção, será chamada por perinorma. Violada a primeira (endonorma), surge a sanção (contida na endonorma) como medida reparatória do dever não realizado. Embora posicionando a questão de modo mais adequado, ou seja, colocando em evidência que sua violação e reprimenda não deve ser considerado como o fundamental para conceituar o Direito, não nos parece, relativamente aos seus elementos essenciais, que Cossio tenha se distanciado muito de Kelsen. A distinção está no modo como eles são alinhavados, pois tanto um como o outro concebem a norma jurídica sob o alicerce estrutural dessas duas partes indispensáveis: uma preceptiva e outra sancionatória.

Mais que isso, não há uma substancial diferença no que se refere à natureza da sanção, que continua sendo vista como elemento disciplinador *a* posteriori, ou seja, disparado sempre após o comportamento ilícito. Tomando por base nossas considerações iniciais (a partir dos mitos de Sísifo e Prometeu) a questão, portanto, passa a ser a seguinte: ao predicar-se que a sanção constitui-se basicamente como uma ameaça, tem-se que as sanções existentes no ordenamento jurídico supõem lograr sucesso no impedimento da conduta indesejada não por atos próprios voltados ao seu impedimento e sim por meio de uma técnica de inibição que pressupõe em primeiro lugar sua própria violação.

---

10. COSSIO, Carlos. *La Teoría Egológica del Derecho y el Concepto Jurídico de Liberdad*. Buenos Aires: Abeledo Perrot, 1964. p. 333.

Contudo, se é indiscutível que a sanção figura como elemento substancial do Direito, ao assim predicá-la, termina-se por diminuir-lhe as próprias forças. Ou seja, não há direito sem sanção, mas não se pode intuitivamente associá-la apena à ideia de pena. Além de existir sanções positivas, tema que não abordaremos aqui, o formato eminentemente coercitivo/repressor pelo qual se costuma afirmar a dissuasão do comportamento indesejado através de um controle de natureza psicológico-sociológico, não é o único a ser levado em consideração, pois existem mais que nunca nos dias de hoje sanções que se . Esse seria basicamente o instrumental que o Direito disporia para fazer valer suas determinações e, assim, impedir a erupção da ilicitude.

O caráter quase axiomático dessa assertiva, de que não há Direito sem sanção, tem feito com que se aceite com naturalidade o paradigma coercitivo/repressor sem que sejam feitas maiores abordagens críticas quanto a isso. Se é verdade, por um lado, que o binômio Direito/Sanção é inseparável, já não se pode dizer o mesmo, por outro, do binômio Sanção/punição. Desse modo, tanto será possível a existência de sanções de conteúdo positivo, ou seja, baseada na ideia de recompensa, como ainda de sanções que, a par de punir ou castigar, destinam-se objetivamente a impedir o cometimento do próprio ilícito, configurando, assim, uma técnica distinta da ideia de sanção como ameaça em seu sentido estrito.

3. AS INSUFICIÊNCIAS DO CONTROLE *A POSTERIORI*

Nada obstante o temor que provoquem e as consequências que possam ser impostas ao seu transgressor, seja em decorrência da privação de sua liberdade, seja por meio da constrição forçada de seu patrimônio, a evidência que chega dos estudos sociológicos sugere, ao contrário do que asseguram muitos dos teóricos do Direito, que nem o terror e nem o castigo produzem consequências práticas eficientes. Muitas obras já foram escritas sobre o assunto, para resumi-las basta lembrar as pesquisas realizadas por Michel Foucault sobre a eficácia das sanções penais. Suas conclusões, conduzidas sob um padrão científico dificilmente refutável, apresenta argumentos convincentes para provar que as condenações pouco tem servido para impedir o aumento das taxas de criminalidade ao longo de da História.[11]

Do mesmo modo, as indenizações, multas, e outras tantas medidas que se destinam por seu efeito psicológico impedir a transgressão de uma regra jurídica, possuem, paradoxalmente, um efeito prático muito escasso. Compreendidas como medidas destinadas a evitar a violação da regra de conduta, não apenas podem resultar como sendo de acatamento eventualmente escasso (pensem-se nas normas desprovidas de eficácia social) como, ademais, geralmente são ineficazes no que se destina à recomposição fenomênica do preceito violado. Como demonstra Arnaldo Vasconcelos, a irreversibilidade do tempo torna a reprimenda ao ilícito algo factualmente inoperante, pois qualquer que seja o caso de transgressão ao ordenamento jurídico, nunca se poderá substancialmente retroceder-se com perfeição ao *status quo* anterior à violação da regra de conduta:

---

11. Cf. FOUCALUT, Michel. *Vigilar y Castigar*. Nacimiento de la prisión. Tradução de Aurélio Garzón del Camino. 34 ed. Ciudad de México: Siglo XXI, 2005. *passim*.

> [...] a sanção, em si, não pode significar garantia de plena restauração do Direito violado, mesmo porque no plano humano, essa recomposição absoluta é impossível. Transcorrido que seja qualquer lapso de tempo após o momento da prestação, não haverá meio capaz de refazer integralmente a situação anterior. Pagar amanhã não é, nunca, o mesmo que pagar hoje.[12]

Algo parecido irá dizer Norberto Bobbio, para quem a sanção existe somente após a violação do direito, que, desse modo, pode ser entendida como *resposta à* violação, ou mais pontualmente na condição de ação endereçada à conduta não conforme o direito para anulá-la ou, pelo menos, eliminar suas consequências danosas.[13] A compreensão, já crítica, de que a sanção já não serve só para anular e mais para, por outros mecanismos, tentar diminuir as consequências lesivas decorrentes da desobediência de um dever jurídico já representa nítido avanço para uma melhor apreensão da ideia de sanção. Tanto é assim que Bobbio irá em suas obras da maturidade defender ferrenhamente formas positivas de sanção, ou seja, o prêmio e a recompensa como meios incentivadores das condutas almejadas pelo ordenamento jurídico.

Esse vem a ser, claramente, nosso ponto de partida. Como referido acima, constitui equívoco associar a ideia de sanção à ideia de pena, algo que fica particularmente mais evidente quando percebemos que a pena em muito pouco pode auxiliar a experiência jurídica, pois seja do ponto de vista filosófico como sociológico resta demonstrado com facilidade seu imenso déficit de eficácia. O problema aqui, é que foi a postura assumidamente deontológica adotada para defender a plenitude da sanção. Pouco importaria se fenomenologicamente ela de fato resguardava um direito, a explicação a partir do mundo do *dever ser* utilizada com frequência para explicá-la.

Aqui, para além das sanções positivas, pretendemos enfocar de modo particular o vezo que também ocorre na própria definição de sanção repressora, que sempre é vista como um ato *a posteriori* ao direito violado. Expressão, por mais estranho que possa parecer, dessa mencionada tredestinação é ninguém menos que Giorgio del Vecchio, para quem não faz o menor sentido falar de coação (Del Vecchio também associa sanção à coação) enquanto um direito não esteja concretamente violado, o que, por óbvio, seria a pedra angular da própria concepção coercitivista do Direito.

Na medida em que todo Direito é possível de ser violado, uma vez ocorrida essa, tem lugar o uso da força para recompô-lo. A fórmula da sanção poderia, assim, ser resumida nos seguintes termos: *sem efetiva transgressão, sem sanção*. Então, ganham sempre Sísifo e Prometeu: o Direito sempre chega tarde e toda sua força parece decorrer apenas do possível medo que supostamente é capaz de infundir, tal como conto dos irmãos Grimm para uma criança. Na prática, a estrutura organizada da força tão apregoada nunca conseguiria chegar *ex ante*, ou seja, ser capaz de impedir a realização mesma do ilícito.

É isso que supomos não ser verdade, pois há mecanismos sancionatórios capazes (ou pelo menos concretamente destinados) a impedir o próprio ilícito por meio de comandos preventivos. Isso, contudo, não é muitas vezes referido nos manuais de Teoria do Direito mercê de uma visão puramente normativa, que, assim, termina se descolando da realidade.

---

12. VASCONCELOS, Arnaldo. *Teoria da Norma Jurídica*. 3. ed. São Paulo: Malheiros, 1996. p. 158.
13. BOBBIO, Norberto. *Teoría General del Derecho*. Tradução de Jorge Guerrero R. 2 ed. Bogotá: Temis, 2005. p. 105.

Ou seja, coloca-se o problema da impotência das sanções jurídicas em decorrência de sua aplicação retardatária em razão de esquemas de ordem apenas deontológicas e por meio deles procura-se igualmente resolvê-los, como o mencionado Del Vecchio, que o divisa nos termos seguintes: "a coação chega quase sempre muito tarde". Vejamos:

> Un'altra obiezione molto frequente si fonda su ciò: se il diritto non è spontaneamente osservato, obbligare materialmente a questa osservanza. La coazione arriva quasi sempre troppo tardi, di fronte a chi è deliberato a violare il diritto; e ciò che è fatto è, in certo senso, irreparabile (*Quod factum est, infectum fieri nequit*). A questo proposito sindicano vari casi d'impotenza dell'apparato giuridico ad impedire il torto; e in verità siffatti casi abbondano, anche per la ragione espressa dai giuristi romani colle parole "*Nemo praecise ad factum cogi potest*" (non si può obbligare alcuno a compiere, nolente, un atto determinato). Se alcuno, per esempio, si è obbligato a compiere un'opera d'arte, e poi vi si rifiuta, come costringervelo? Se un teste, cui incombe l'obbligo di dire il vero, lo tace, come si potrà ottenere con la forza che adempia il suo dovere giuridico?[14]

Contudo, como dito, para objetar o argumento, o célebre jusfilósofo peninsular se apoia sobre a tão celebrada distinção kantiana entre os planos do ser (*sein*) y do dever ser (*sollen*) enunciando que, ainda que as sanções possam ser factualmente ineficazes, continuam sendo válidas sob o ponto de vista jurídico, isto é, normativo ou deontológico. Se a pena ou o emprego da força chega demasiado tarde no mundo fenomênico, não dando à vítima a adequada satisfação, isso não teria relevância.

Estabelecida a distinção entre fato e norma, sendo o Direito um fenômeno normativo por excelência, a violação não interfere mais nos fatos: descumprida factualmente a norma de conduta, a previsão de uma norma de recomposição (sanção) anula imediata e automaticamente a transgressão, predicando a primazia do dever sobre a violação.[15] Para o mundo do Direito, a simples previsão abstrata de una consequência desfavorável para a conduta transgressora, seria suficiente para dar a estrutura funcional de que necessitaria para ontologicamente constituir-se como sistema autônomo.

Ou seja, se um comando jurídico pode ser recomposto através de outra norma, por meio de uma sanção estabelecida, a harmonia do ordenamento estaria garantida independentemente das circunstancias existenciais que o circundam. E isso é assim porque o *sollen* ontológico do Direito quer significar que um dever jurídico segue vigente, vale dizer, vivente a despeito de suas possíveis violações por parte de sus destinatários. O Direito enquanto forma normativa, novamente, por mais estranho que pareça, é *inviolável* porque as sanções seriam aplicáveis como normas de recomposição. Pode parecer incoerente mais, em função desse raciocínio, quanto mais se possa vir a transgredir à norma, mais, na verdade se a está afirmando, como já demonstrou, por exemplo, Rudolf Stammler.[16]

---

14. DEL VECCHIO, Giorgio. *Lezione di Filosofia del Diritto*. Torino: Giuffrè, 1965. p. 253.
15. "Ma noi affermiamo una *possibilità di diritto e non di fatto*, cioè la possibilità giuridica di impedire il torto, se torto vi sia. Parlando del diritto *in genere*, abbiamo già detto che il diritto è *soprordinato ai fatti*, e che esiste come valore ideale anche là dove è realmente violato. Come il fatto della violazione non annulla l'esistenza del diritto, così il fatto che talvolta alla violazione non segua la coazione nulla prova contro la possibilità giuridica della coazione stessa" (DEL VECCHIO, Giorgio. *Op. cit.*, p. 254).
16. Cf. STAMMLER, Rudolf. *A Theory of Justice*. Tradução de Isaac Husik. Clark: The Lawbook Exchange, 2000. p. 81.

Com efeito, o *dever ser* inerente ao ser da norma jurídica aporta a ideia de que sua transgressão é algo inerente ao fenômeno jurídico. É natural esperar, assim, que ela ocorra, na medida que essa é uma das possibilidades inerentes à conduta humana, esse magnífico caleidoscópio de ações para o bem ou para o mal. Diante, pois, de uma análise eminentemente normativa, pode-se afirmar que o direito é inviolável, mas aí, como já prenunciado, corre-se o risco de concebê-lo como algo distante da realidade.

Foi essa a explicação que durante muito tempo bastou aos jusfilósofos e

Esse distanciamento entre a visão estritamente normativa e a realidade em nosso sentir agudiza a incapacidade das sanções servirem como instrumentos efetivos para o impedimento do ilícito e não sua repressão. Com certeza o *déficit* de eficácia das sanções jurídicas possui incontáveis causas, a começar pela existência ou inexistência de medidas adequadas de impedimento às violações do ordenamento jurídico. Contudo, é possível afirmar, com algum grau de certeza que a contínua referência teórica às sanções como estruturas jurídicas de caráter apenas reparador termina contribuindo, como já dissemos antes, para que não se contemple o fenômeno em seu todo e isso, em boa medida, contribui para que tal distorção prossiga.

Esse olhar, sempre mais próximo sempre (parcial) do Direito Penal que do Direito em sua eidética realização (total), lembremo-nos, foi objeto das muito bem lançadas críticas de Herbert Hart no sentido de que nele não podemos identificar apenas ameaças. O Direito seria composto, na verdade, por uma série de regras. Umas, chamadas de primárias, são aquelas que impõem uma ação ou omissão, ou seja, impõem deveres, mas que somente em parte podem ser entendidas como ordens apoiadas sob ameaças. Além delas, há outras como aquelas que conferem potestades jurídicas para decidir litígios ou legislar (potestades públicas), ou para criar e modificar relações jurídicas (potestades privadas) e que são chamadas de secundárias e que, *sob pena de cair-se em um absurdo*, não podem ser entendidas como *ordens respaldadas por ameaças*.[17]

Não se ingressa, aqui, nas complexas análises que Hart realiza, mas elas servem para pontar que a existência de regras jurídicas com perfis diferentes possam produzir não apenas as divisões por ele propostas entre regras primárias e secundárias, mas também (embora Hart não o diga) em subdivisões dentro das próprias regras primárias, de modo a permitir a concepção de que não existe igualmente um modelo de sanção *simples*, mas de diferentes estruturas formais de sanção. Como dito, Hart não irá chegar a predicar tal afirmação, mas ela parece uma inferência natural a se chegar a partir de seu *conceito de Direito*. De todo modo, serve de advertência, no ponto, essa sua belíssima frase, segundo a qual há controles bem mais vivazes que as imemoriais formulações coercitivas advindas do Direito Penal ou Civil que ainda hoje se impõem sobre nós:

> Las principales funciones del derecho como medio de control social no han de ser vistas en los litigios privados o en las causas penales, que representan provisiones vitales, pero no obstante ello accesorias, para las fallas del sistema. Andes ser vistas en las diversas formas en que el derecho es usado para controlar, guiar y planear la vida fuera de los tribunales.[18]

---

17. Cf. HART, Herbert L. A. *El Concepto de Derecho*. Tradução de Genaro Carrió. Buenos Aires: Abeledo-Perrot, 2004. p.99-102.
18. *Idem*, p. 51-52.

Em resumo: o fato de, normativamente, uma sanção ser uma consequência lógica decorrente da efetiva transgressão de um preceito vale dizer, de uma regra de conduta, não autoriza concluir que toda forma de sanção necessite ser implementada tão somente após a prática de um ilícito, assim considerado como fato jurídico que fenomenologicamente representa a violação de uma norma. Haveria, assim, uma forma de sanção que pudesse impedir o próprio ilícito ao invés de reparar-lhe ou reconstituir o preceito que fora violado? É o que veremos adiante.

4. SANÇÕES COINCIDENTES E NÃO COINCIDENTES

Sabemos, portanto, que em qualquer ramo do Direito existirá alguma forma de sanção como resposta à desobediência de uma regra de conduta. Contudo, sanção não é, do estrito ponto de vista técnico, sinônimo de pena, assim entendida como uma retribuição negativa maior que a lesão causada, ou ainda o castigo físico imposto contra a violação de uma norma jurídica. Deveras, há sanções puramente reparadoras, como ocorre na esfera penal, ou mesmo na Responsabilidade Civil. Kelsen, ao predicar que a expressão *sanção* designaria toda reação do ordenamento jurídico a qualquer conduta havida como inadequada, isto é, por ele proibida, deu-lhe uma importância até então desconhecida.[19] Porém, o método *psicológico-sociológico* concebido como fundamental para conceituá-la inviabiliza sua compreensão mais adequada.

É que, a partir das descobertas kelsenianas, tornou-se inevitável compreender a sanção *apenas* como "uma consequência, boa ou má, agradável ou desagradável, de uma atitude perante o Direito", visão bem mais compatível com a realidade e alheia ao "unilateral e errôneo conceito de sanção como constrangimento (que) produziu a extravagante teoria do Direito-ameaça."[20] Nesse quadro de ideias, convêm trazer à baila um interessantíssimo estudo, que lamentavelmente é por nós pouco conhecido, feito por Eduardo García Máynez sobre a natureza e a estrutura da sanção.

Máynez parece definir a sanção em termos de consequência normativa de caráter secundário, nisso compartindo as posições aqui já enunciadas que a situam dentro de um paradigma normativo. Em particular, sua definição lembra a de Cossio, que nela vê a *perinorma*, ou seja, norma igualmente secundária. Máynez explicita também aqui uma importante distinção: a que se realiza entre *sanção e coação*. Vale aqui transcrever suas palavras:

> La sanción no debe ser confundida con los actos de coacción. Aquella es una consecuencia normativa de carácter secundario; estos constituyen su aplicación o realización efectiva. Coacción es, por tanto, la aplicación forzada de la sanción. Cuando un juez dicta sentencia, condenando a una persona a que pague lo que debe, aplica una sanción; pero si el demandado no cumple voluntariamente con el fallo, tiene el actor derecho a pedir que las sanción se imponga por la fuerza.[21]

Tomando por base a premissa acima mencionada, Máynez chega à conclusão de que as sanções jurídicas devem ser compreendidas (classificadas) em conformidade com a

---

19. KELSEN, Hans. *Teoría pura del derecho cit.*, p. 40.
20. Vasconcelos, Arnaldo. *Op. cit.*, p. 155.
21. MÁYNEZ, Eduardo García. *Introducción al Estudio del Derecho*. Cidade do México: Porrua, 2002. p. 298.

finalidade que perseguem e a relação de conduta ordenada pela norma infringida, que constituiria o próprio conteúdo da sanção. Desse modo, "si la sanción es consecuencia jurídica de carácter secundario, tendrá que manifestarse dentro de las formas peculiares de toda consecuencia de derecho."[22] Embora Máynez seja daqueles que enxerga na sanção sempre uma ameaça, parecendo, assim, desconsiderar a existência de qualquer modalidade premial ou positiva, sua obra destaca, entretanto, uma peculiaridade extremamente importante para nossas considerações: a existência de distintas formas de sanção dentro de um mesmo ordenamento jurídico.

Segundo o jusfilósofo mexicano, portanto, há três formas claras de afirmação do Direito: a) uma primária, presente na própria regra jurídica que supõe-se ordinariamente acatada; b) uma secundária, que vem a ser a sanção, entendida para esses fins como sendo "una substitución de la primitiva obligación incumplida por una nueva obligación, de contenido idéntico y diversa fuente, impuesto al sancionado por el órgano jurisdiccional bajo amenaza de coacción"[23]; c) finalmente, um momento terciário consistente na coação, enquanto ato de força, quando a pessoa a quem a sanção foi dirigida nega-se a submeter-se ao comando que lhe foi dirigido.

Na visão de Máynez, portanto, as sanções são ameaças concretas dirigidas àquele que deixou de corretamente observar uma norma jurídica. Nisso, como já dissemos, divergimos. Contudo, a observação de que as sanções devem ser compreendidas em razão da finalidade específica de uma norma (ou ramo) de Direito é fundamental para a demonstração da hipótese que se pretende estabelecer na última parte desse trabalho: a de que existem medidas sancionatórias que podem ser estabelecidas antes mesmo que ocorra a violação do Direito.

Antes, contudo, sigamos com o raciocínio divisado por Eduardo García Máynez que, finalmente, esclarece que há duas formas de sanção: a) *coincidentes*; b) *não coincidentes*. As primeiras, como é possível antever, são aquelas sanções cujo conteúdo *coincide* integralmente com o da obrigação transgredida. Vale dizer, sempre que for possível a recomposição "integral" da regra, a sanção é denominada de coincidente. Nos demais, casos, quando não há essa possibilidade, dizem-se *não coincidentes*. Ou seja, as sanções *não coincidentes* são preceituadas em razão da manifesta impossibilidade fenomênica de se conseguir produzir uma resposta jurídica (sanção) idêntica ao preceito violado, razão pela qual se vem a estipular uma *prestação equivalente*.[24]

No caso das sanções *coincidentes*, por sinal, Máynez esclarece que o que muda é a fonte da obrigação, que passa da norma para o órgão jurisdicional ou administrativo do Estado. Seu conteúdo, entretanto, é o mesmo, confirmando que, à despeito do ilícito, seria possível realizar em sua integralidade a norma violada. A classificação proposta por Máynez, embora contenha, como descrito, o vezo de ser ela própria também repressiva, pelo menos coloca em evidência que é possível por meio de sanções adequadas obter resultados *coincidentes* com o preceito preconizado na regra jurídica.

---

22. *Idem, ibidem.*
23. *Idem.* p. 301.
24. *Idem.* p. 301.

É certo, contudo, que os exemplos mais evidenciadores dessas formas de sanção são referidos igualmente mais a partir de uma ótica deôntica que realista, como vem a ser o caso das chamadas *legis perfectae*. Diziam os juristas romanos, como se sabe, que *perfeitas* eram as leis cuja violação acarretava própria nulidade do ato praticado, que, assim, passava a ser considerado inválido, ou seja, normativamente se realizava com plena eficácia a reversão ao *status quo ante* ao se pronunciar a retirada de qualquer validez de efeito ao ato praticado em desobediência ao comando legal.[25]

Por certo que, ao chamarmos a atenção para a classificação descrita por Eduardo García Máynez não nos referimos a essa forma de sanção. A partir dele desejamos demonstrar que existem formas de *sanção coincidentes* que se revelam por meio antecipatório, significando isso que existem *comandos consequenciais*, ou secundários, para prosseguir na terminologia adotada por Máynez, que já podem ser autorizados diante da possibilidade de um ilícito ser praticado e, com isso, impedir a própria realização do ato contrário ao Direito. Esses são os mecanismos preventivos que, cada dia mais, fazem parte dos ordenamentos jurídicos mas, salvo melhor compreensão, ainda não foram apropriadamente analisados dentro da Teoria Geral do Direito.

5. AS MEDIDAS DE PREVENÇÃO COMO *SANÇÃO ANTECIPADA*: A IMINÊNCIA COMO ILÍCITO

Retornemos derradeiramente a Sísifo e a Prometeu apenas para fazer a seguinte indagação: não seria mais fácil, para os deuses, se pudessem antever seus atos e, desse modo, impedir que ambos realizassem suas façanhas? Mas é óbvio que sim e o que talvez seja mais interessante é que elas existem. O problema é apenas o olhar limitado que ao mais das vezes adotamos e, aqui, razão parece assistir a Herbert Hart quando comprova que enxergamos no Direito um modelo simples quando, na verdade, ele contempla uma pluralidade de formas no que se relaciona às funções de suas distintas regras.

O que se quer dizer, em definitivo, é o seguinte: a descrição da sanção feita tradicionalmente encerra apenas a ideia de violação da norma e, portanto, sua aplicação com vistas à *reparação* em sentido amplo do preceito que fora violado. Nada obstante, uma conceito bem mais fluido e realista sugere que ela seja considerada *apenas como uma consequência perante o Direito*, de modo que tanto o agir mau como, seu antípoda, o agir melhor, passam a ser igualmente relevantes, no último caso, inclusive, por meio das sanções ditas premiais.

Importa dizer que chega-se a um raciocínio mais refinado dentro da lógica de causa e efeito: a sanção é, nesse sentido, vista como efeito jurídico diante do não cumprimento ou mesmo, em certos casos, do cumprimento em condições ainda melhores (caso, por exemplo, dos pagamentos que se realizam antes do prazo e, por isso, ensejam um

---

25. Cf. ZIMMERMANN, Reinhard. *The law of obligation:* roman fundations of the civilian traditions. Cape Town: Juta & Co., 1992. p 700. Não se desconhece, outrossim, a bem construída crítica de Hart sobre a classificação das nulidades como sanções. Sem ingressar em maiores detalhes da discussão, coloca-se de pronto o peso do argumento histórico, por um lado, e, por outro, o fato de a visão de Hart sobre a sanção jurídica ser igualmente restritiva, nela apenas vendo o elemento coercitivo.

desconto). Porém, além disso, existem certas situações que situam-se no limite lógico entre o adimplemento e o inadimplemento e o problema surge nos termos seguintes: há normas que permitem a imposição de uma ordem contra sua violação na iminência de que sejam violadas, já autorizando uma *consequência*, ou atuação secundária, no dizer de Máynez antes que o ilícito seja cometido.

A descrição acima lembra aquela obra de ficção que considera a possibilidade de condenação por um crime ainda antes de seu cometimento e, assim, a possibilidade de ser abolido o sistema criminal organizado sob a forma de sanções *a posteriori*. Por meio de mutantes com capacidade extrassensorial para predizer o futuro, engendra-se um modelo distinto de combate ao crime, que passa a ser baseado numa prevenção direta com a efetiva prisão do autor do crime antes mesmo de seu cometimento, o que é defendido com orgulho: "Com a ajuda de nossos mutantes *precogs*, nós audaciosamente e de modo bem sucedido abolimos os sistema *post-crime* de punição com cadeias e multas. Como nós todos percebemos, a punição nunca foi muito um impedimento e não seria muito capaz de proporcionar conforto a uma vítima já morta."[26]

Não é isso, por óbvio, que se está advogando, porém não se desconsidere que existam normas jurídicas que, em alguma medida, tenham correlação com a ficção científica. E o exemplo que pode resumir e comprovar o argumento, por ironia, constitui um dos preceitos dos mais tradicionais que conhecemos: o *interdito proibitório*. O instituto, como bem se sabe, permite a lavratura de um comando por parte do Poder Judiciário quando do ainda não ocorreu a perda da posse, existindo apenas uma ameaça iminente de esbulho ou turbação. Estando prevista no art. 932 do CPC, seu caráter sancionador fica evidenciado mediante a previsão do legislador de que se emita mandado proibitório onde se comine, inclusive, determinada pena pecuniária, caso transgrida o preceito (o que não impede a autorização, por óbvio, de outros meios coercitivos que impeçam efetivamente a turbação).

O instituto do *interdito proibitório*, como de regra as chamadas *tutelas inibitórias* de forma geral, no âmbito processual, colocam em evidência que em vários momentos a ameaça ou iminência de realização de um ato ilícito já se torna juridicamente relevante podendo, nesses termos, já ser objeto de uma sanção. A depender do contexto, é isso que em última análise se desejou demonstrar aqui, o próprio conceito de ilícito pode sofrer alguma alteração para admitir que a *simples* ameaça ou iminência de dano já se constituem como transgressões a autorizar medidas sancionatórias. As ideias de Bonasi Benucci, agora redescobertas pela doutrina processualista, por exemplo, demonstram uma distinção clara entre perigo e dano. O que caracteriza o ilícito vem a ser exatamente o perigo de dano. A potencialidade danosa, autoriza *per se* seu combate por via de tutela inibitória baseada apenas na probabilidade da lesão, que já se constituiria como ilícito para esses fins.[27]

---

26. No original: "*With the aid of our precog mutants, you've boldly and successfully abolished the post-crime punitive system of jails and fines. As we all realize, punishment was never much of a deterrent, and could scarcely afforded comfort to a victim already dead.*" (DICK, Philip K. *The minority report and other classics stories*. New York: Citadel Press Books, 2002. p. 72).

27. Cf. MARINONI, Luiz Guilherme. *Tutela inibitória*: individual e coletiva. 3. ed. São Paulo: Revista dos Tribunais, 2003. p. 44-45.

Outras tantas formas articuladas de sanções preventivas ocorrem também fora do âmbito processual como no Direito Administrativo por meio da autoexecutoriedade do poder de Polícia Administrativa.[28] Sobretudo na aplicação dos hoje denominados princípios precautórios e preventivos e sua consequente efetividade prática, anota Teresa Ancona Lopez, impede-se e não somente se suspende a colocação de produtos ou remédios no mercado por suspeita de risco à saúde; é coibida previamente a publicidade que possa ameaçar os consumidores; e, *last but not least*, não se autorizam previamente práticas potencialmente nocivas ao equilíbrio ecológico e às gerações futuras.[29]

As medidas de prevenção direta aqui mencionadas voltam-se contra a antijuridicidade da conduta em si mesma com o objetivo fundamental de preservar o ordenamento jurídico como um todo. Sua gestão do ilícito substitui o tradicional modelo baseado na intimidação *psicológico-social*, com o qual se fundamenta a tradicional função preventiva das sanções por uma ação preventiva expedita voltada para o impedimento do ilícito em si. Na verdade, o conceito de sanção não é propriamente alterado, ele apenas é redimensionado para, com Eduardo Máynez, captar a necessidade de adequá-lo ao conteúdo normativo que lhe precede, ou, por outras palavras, ao ramo do Direito em que está inserido.

A iminência de uma transgressão já pode ser, portanto, ela própria um ilícito conforme determinada norma jurídica e isso pode já ensejar uma atitude ou comando jurídico destinado a coibi-la antes mesmo que ela ocorra. Se tanto o Direito Penal como a Responsabilidade Civil são, por força de suas estruturas deônticas, destinados à prescrição repressões *a posteriori*, não se pode imaginar que todo o Direito funcione assim. Há sanções que, embora até possam não conseguir atingir o fim a que almejam, buscam impedir o próprio ilícito antes que ele ocorra por meio de medidas efetivas de contenção, como visto acima. Seu aporte para análise dentro de um marco teórico amplo sugere, portanto, que estão certos os autores que enxergam na sanção um fenômeno bem mais amplo e complexo que a mera coercibilidade.

6. REFERÊNCIAS

AUSTIN, John. *The Providence of Jurisprudence Determined and The Uses of the Study of Jurisprudence*. Indianapolis: Hackett, 1998.

BOBBIO, Norberto. *Teoría General del Derecho*. Tradução de Jorge Guerrero R. 2 ed. Bogotá: Temis, 2005

CAMUS, Albert. *El Mito de Sísifo*. Tradução de Luís Echávarri. Buenos Aires: Losada, 1953.

COSSIO, Carlos. *La Teoría Egológica del Derecho y el Concepto Jurídico de Liberdad*. Buenos Aires: Abeledo Perrot, 1964.

COSSIO, Carlos. *Teoría de la Verdad Jurídica*. Buenos Aires: El Foro, 2007.

DEL VECCHIO, Giorgio. *Lezione di Filosofia del Diritto*. Torino: Giuffrè, 1965. p. 253.

---

28. A lição já é clássica no Direito Brasileiro, mas merece ser uma vez mais reproduzida: "O que o princípio da autoexecutoriedade autoriza é a prática do ato de polícia administrativa pela própria Administração, independentemente de mandado judicial." (MEIRELLES, Hely Lopes. *Direito administrativo brasileiro*. 29. ed. São Paulo: Malheiros, 2004. p. 135).

29. LOPEZ, Teresa Ancona. *Princípio da precaução e evolução da responsabilidade civil. Op. cit.,* p. 141.

DICK, Philip K. *The minority report and other classics stories*. New York: Citadel Press Books, 2002.

FOUCALUT, Michel. *Vigilar y Castigar*. Nacimiento de la prisión. Tradução de Aurélio Garzón del Camino. 34 ed. Ciudad de México: Siglo XXI, 2005.

KELSEN, Hans. *Teoría General del Derecho y del Estado*. Tradução de. Luíz Legaz y Lacambra. 2. ed. Ciudad de México: UNAM, 1995.

KELSEN, Hans. *Teoría Pura del Derecho*. Tradução de Roberto José Vernengo. Ciudad de México: UNAM, 1979.

HART, Herbert L. A. *El Concepto de Derecho*. Tradução de Genaro Carrió. Buenos Aires: Abeledo-Perrot, 2004.

LOPEZ, Teresa Ancona. *Princípio da precaução e evolução da responsabilidade civil*.

MARINONI, Luiz Guilherme. *Tutela inibitória*: individual e coletiva. 3. ed. São Paulo: Revista dos Tribunais, 2003.

MÁYNEZ, Eduardo García. *Introducción al Estudio del Derecho*. Cidade do México: Porrua, 2002.

MEIRELLES, Hely Lopes. *Direito administrativo brasileiro*. 29. ed. São Paulo: Malheiros, 2004.

ROSS, Alf. *On Guilt, Responsibility and Punishment*. Berkley: University of California Press, 1975.

SÓFOCLES. Édipo Rei *In A Trilogia Tebana*. Tradução, introdução e notas de Mário da Gama Kury. 10 ed. Rio de Janeiro: Jorge Zahar, 2002.

STAMMLER, Rudolf. *A Theory of Justice*. Tradução de Isaac Husik. Clark: The Lawbook Exchange, 2000.

VASCONCELOS, Arnaldo. *Teoria da Norma Jurídica*. 3. ed. São Paulo: Malheiros, 1996.

ZIMMERMANN, Reinhard. *The law of obligation*: roman fundations of the civilian traditions. Cape Town: Juta & Co., 1992.

UMA TEORIA DA NORMA JURÍDICA

Hugo de Brito Machado

Professor Titular de Direito Tributário da UFC Presidente do Instituto Cearense de Estudos Tributários. Desembargador Federal aposentado do TRF da 5ª Região. Membro da Academia Brasileira de Direito Tributário, da Associação Brasileira de Direito Financeiro, da Academia Internacional de Direito e Economia, do Instituto Ibero-Americano de Direito Público e da *International Fiscal Association*.

Sumário: 1. Introdução. 2. Importância dos conceitos nos estudos jurídicos. 3. O conhecer e o opinar. 4. Uma teoria da norma jurídica. 4.1 Considerações iniciais. 4.2 Conceito e espécies de norma jurídica. 4.3 A regra jurídica. 4.4 O princípio jurídico. 4.5 A regra que é também princípio. 4.6 A regra e a lei. 4.7 Lei Complementar. 5. Alguns conceitos relevantes na teoria da norma. 5.1 Considerações iniciais. 5.2 Existência. 5.3 Validade. 5.4 Vigência. 5.5 Observância. 5.6 Aplicação. 5.7 Eficácia. 6. Conclusões.

1. INTRODUÇÃO

Honrado com o convite que me fizeram os Professores Márcio Augusto de Vasconcelos Diniz e Hugo de Brito Machado Segundo, da Universidade Federal do Ceará, vamos escrever este modesto artigo para com ele participar do livro em homenagem ao Professor Arnaldo Vasconcelos, jurista notável pelo qual nutrimos grande admiração, que prestou relevantes serviços àquela Universidade.

O assunto que vamos abordar encarta-se na temática preferida pelo Professor Arnaldo Vasconcelos, autor de um dos melhores livros que conhecemos de Teoria Geral do Direito. Uma teoria da norma jurídica, assunto que vamos abordar neste pequeno artigo, é da maior importância para os que estudam o Direito, qualquer que seja a área de especialização escolhida, porque é tema central cujo conhecimento é indispensável em qualquer dos ramos desse importante setor do conhecimento humano.

Começaremos destacando a importância dos conceitos nos estudos jurídicos em geral e especialmente nos estudos da teoria da norma jurídica. Depois cuidaremos da diferença que existe entre o conhecer e o opinar, posto que a diversidade de opiniões é fruto da individualidade humana. Em seguida vamos tentar desenvolver uma teoria da norma jurídica, estudando o conceito e as espécies de norma, e adiante, então, estudaremos alguns conceitos relevantes na teoria da norma.

2. IMPORTÂNCIA DOS CONCEITOS NOS ESTUDOS JURÍDICOS

Existem áreas do saber humano nas quais o conhecimento pode ser transmitido sem o uso da linguagem, simplesmente pela prática de certos atos, para os quais se pode chamar a atenção de alguém por simples aceno. Assim, por exemplo, se quero ensinar alguém a trocar o pneu de um automóvel, posso com um aceno chamar sua atenção e lhe mostrar o pneu furado, que desejo substituir. Mostrar os equipamentos com os quais farei a substituição. E fazê-la, passo a passo, lentamente, mostrando cada uma das etapas do meu trabalho ao interessado. Assim, com certeza estarei transmitindo a ele todo o conhecimento do qual necessita para fazer tal serviço.

O conhecimento jurídico, porém, só se transmite com o uso de palavras que compõem a denominada teoria do Direito.

No dizer de Albuquerque Rocha,

"Teoria é um corpo de *conceitos sistematizados* que nos permite conhecer um dado domínio da realidade. A teoria não nos dá um conhecimento direto e imediato de uma realidade concreta, mas nos proporciona os meios (os conceitos) que nos permitem conhecê-la. E os meios ou instrumentos que nos permitem conhecer um dado domínio da realidade são justamente os conceitos que, sistematizados, formam a teoria. Daí a definição de teoria como um corpo de conceitos sistematizados que nos permite conhecer um dado domínio da realidade." [1]

O Direito é um domínio da realidade que a teoria nos permite conhecer. Para tanto é necessário conhecermos o corpo de conceitos sistematizados, que é a Teoria Geral do Direito. Daí a indiscutível importância dos conceitos nos estudos jurídicos em geral.

3. O CONHECER E O OPINAR

Ao nos manifestarmos sobre alguma coisa, em qualquer área do conhecimento humano, é importante lembrarmos que tudo é absolutamente relativo no mundo. Sobre esse relativismo, Radbruch invoca lição de Goethe, a dizer que "as diversas maneiras de pensar acham afinal o seu fundamento na diversidade dos homens e por isso será sempre impossível criar neles convicções uniformes." [2]

Importante, também, é o respeito que devemos ter pelas opiniões contrárias às nossas, porque é inevitável a existência de opiniões contrárias, como escreveu David Hume, no início dos anos mil e setecentos. [3]

Aliás, merece a maior atenção a advertência de Souto Borges, segundo a qual:

"Quem é propenso a defender intolerantemente suas próprias teorias ou, num giro subjetivista, as suas convicções pessoais, as suas opiniões, já se demitiu, sem o saber, da comunidade científica. Porque se opõe, essa tendência conservadora, ao espírito aberto que ousadamente prefere o método de "tentativas e erros", pela formulação de hipóteses testáveis independentemente." [4]

Por tudo isto é que, como Professor, ao fazermos a avaliação dos alunos, procuramos distinguir o conhecer do opinar. Consideramos corretas as respostas nas quais o aluno revela conhecimento, narrando o que existe sobre o tema, referindo-se às opini-

---

1. ROCHA, José de Albuquerque. *Teoria geral do processo*. 6. ed. São Paulo: Malheiros, 2002, p. 17.
2. RADBRUCH, Gustav. *Filosofia do direito*. 5. ed. Tradução de L. Cabral de Moncada. Arménio, p. 59.
3. HUME, David. *Tratado da Natureza Humana*. 2. ed. rev. e ampl. Tradução de Débora Donowski. São Paulo: Editora UNESP, 2009, p. 19-20.
4. BORGES, José Souto Maior. *Obrigação Tributária* – Uma introdução metodológica. São Paulo: Saraiva, 1984, p. 86.

ões daquelas que se manifestaram sobre o mesmo, sem necessariamente dizer o que ele próprio pensa a respeito. E quando se refere a doutrinas com as quais eventualmente não concorda, o que avaliamos é o conhecimento que demonstra ter de tais doutrinas e não a sua opinião pessoal a respeito.

Assim é que ao estudarmos a teoria da norma jurídica citamos manifestações com as quais não concordamos, pois nos parece que o importante é conhecer e transmitir o conhecimento de tais manifestações, e não a nossa particular opinião a respeito do assunto.

4. UMA TEORIA DA NORMA JURÍDICA

4.1 Considerações iniciais

Como o Direito se expressa em palavras convém insistirmos na importância dos conceitos em qualquer estudo jurídico. E a propósito de conceitos, é importante observarmos que nos estudos jurídicos existem conceitos de direito positivo e conceitos de lógica jurídica.

Realmente, os conceitos em geral utilizados nos estudos jurídicos podem ser de duas espécies, a saber, os de teoria geral do Direito, ou de lógica jurídica, e os conceitos de Direito Positivo. Os primeiros não decorrem de nenhuma regra jurídica, mas da própria lógica do sistema. Os últimos são decorrentes de regras jurídicas que os elaboram. E isto exige ainda mais atenção do estudioso do Direito porque muitas vezes uma palavra, ou expressão, pode designar um conceito de Lógica Jurídica ou um conceito de Direito Positivo.

A expressão *lei complementar*, por exemplo, pode designar uma lei que complementa um dispositivo da Constituição, sendo assim um conceito de Lógica Jurídica, mas pode designar também um conceito de Direito Positivo, vale dizer, uma espécie de lei como tal prevista no ordenamento, que se caracteriza pela competência do órgão incumbido de sua elaboração e pelo procedimento a ser adotado nessa elaboração.

A propósito deste assunto já escrevemos:

> "Realmente, a expressão lei complementar pode ser utilizada para designar uma lei que completa uma regra da Constituição. E neste caso será um conceito lógico jurídico, pois a sua elaboração não está vinculada à nenhuma determinação existente em regra jurídica de um determinado ordenamento. Resulta simplesmente de um raciocínio desenvolvido no âmbito da Teoria Geral do Direito.
>
> Exatamente por isto a doutrina jurídica brasileira utilizou a expressão lei complementar, quando nenhuma regra de nosso ordenamento jurídico a ela fazia referência. Assim, Victor Nunes Leal, em excelente artigo no qual preconizou a reformulação de certas leis em face do advento da Constituição Federal de 1946, asseverou: "Em princípio, todas as leis são complementares, porque se destinam a complementar princípios básicos enunciados na Constituição. Geralmente, porém, se reserva esta denominação para aquelas leis sem as quais determinados dispositivos constitucionais não podem ser aplicados. Consequentemente, no caso em que tais leis existam, mas estejam informadas por princípios de um regime político diferente, como era no caso presente o Estado Novo, a sua reforma torna-se imprescindível."[5]

---

5. LEAL, Victor Nunes. Leis Complementares da Constituição. *Revista de Direito Administrativo*. v. VII, p. 381. Rio de Janeiro: Fundação Getúlio Vargas, janeiro-março de 1947.

A expressão *lei complementar*, utilizada por Victor Nunes Leal, designava um conceito de lógica jurídica e não um conceito jurídico-positivo. No plano do nosso então vigente Direito positivo, aquela expressão designava uma *lei ordinária* que, por completar a disciplina de matéria constante de dispositivo da Constituição, merecia o nome de *lei complementar*. Era este, repita-se, um conceito de lógica jurídica, simplesmente, e não um conceito jurídico-positivo.

Note-se que ainda no plano da Lógica Jurídica a expressão *lei complementar* pode ter um significado amplo, abrangendo todas as leis, e um significado restrito, abrangendo somente as leis sem as quais determinados dispositivos da Constituição não podem ser aplicados. Aliás, a existência desses dois significados para a expressão *lei complementar* projetou-se na análise que a doutrina jurídica brasileira tem feito da lei complementar como conceito jurídico-positivo, ensejando significativa divergência entre os que sustentam que a lei complementar é somente aquela que trata de matérias constitucionalmente reservadas a essa espécie normativa. Com efeito, alguns afirmam que só é lei complementar aquela que trata de matérias constitucionalmente reservadas a essa espécie normativa, explícita ou implicitamente, enquanto outros asseveram que só é lei complementar aquela que trata de matérias a ela expressamente reservadas pela Constituição, rejeitando, assim, a reserva constitucional implícita." [6]

A enorme confusão que se estabeleceu no Direito brasileiro a respeito da lei complementar, bem demonstra a grande importância que tem nos estudos jurídicos a distinção entre um conceito de direito positivo e um conceito de lógica jurídica, ou conceito de Teoria Geral do Direito.

4.2   Conceito e espécies de norma jurídica

O conceito de *norma jurídica* é um conceito de Teoria Geral do Direito, assim como vários outros que vamos examinar neste pequeno estudo, entre os quais os de suas duas espécies, vale dizer, regra e princípio, e ainda aqueles frequentemente empregados em referência à lei, como existência, validade, vigência, incidência, observância, aplicação e eficácia.

Como acontece com os conceitos jurídicos em geral, o conceito de norma tem sido objeto das mais diversas manifestações doutrinárias, reveladoras de pontos de vista os mais diversos. Sobre tal conceito já escrevemos:

"O ordenamento jurídico é um conjunto de prescrições, ou proposições prescritivas, que podem ser entendidas como conjuntos de palavras destinadas a prescrever[7] certos comportamentos. Tais prescrições[8] jurídicas podem ser dirigidas a determinada situação, a uma situação concreta, ou podem ser um modelo, uma previsão dirigida a situações futuras. Juristas de grande prestígio utilizam a palavra *norma* como sinônimo de proposição prescritiva. Preferimos, entretanto, reservá-la para designar apenas as proposições prescritivas dotadas de caráter hipotético, vale dizer, dirigidas para o futuro.

Não se trata de uma opção arbitrária. É muito comum dizer-se que determinada providência foi adotada *em caráter normativo*. O que se quer dizer com isso é que a providência não restou destinada apenas a determinado caso, mas fez-se aplicável a quantos venham a ocorrer, idênticos. O termo normativo, então, está a indicar que a prescrição de que trata a providência referida tem caráter hipotético e eficácia repetitiva, vale dizer, os seus efeitos se reproduzem todas as vezes que ocorrer a situação nela prevista.

---

6.   MACHADO, Hugo de Brito. *Lei Complementar Tributária*. São Paulo: Malheiros, 2010, p. 82-83.

7.   O verbo *prescrever* aqui está no mesmo sentido que tem na frase "o médico prescreveu para o paciente um remédio muito bom, que o curou rapidamente."

8.   A palavra *prescrição* tem aqui o mesmo sentido que tem na frase "esse remédio só deve ser usado mediante *prescrição* médica."

UMA TEORIA DA NORMA JURÍDICA **63**

Normas, portanto, são prescrições jurídicas de caráter hipotético e eficácia repetitiva. Elas prescrevem comportamentos para situações descritas em caráter hipotético. Em outras palavras, elas fazem a previsão de condutas a serem adotadas nas situações que descrevem hipoteticamente.

Há quem sustente que as normas não são apenas previsões de condutas, porque elas estabelecem também a estrutura de certos órgãos, atribuem competência, definem certos conceitos, entre outras coisas, não se limitando à previsão de condutas. Isto é certo, mas tais normas podem ser consideradas não autônomas,[9] no sentido de que só tem utilidade quando ligadas a outras normas, complementando-as na regulamentação de condutas." [10]

Seja como for, a expressão norma jurídica designa um gênero de prescrições, que compreende duas espécies, a saber, as regras e os princípios.[11] Duas espécies que se distinguem uma da outra, sendo interminável a controvérsia doutrinária a respeito de qual seja o melhor critério para essa distinção, havendo até quem sustente que ela não existe. A propósito do tema, aliás, já escrevemos:

"Princípio e regra são duas espécies de norma jurídica. Existem vários critérios para estabelecermos a distinção entre uma e outra dessas espécies, e a questão que se coloca consiste em saber qual é o melhor critério.

Como geralmente ocorre em relação a questões jurídicas importantes, a doutrina se mostra dividida. Uns sustentam que não existe diferença ou que a distinção não tem nenhuma utilidade. Outros afirmam existir diferença, mas divergem entre eles quanto aos critérios de classificação de uma norma como princípio ou como regra.[12]

Preferimos adotar, para a distinção entre regra e princípio, o critério da estrutura de cada uma dessas duas espécies de norma, embora utilizemos também, para qualificar como princípio, o critério da fundamentalidade, como adiante vamos explicar.

4.3 A regra jurídica

A expressão regra jurídica é geralmente utilizada para designar uma espécie de norma jurídica, que se caracteriza pela estrutura fechada que não comporta relativização em sua observância ou aplicação. Quando questionada a sua observância, não se admite um mais ou menos, posto que na verdade ela é ou não é obedecida.

Sobre o tema já escrevemos:

"Em outras palavras, as regras, diversamente dos princípios, têm hipótese de incidência definida que, uma vez concretizada, tem-se de optar entre aplicar e não aplicar a regra, não havendo como fazer ajustamentos. Já os princípios podem ser ajustados de sorte que não se tenha a aplicação integral, nem a rejeição integral. Eles funcionam como "mandamentos de otimização". No dizer de Robert Alexy, o ponto decisivo para a distinção entre regras e princípios está em os princípios serem normas que ordenam que algo seja realizado na maior medida possível, dentro das possibilidades jurídicas e de fato existentes."[13]

---

9. Cf. KELSEN, Hans. *Teoria Pura do Direito*. Coimbra: Arménio Amado, 1974, p. 88-92.
10. MACHADO, Hugo de Brito. *Introdução ao Estudo do Direito*. 3. ed. São Paulo: Atlas, 2012, p. 69-70.
11. Sabemos da referência doutrinária a uma terceira espécie de normas, a saber, os postulados, mas preferimos ficar apenas com as duas espécies mais geralmente estudadas.
12. MACHADO, Hugo de Brito. *Teoria Geral do Direito Tributário*. São Paulo: Malheiros, 2015, p. 63.
13. MACHADO, Hugo de Brito. *Introdução ao Estudo do Direito*, 3. ed. São Paulo: Atlas, 2012, p. 189.

Sabendo das controvérsias albergadas pela doutrina, preferimos dizer que a *regra jurídica* caracteriza-se como tal pelo fato de ser uma prescrição de conduta dotada de estrutura fechada, de sorte que uma vez concretizada a situação nela prevista incide, produzindo no plano jurídico os efeitos nela estabelecidos.

4.4   O princípio jurídico

A expressão princípio jurídico é geralmente utilizada para designar uma espécie de norma jurídica, que se caracteriza pela estrutura aberta que comporta relativização em sua observância ou aplicação. Quando é questionada a observância de um princípio tem-se sempre presente a possibilidade de relativização. Admite-se um mais ou menos, posto que na verdade o princípio pode ser observado apenas em certa medida, vale dizer, pode ser observado na medida do possível.

Sobre este assunto já escrevemos:

"Os princípios não são expressos em estruturas fechadas. São, pelo contrário, expressos em estruturas abertas, flexíveis, que por isto mesmo podem ser *mais ou menos* observados." [14]

E explicamos a distinção essencial entre princípios e regras, escrevendo:

"Essa distinção essencial entre princípios e regras fica bem clara quando se está diante de um conflito. Quando o conflito ocorre entre dois princípios é sempre possível uma solução que atenda em certa medida a um e em certa medida ao outro princípio. Já o conflito entre duas regras exige que se faça a opção por uma delas, descartando a outra. Por isso mesmo existem os critérios para a solução das antinomias entre regras, a saber, o cronológico, o da hierarquia e o da especialidade." [15]

É importante observarmos, porém, que existindo, como existem, diversos critérios para a classificação das espécies de normas jurídicas, pode ocorrer que uma norma seja, por um desses critérios de classificação, considerada uma regra, e por outro critério assa mesma norma seja considerada um princípio. É o que vamos a seguir explicar.

4.5   A regra que é também princípio

Se adotarmos para a distinção entre regra e princípio o critério da estrutura da norma, em um primeiro momento, e depois adotarmos para essa mesma distinção o critério da fundamentalidade, a mesma norma pode ser, no primeiro momento, classificada como regra, e depois como princípio.

Isto acontece, por exemplo, com o denominado princípio da legalidade tributária. A norma segundo a qual as entidades públicas não podem cobrar tributo sem lei anterior que o estabeleça, classificada pelo critério da estrutura é indiscutivelmente uma regra. Essa mesma norma, porém, classificada pelo critério da fundamentalidade, é indiscutivelmente um princípio, posto que é de fundamental importância em qualquer ordenamento jurídico.

---

14. MACHADO, Hugo de Brito. *Introdução ao Estudo do Direito*. 3. ed. São Paulo: Atlas, 2012, p. 189.
15. MACHADO, Hugo de Brito. *Introdução ao Estudo do Direito*. 3. ed. São Paulo: Atlas, 2012, p. 189.

Aliás, em se tratando de Direito Tributário, Arnaldo Vasconcelos, jurista de notório saber e autor de excelente livro sobre a Teoria da Norma Jurídica afirma que a juridicidade resume-se à legalidade. Assim é que, depois de se referir aos dispositivos da Constituição Federal e do Código Tributário Nacional, doutrina:

> "Em matéria de tributo, portanto, repete-se o fenômeno da redução da juridicidade ao campo da legalidade. Todo o Direito Tributário está na lei. Nada obstante a analogia, os princípios gerais de Direito Público e a equidade constituírem meios de integração do Direito Tributário, o emprego de nenhum deles poderá resultar na exigência de tributo não previsto em lei. (Código Tributário, arts. 107-110). Confirma-se e se fortalece a hegemonia do princípio da legalidade." [16]

Como se vê, o princípio da legalidade tributária projeta sua fundamentalidade sem perder a sua estrutura de regra, com sua hegemonia fortalecida em face da supremacia constitucional.

4.6 A regra e a lei

Tem também enorme importância nos estudos jurídicos a distinção, que ninguém pode ignorar, entre *norma* e *lei*. Enquanto a palavra norma designa um conceito de lógica jurídica, a palavra lei, nos estudos jurídicos designa um conceito de direito positivo.

A atenção para a diferença que existe entre um conceito de lógica jurídica e um conceito de direito positivo é de enorme importância, porque muitas vezes uma palavra, ou uma expressão, pode ser empregada indicando um conceito de lógica jurídica ou um conceito de direito positivo, vale dizer, duas coisas distinção. E a desatenção para essa importante distinção pode ensejar equívocos, como o que ocorreu em nosso país com a figura da lei complementar, que examinaremos em seguida.

4.7 Lei Complementar

A respeito do que seja uma lei complementar, no ordenamento jurídico brasileiro, e da confusão feita por muitos doutrinadores em torno do significado dessa expressão, já escrevemos:

> "Em nosso sistema jurídico existem duas espécies de leis, a saber, a lei ordinária e a lei complementar. São duas espécies de lei formalmente definidas, que se encartam no ordenamento jurídico em diferentes patamares hierárquicos, sendo a lei complementar superior à lei ordinária.
>
> Não obstante todas as normas ganhem suas identidades específicas pelos elementos formais e não pelas matérias de que se ocupam, quando se trata de lei complementar a doutrina dos tributaristas brasileiros consagra lamentáveis equívocos. Um consiste na afirmação de que só é lei complementar aquela que se ocupa de matérias que a Constituição reserva a essa espécie normativa. Outro consiste em negar a existência de hierarquia entre lei complementar e lei ordinária.
>
> Tais equívocos decorreram da grande influência do excelente artigo de Vitor Nunes Leal, que gerou confusão porque os seus leitores não levaram em conta a distinção que existe entre lei complementar como um conceito jurídico-positivo e lei complementar como um conceito de lógica jurídica.

---

16. VASCONCELOS, Arnaldo. *Teoria da Norma Jurídica*. 2. ed. Rio de Janeiro: Forense, 1986, p. 34-35.

O artigo de Vitor Nunes Leal foi publicado em 1947,[17] quando em nosso ordenamento jurídico não existia a espécie normativa hoje identificada como lei complementar, de tal sorte que tal expressão foi por ele utilizada para designar as leis que completavam dispositivos da Constituição que sem elas não poderiam ser aplicados. Hoje, porém, lei complementar é uma espécie normativa prevista expressamente na Constituição, que exige quórum especial para sua aprovação.[18]

Aqui podemos dizer, em síntese, que lei ordinária e lei complementar são duas espécies normativas distintas, sendo a última hierarquicamente superior a primeira. E que as leis ordinárias editadas antes do advento da atual Constituição Federal, tratando de matérias que esta reservou à lei complementar, continuam válidas e ganharam o status de lei complementar, e só por esta, portanto, podem ser alteradas ou revogadas. É o que aconteceu com o Código Tributário Nacional.

Afastando definitivamente a tese segundo a qual a lei complementar identifica-se pelo conteúdo, o artigo 146-A, da Constituição, inserido pela Emenda 42, de 19 de dezembro de 2003, estabeleceu situação na qual é impossível a distinção entre lei ordinária e lei complementar pelo critério do conteúdo. Na verdade, a lei complementar identifica-se pelos elementos formais, de sorte que é lei complementar aquela como tal aprovada pelo Congresso Nacional, seja qual for a matéria da qual se ocupe.

Não obstante o respeito pelos que se manifestam em sentido diverso, podemos afirmar, em síntese, que em nosso ordenamento jurídico: (a) lei complementar é aquela como tal aprovada pelo Congresso Nacional; e (b) a lei complementar é hierarquicamente superior à lei ordinária e por isto não pode ser por esta alterada ou revogada, seja qual for a matéria da qual se ocupe." [19]

5. ALGUNS CONCEITOS RELEVANTES NA TEORIA DA NORMA

5.1 Considerações iniciais

Insistimos em afirmar que os conceitos são da maior importância nos estudos jurídicos, e que muitas divergências em torno de teses resultam da desatenção para certos conceitos.

Ao estudarmos uma teoria da norma jurídica, portanto, não podemos deixar de examinar, ainda que sumariamente, alguns conceitos relacionados com à lei, entre os quais merecem destaque os de existência, validade, vigência, observância, aplicação e eficácia, cujo significado vamos a seguir enunciar.

5.2 Existência

A lei, como instrumento para veiculação de normas jurídicas, é um conceito jurídico *formal*. Conceito que deve ser definido em cada ordenamento jurídico. E sendo assim, sua existência depende do que estabelecer o ordenamento a esse respeito. Diz-se que uma lei existe quando é posta no ordenamento jurídico pelo órgão competente, pelo procedimento neste estabelecido. Assim, no atual ordenamento jurídico brasileiro, uma lei existe quando é publicada como tal no órgão oficial. A publicação é ato do procedimento de sua feitura, e por isto mesmo enquanto não ocorre a lei não existe.

---

17. LEAL, Vitor Nunes. Leis complementares da Constituição. *Revista de Direito Administrativo*. v. VII, p. 383. Rio de Janeiro: Fundação Getúlio Vargas, janeiro-março de 1947.
18. Para os que tenham interesse em aprofundar o estudo das questões estabelecidas em torno desse assunto, sugerimos a leitura do nosso livro *Lei Complementar Tributária*. São Paulo: Malheiros, 2010.
19. MACHADO, Hugo de Brito. *Curso de Direito Tributário*. 36. ed. São Paulo: Malheiros, 2016, p. 80-81.

5.3 Validade

A validade de uma lei pode ser considerada do ponto de vista formal, e do ponto de vista material. Como nosso ordenamento jurídico é organizado em patamares hierarquizados, podemos dizer que a validade de uma lei é a sua conformidade com a Constituição. Essa validade é formal, quando a lei tenha sido elaborada pelo órgão competente, com observância do procedimento para esse fim previsto na Constituição, e material quando a regra que expressa não está em conflito com nenhum dispositivo de regra de hierarquia superior, seja de uma lei complementar ou da própria Constituição.

Questão interessante neste contexto é a que decorre da ruptura do ordenamento jurídico, com o advento de uma Constituição nova. O assunto é objeto da denominada teoria da recepção.

A nova Constituição recepciona para integrarem o ordenamento jurídico todas as normas vigentes no ordenamento anterior, que sejam com ela compatíveis, vale dizer, normas que sejam perante ela materialmente válidas. E somente estas. Não existe, portanto, a inconstitucionalidade superveniente.

A Constituição sobrevinda não revoga as leis anteriores com ela conflitantes. Na verdade, a Constituição nova não recepciona as referidas leis que, assim, não integram o novo ordenamento jurídico. Na prática, chega-se ao mesmo resultado. Tanto faz dizer-se que as leis em conflito com a Constituição nova estão revogadas, como dizer que as referidas leis não integram o novo ordenamento jurídico.

5.4 Vigência

É a aptidão para incidir. É um atributo conferido às normas pelo ordenamento jurídico. Embora se possa utilizar o termo *vigência* para indicar a prevalência de determinada norma costumeira, ou norma não escrita, dizendo que em determinada época vigorava determinado costume, em se tratando de conceitos inerentes ao Direito Positivo a palavra vigência é utilizada para indicar a aptidão de uma norma para incidir, vale dizer, para dar significa jurídico aos fatos nela referidos. Há quem se refira a vigência como o período de disponibilidade da lei, mas isto é confundir a vigência com a sua duração. Uma coisa é estar a lei apta a incidir e produzir efeitos jurídicos, outra é o período durante o qual perdura essa aptidão.

5.5 Observância

É a conduta de alguém de conformidade com a norma. É o cumprimento do dever estabelecido pela norma. Distingue-se claramente da aplicação.

Um juiz, por exemplo, observa as normas que tratam de sua conduta. E aplica as normas dirigidas à conduta das partes que ensejaram o conflito posto perante ele para julgamento.

5.6 Aplicação

É a conduta de alguém que impõe a outro a observância da norma ou a consequência de sua inobservância.

5.7 Eficácia

É a aptidão para produzir efeitos no plano da concreção jurídica, no plano da realidade factual. Não somente o efeito ligado a sua incidência, mas o efeito que se pode considerar tenha sido pretendido pelo legislador ao fazer a lei. Assim, uma lei que define como crime certa conduta, terá efeito se tal conduta passa a ocorrer menos do que ocorria antes da lei.

Ressalte-se, com apoio na doutrina do Professor Arnaldo Vasconcelos, que a eficácia da norma jurídica depende especialmente da justiça que preconiza. Em suas palavras:

> "Comprova-se a dependência da eficácia relativamente à justiça. Foi com base na anterioridade desta, aliás, que os filósofos dos séculos XVII e XVIII elaboraram suas teorias contratualistas sobre a origem da sociedade e do Estado. O pacto pressupõe a existência do Direito, que o autoriza e o garante.
>
> A fundamentalidade da justiça na norma está em que, de sua presença, decorre o fato sociológico da eficácia. E sem esta, já proclamara Ihering, não haverá Direito.
>
> O valor que se contém na norma responde, em último caso, por seu acatamento, por sua eficácia, o que equivale a dizer, pela própria possibilidade do Direito. Como este valor decorre do fato, não há como deixar de ressaltar a alta importância de sua seleção." [20]

6. CONCLUSÕES

Com fundamento no que foi exposto, podemos firmar as seguintes conclusões:

1ª) É enorme a importância dos conceitos nos estudos jurídicos.

2ª) O uso ou a compreensão inadequada de um conceito pode conduzir a profundas divergências doutrinárias, como ocorreu, por exemplo, com o conceito de lei complementar.

3ª) A distinção entre regra e princípio jurídico depende do critério que tenhamos adotado para a classificação das normas jurídicas.

4ª) Pode ocorrer que uma norma seja regra, pelo critério da estrutura, e seja um princípio, pelo critério da fundamentalidade, como ocorre, por exemplo, com ocorre, por exemplo, com a norma segundo a qual ninguém é obrigado a fazer ou a deixar de fazer alguma coisa senão em virtude de lei, que tem a estrutura de uma regra, e tem a fundamentalidade de um princípio.

5ª) Em uma Teoria da Norma Jurídica devem ser examinados, especialmente, alguns conceitos relacionados à lei, entre os quais merecem destaque os de existência, validade, vigência, observância, aplicação e eficácia, nem sempre adequadamente utilizados pela doutrina.

---

20. VASCONCELOS, Arnaldo. *Teoria da Norma Jurídica*. 2. ed. Rio de Janeiro: Forense, 1986, p. 12.

ESTRUTURA E FUNÇÃO DA NORMA JURÍDICA EM HANS KELSEN – E A DISCUSSÃO SOBRE A RESPOSTA CORRETA

João Maurício Adeodato

Livre-Docente da Faculdade de Direito da Universidade de São Paulo. Professor Titular
da Faculdade de Direito do Recife. Pesquisador 1-A do CNPq. Currículo completo em:
http://lattes.cnpq.br/8269423647045727

Sumário: 1. O contexto histórico e dois problemas. 2. A teoria da moldura e a norma fundamental de Kelsen. 3. A estrutura normativa em Kelsen e seus críticos. 4. Uma tese pela compatibilidade entre a teoria pura e uma crítica retórica.

1. O CONTEXTO HISTÓRICO E DOIS PROBLEMAS

O objetivo deste artigo é tornar os aspectos fundamentais da obra de Kelsen, tido por muitos como o maior jurista do século XX, acessível aos que pretendem um aprofundamento posterior indo às obras do próprio autor. Tomam-se por base os livros *Teoria pura do direito* e *Teoria geral das normas*.

Aplicando a perspectiva historicista da retórica, sempre é preciso compreender o contexto em que as estratégias (retóricas) contidas nessa obra aparecem[1].

No continente europeu, a princípio na França, o direito positivo passa por grande transformação, na passagem dos séculos XVIII a XIX, com a derrocada do absolutismo e um notável crescimento de importância da lei como a fonte do direito estatal por excelência, expressão fiel da vontade do povo, escrita e legislada por seus legítimos representantes, monopólio último do Estado na produção do direito posto, o único direito. Tanto essa ideia como essa prática eram novas e revolucionárias. Com o aumento da complexidade social, vão aparecer os *dois problemas* estreitamente conexos que se querem aqui destacar: primeiro, qual a relação entre o texto geral prévio (a lei) e o sentido desse texto diante do caso concreto; depois, o enfraquecimento do princípio da separação de poderes diante da criação do direito pelo judiciário, a princípio no âmbito do caso concreto e depois com decisões de caráter geral.

Vem após algum tempo a diferença entre significante e significado, sugerida pela teoria linguística do século XX[2], que vai contribuir para explicar as transformações

---

1. Para um resumo da perspectiva retórica adotada aqui, ver ADEODATO, João Maurício. Retórica como metódica para estudo do direito, cap. 1 de *A retórica constitucional* – sobre tolerância, direitos humanos e outros fundamentos éticos do direito positivo. 2. ed. São Paulo: Saraiva, 2010, p. 47 s.
2. SAUSSURE, Ferdinand de. *Curso de Linguística Geral*. Lisboa: Publicações Dom Quixote, 1971, p. 79 s. Este livro, publicado postumamente, é considerado o marco inicial da linguística contemporânea.

subsequentes. Essa distinção no estudo dos signos da linguagem humana é hoje óbvia ao estudioso do direito, mas note-se desde já que Kelsen não chegou a atentar para ela.

O que a análise retórica vem ressaltar é que a complexidade social e a pulverização das expectativas, interesses e preferências éticas fazem com que os mesmos textos legais venham a se concretizar de modos os mais diversos nas decisões jurídicas, isto é, aumentem as possibilidades de criar significados distintos para os mesmos significantes e levem por vezes a um voluntarismo na decisão concreta, exercida sobretudo pelo poder judiciário.

A evolução desse distanciamento entre significantes e significados jurídicos aparece nitidamente na relação entre os conceitos de lei e norma, por exemplo. No começo do positivismo, com o legalismo exegético, lei e norma são praticamente sinônimas e não há consciência da distinção linguística entre significante e significado:

> A aplicação do direito consiste no enquadrar um caso concreto em a norma jurídica adequada. Submete às prescrições da lei uma relação da vida real; procura e indica o dispositivo adaptável a um fato determinado[3].

Entende-se "norma" como um significante – o texto da lei – já portador de um significado intrínseco, "correto", seu significado próprio.

Depois da Escola Histórica, da Escola do Direito Livre e de outras tendências, que criticaram a concepção iluminista dentro do positivismo, Kelsen vai dizer que o texto da lei é uma "moldura" (*Rahmen*) que separa as possibilidades de decisões devidas das indevidas, mas que, dentro dessas três ou dez devidas, não é possível distinguir uma única correta, ou seja, na linguagem da semiótica posterior, que um mesmo significante pode ter vários significados. E hoje autores como Friedrich Müller afirmam que a interpretação da norma jurídica é constitutiva da própria norma jurídica, o que o faz dizer que o texto elaborado pelo legislador é apenas um "dado de entrada" para a construção do significado normativo diante do caso concreto.

Em outras palavras, a evolução do positivismo também pode tomar o exemplo da generalidade: na aurora do positivismo toda norma jurídica é dotada de generalidade; depois, Kelsen defende que há normas jurídicas gerais e individuais; hoje, Müller considera que toda norma jurídica é individual[4].

O segundo problema diz respeito à criação do direito pelo poder judiciário, que Kelsen foi um dos primeiros a reconhecer, um debate aceso até hoje, mormente no Brasil do chamado "ativismo judicial" ou da "inércia legislativa". Com efeito, a separação de poderes é um princípio relevante no direito ocidental e uma metarregra tão importante no sistema brasileiro que foi alçada à categoria de cláusula pétrea. De acordo com os primeiros positivistas, como Montesquieu, cabe ao judiciário decidir somente quando provocado, restrito ao caso concreto, e agir com competência técnico-jurídica, neutra-

---

3. MAXIMILIANO, Carlos. *Hermenêutica e aplicação do direito*. Rio de Janeiro / São Paulo: Freitas Bastos, 1957, p. 19.

4. Como paradigmas desses três estágios evolutivos: MONTESQUIEU, Charles Louis de Secondat, Baron de la Brede et. *De l'Esprit des Lois*. Paris: Garnier, nouvelle édition, s/d, Livro XI, 6, e Livro VI, 3. KELSEN, Hans. *Allgemeine Theorie der Normen* (hrsg. von Kurt Ringhofer und Robert Walter. Wien: Manz-Verlag, 1979, p. 39 e 179 s. MÜLLER, Friedrich. *Strukturierende Rechtslehre*. Berlin: Duncker & Humblot, 1994, p. 251 s.

lidade e retidão ética, em total submissão à literalidade da lei. Isso o libertaria do muito problemático debate sobre o conteúdo ético das regras jurídicas, já que sua responsabilidade seria aplicar decisões alheias (do poder legislativo), "subsumir fatos a normas".

Na observação desses dois problemas, e tendo em conta o debate em torno de o direito positivo ser ou não o único direito, sugerem-se aqui *três grandes tendências* ou correntes, cada uma das quais com várias escolas, cujas principais teses são resumidas logo abaixo: as teorias da única decisão correta, tanto as dedutivistas, como na Escola da Exegese francesa, como as indutivistas, de que é exemplo a de Ronald Dworkin; as teorias da moldura, autorreferentes, como a de Hans Kelsen, ou heterorreferentes, como a de Robert Alexy; e as teorias realistas, em seus diversos matizes, seja em Alf Ross ou em Niklas Luhmann.

Para quem defende a tese da única decisão correta, a separação de poderes é pré--requisito básico e determina que o poder legislativo crie o direito e o poder judiciário o aplique, devendo haver uma inibição recíproca e harmônica nessa relação. No plano hermenêutico, esses pensadores consideram que a interpretação do direito pode e deve ser evitada – o que sempre ocorre quando a lei é competentemente elaborada – ou pelo menos ser a mais literal possível, quando for inevitável: *in claris non fit interpretatio*. No que diz respeito à iniciativa de agir, o judiciário só pode se pronunciar ao ser provocado por terceiros, ao passo que o legislativo tem a iniciativa e o monopólio da criação do direito.

Por isso mesmo, a responsabilidade pelas escolhas éticas cabe ao poder legislativo, escolhido pelo povo, uma vez que o juiz é um funcionário burocrático que não pode ser responsabilizado por suas decisões, desde que tomadas de acordo com a lei. Essa perspectiva de que a criação do direito só se dá mediante a atividade do legislador, conforme já mencionado, vem acompanhada da convicção de que não há distinção entre o texto da lei e a norma jurídica, a qual é tida como equivalente a esse mesmo texto e sempre dotada de generalidade, posto que a sentença e a decisão do poder executivo não são consideradas normas jurídicas ou fontes de normas jurídicas, mas mera aplicação delas, repita-se, pois criação e aplicação do direito jamais se confundem.

Finalmente, de uma perspectiva argumentativa, a aplicação da lei é considerada silogística (apodítica) e é por isso mesmo que só há uma resposta correta[5].

Essas teorias da única decisão correta partem de uma antropologia iluminista de confiança na "racionalidade" humana e seus corolários, tais como objetividade, cientificidade, neutralidade, adequação, correção etc. Tal maneira de ver o direito começa a ruir com um fenômeno ainda anterior à atual expansão no poder dos juízes, qual seja o crescimento do poder executivo, que mais e mais precisa de normas jurídicas genéricas, rápidas e eficientes, criadas por ele mesmo, como as ditas medidas provisórias e seus corolários.

Na filosofia do direito, o romantismo de Rousseau e Savigny vai combater a única resposta correta ao enfatizar a vontade e o sentimento, em detrimento do otimismo da

---

5. Lembre-se que Dworkin, nos dias de hoje, defende a tese da única resposta correta sob uma perspectiva indutiva, ou seja, a partir das características únicas do caso concreto é que cada caso só possibilitaria uma decisão justa. DWORKIN, Ronald. *Taking rights seriously*. London: Duckworth, 1994, p. 31 s. e 68 s.

razão iluminista. Nesse ambiente intelectual, que se refletia também no Brasil, com a influência da Escola da Exegese que passa pelo Conselheiro Ribas e por Lafayette Rodrigues Pereira, o trabalho de Hans Kelsen vai dar um novo alento aos debates sobre os problemas jurídicos que o começo do século XX enfrentava. Deixando de lado sua importância para a sociologia jurídica, o direito constitucional, o direito internacional e a filosofia da tolerância democrática, este breve texto vai se ocupar de sua teoria do direito, sobretudo sua teoria hermenêutica da moldura, e de seu núcleo, a teoria da norma jurídica.

2. A TEORIA DA MOLDURA E A NORMA FUNDAMENTAL DE KELSEN

Ao transformar a *separação* kantiana numa *intransponibilidade* entre ser e dever ser, radicalizando-a, o que vai ser de toda importância para sua própria concepção do direito, Kelsen aponta uma incongruência básica na ética de Kant. Em seus termos específicos, diz Kelsen, Kant entende que o dualismo entre ser e dever (*Sein und Sollen*) não repousa sobre um caráter essencial da razão humana, posto que o dever moral é também produto da razão (pura), essa mesma razão cuja função é conhecer o ser, o que seria incoerente com sua afirmativa de que a razão prática é produto da vontade. Kant diria que a distinção surge no momento de *aplicação* da razão, segundo ela se dirija ao pensamento ou à vontade. Mas, para Kelsen, a diferença é prévia e está na essência da própria razão, entre a razão cognoscitiva e a razão volitiva, pois o conhecimento é "receptivo" e o querer é "produtivo", daí a incoerência que vê em Kant:

> O conceito, em si contraditório, de razão prática, que é simultaneamente conhecer e querer e no qual, portanto, é suprimido o dualismo entre ser e dever, é o fundamento da ética kantiana.

E logo adiante:

> O conceito kantiano de razão prática é assim o resultado de uma inadmissível confusão de duas faculdades humanas, essencialmente diferentes uma da outra e também distinguidas pelo próprio Kant.[6]

Sobre essa base que radicaliza, literalmente no sentido de fazê-la raiz, a tese kantiana da separação entre ser e dever ser, entre conhecimento e vontade, Kelsen vai construir sua hermenêutica, até hoje a mais presente na prática decisória jurídica dos poderes judiciário, executivo e legislativo nas democracias modernas: a teoria da moldura, a *Rahmentheorie*.

Para ele, portanto, o caso concreto pode ter decisões diferentes e igualmente corretas, servindo a lei para balizar e separar as poucas decisões corretas, as que ficam "dentro", das muitas incorretas, as que ficam "fora da moldura" da lei; as diferenças entre as decisões igualmente corretas são devidas a fatores *juridicamente* irrelevantes, que não devem ser levados em consideração no estudo do direito propriamente dito (numa teoria "pura"), tais como a personalidade, as experiências pessoais de vida, a consciência ou o ambiente

---

6. KELSEN, Hans. *Allgemeine Theorie der Normen*. Wien: Manz-Verlag, 1990, p. 63-64: „Der in sich widerspruchvolle Begriff der praktischen Vernunft, die zugleich Erkennen und Wollen ist, und in dem daher der Dualismus von Sein und Sollen aufgehoben ist, ist die Grundlage der kantschen Ethik." „Der kantsche Begriff der praktischen Vernunft ist somit das Resultat einer unzulässigen Vermengung zweier voneinander wesentlich verschiedenen und auch von Kant selbst unterschiedenen Vermögen des Menschen."

social do julgador. Desses temas devem cuidar as disciplinas não especificamente jurídicas que têm por objeto o direito, tais como a sociologia ou a antropologia jurídica.

O juiz tem alguma liberdade, mas está subordinado à lei, ao seu texto, à sua relativa, mas presente, objetividade. Por isso a teoria de Kelsen não se adequa à definição de "realista", posto que não insere elementos reconhecidamente irracionais em seu conceito de vontade nem defende que qualquer decisão é possível, embora possa ser vista como uma importante precursora do chamado realismo jurídico.

Não há precisão teórica em acusá-lo hoje de fundamentar o ativismo judicial na atividade hermenêutica, do mesmo modo que no passado em acusá-lo de justificar o nazismo. A ideia de Kelsen é descrever o que efetivamente ocorre – não fazer uma pregação missionária por mais poder para os juízes – e defender que é uma ilusão achar que a regra geral determina a decisão individual, assim negando expressamente a possibilidade de uma única resposta correta. Isso porque, como discípulo de Kant, enfatiza o dualismo entre ser e dever ser e vai mais além ao associá-lo aos dualismos entre o princípio da causalidade (*Kausalprinzip*) e o princípio da imputação (*Zurechnungsprinzip*) e respectivamente entre o ato de conhecimento e o ato de vontade.

Ao defender que o direito é criado pela vontade, assim, Kelsen não quer dizer que qualquer resposta é correta (juridicamente justa), mas apenas que não é possível uma só decisão correta. Por isso, defender que um caso tem algumas respostas corretas e que as demais são incorretas é puro e simples positivismo kelseniano. Mais ainda distante do ativismo judicial, pode-se até entender em certas passagens Kelsen aceitando a possibilidade de casos que teriam sua única decisão correta:

> Então, a interpretação de uma lei *não tem que necessariamente* conduzir a uma só solução como sendo a única correta, mas *possivelmente* a várias soluções... (o destaque não está no original)[7].

O que ele visa é combater a tradição dos estudiosos e intérpretes de seu tempo no sentido de que *sempre* haveria uma solução correta porque a decisão concreta é silogisticamente obtida a partir da lei e, por isso mesmo, é fruto de um ato de conhecimento, como nos casos governados pelo princípio da causalidade. Por isso apela à *vontade que comanda o princípio da imputação*. Aqui vale uma transcrição mais extensa, para que não se atribua a Kelsen referências *apud* que só falseiam seu pensamento:

> A teoria usual da interpretação quer fazer crer que a lei, aplicada ao caso concreto, *sempre* poderia fornecer apenas *uma única* solução correta e que a correção jurídico-positiva desta decisão é fundada na própria lei. Ela apresenta o processo desta interpretação como se se tratasse tão somente de um ato intelectual de clarificação e compreensão, como se o órgão aplicador do direito apenas tivesse que pôr em ação o seu entendimento (*Verstand*), mas não a sua vontade, e como se, mediante uma pura atividade intelectual, pudesse realizar-se, entre as possibilidades que se apresentam, uma escolha que correspondesse ao direito positivo, uma escolha correta no sentido do direito positivo (o negrito não está no original, o destaque em itálico, sim)[8].

---

7. KELSEN, Hans. Reine Rechtslehre. Wien: Verlag Österreich, 2000 (2. vollständig neu bearbeitete und erweiterte Aufl. 1960), p. 349: „Dann mu die Interpretation eines Gesetzes nicht notwendig zu einer einzigen Entscheidung als der allein richtigen, sondern möglicherweise zu mehreren führen..."

8. *Idem, ibidem*: Die übliche Theorie der Interpretation will glauben machen, da das Gesetz, auf den konkreten Fall angewendet, stets nur *eine* richtige Entscheidung liefern könne und da die positivrechtliche „Richtigkeit"

Sob o ponto de vista da classificação das normas jurídicas, em sua obra póstuma da maturidade[9], a generalidade não é mais vista como caráter essencial, isto é, as normas jurídicas também podem ser individuais. Daí advêm várias consequências para enterrar definitivamente o iluminismo exegético na sociedade complexa: a lei não se confunde com a norma, a sentença é espécie (importante) de norma jurídica e o julgador cria e aplica o direito simultaneamente, assim como o legislador, num processo de criação--aplicação normativa que vai até a norma fundamental, que é ideal e pressuposta para impedir o regresso ao infinito. Como há várias decisões justas possíveis e a interpretação é sempre necessária, alguma ambiguidade e vagueza toda lei terá. Em comum com as teses exegéticas da única resposta correta, contudo, pode-se dizer que Kelsen e os defensores da teoria da moldura continuam a ver a decisão dedutivamente e a não levar em consideração a distinção entre significantes e significados, entre fontes do direito (p. ex., textos de lei) e os sentidos normativos concretos.

A teoria da moldura de Kelsen é aqui denominada autorreferente, e assim precursora da autopoiese de Luhmann, porque considera que as regras do procedimento fixado pela moldura são fruto do próprio direito positivo, da vontade dos poderes envolvidos segundo as regras por eles mesmos fixadas. Mas também há teorias da moldura heterorreferentes, as quais admitem a possibilidade de diversas decisões corretas, porém cujo procedimento é composto de regras que estão acima da vontade dos poderes estabelecidos e das eventuais regras de direito positivo, vêm de uma instância superior, como a "razão prática" ou o "agir comunicativo", o que Kelsen provavelmente não apoiaria.

Como qualquer norma, o objeto da norma jurídica é a conduta humana:

> ...A expressão "a norma é dirigida a uma pessoa" não significa outra coisa senão que a norma estatui como devida a conduta de uma pessoa ou de um número determinado ou indeterminado de pessoas, quer dizer, conduta humana e nenhum outro acontecimento... Somente a conduta humana é estatuída como devida pelas normas de moral e direito hoje válidas, não a conduta de animais, plantas ou objetos inanimados[10].

Mas a ciência do direito, a teoria pura, não tem por objeto a conduta humana. Seu objeto é um dever ser – a norma jurídica – e sua atitude é descritiva como a da física ou de qualquer outra ciência "da natureza", para usar uma expressão consagrada; ela *descreve normas jurídicas* (*Rechtsnormen*) por meio de proposições jurídicas (*Rechtssätze*), também chamadas de proposições normativas ou juízos normativos. Exemplo de *Rechtsnorm* é "Matar alguém. Pena: reclusão de seis a vinte anos"; exemplo de *Rechtssatz* é "O artigo

---

dieser Entscheidung im Gesetz selbst begründet ist. Sie stellt den Vorgang dieser Interpretation so dar, als ob es sich dabei nur um einen intelektuellen Akt des Klärens oder Verstehens handelte, als ob das rechtsanwendende Organ nur seinen Verstand, nicht aber seinen Willen in Bewegung zu setzen hätte und als ob durch eine reine Verstandestätigkeit unter den vorhandenen Möglichkeiten eine dem positiven Recht entsprechende, im Sinne des positiven Rechts richtige Auswahl getroffen werden könnte.

9. KELSEN, Hans. *Allgemeine Theorie der Normen*. Wien: Manz-Verlag, 1990, *passim*.

10. KELSEN, Hans. *Allgemeine Theorie der Normen*. Wien: Manz-Verlag, 1990, p. 23: „... der Ausdruck ‚Die Norm ist an einem Menschen gerichtet' nichts anderes bedeutet, als dadie Norm das Verhalten eines Menschen oder einer bestimmten oder unbestimmten Anzahl von Menschen, d. h. menschliches Verhalten – und kein anderes Geschehen – als gesollt statuiert... Nur menschliches Verhalten wird in den heute geltenden Normen der Moral und des Rechts als gesollt statuiert, nicht das Verhalten von Tieren, Pflanzen oder unbelebten Gegenständen."

121 do Código Penal Brasileiro de 1940 estatui que o homicídio é punido com reclusão de seis a vinte anos". Basta ler Kelsen:

> As *normas* jurídicas não são juízos, quer dizer, enunciados sobre um objeto dado ao conhecimento. Elas são, em seu sentido próprio, mandamentos e, como tais, comandos, imperativos; mas não apenas comandos, pois também são permissões e atribuições de poderes; em todo caso, não são ensinamentos, como por vezes se afirma, identificando o direito com a ciência do direito. O direito prescreve, permite, confere poderes, não "ensina" nada.[11]

A teoria pura do direito amplia as fronteiras do legalismo da Escola da Exegese francesa, levando adiante as tentativas de análise lógica da ordem social, tal como o fizera a "jurisprudência de conceitos" (*Begriffsjurisprudenz*), que Kelsen critica. Para isso também recusa o conceito tradicional de legalidade (inspirado em Rousseau) como guardiã da legitimidade contra os riscos de um poder arbitrário. A legalidade passa a ser entendida como *critério de legitimidade*, para justificar o poder efetivo. Aqui, a fórmula lógica utilizada não mais é abstraída apenas a partir da lei, mas, ao contrário, a perspectiva é invertida: é de um axioma lógico que a lei retira seu fundamento de legitimidade, reduzida à cognoscibilidade daquilo que Kelsen denominou "norma fundamental" (*Grundnorm*). E não apenas a lei: o ordenamento compõe-se de diversos tipos de normas jurídicas, gênero do qual a lei é uma das espécies, ao lado da jurisprudência, do costume, do contrato.

As normas mais próximas da "base da pirâmide" — em uma imagem utilizada antes por Adolf Merkl[12] —, tais como a norma que imputa a alguém uma sanção de multa de trânsito, são corretas e justas na medida em que são compatíveis com as normas superiores, como é o caso, no exemplo, da norma que atribui ao Estado competência para legislar sobre multas de trânsito e ao policial para aplicá-las no caso concreto. No topo da pirâmide, fundamentando a "unidade de uma pluralidade de normas", está a norma hipotética que estrutura todo o sistema.

Ora, argumenta Kelsen, os jusnaturalismos apresentam em comum a pretensão de retirar normas de fatos, possibilidade contrária à interpretação que faz da teoria de Hume e Kant sobre a separação entre ser (*Sein*) e dever ser (*Sollen*). É impossível deduzir de algo que é, de dados descritivos como o patrimônio de uma pessoa, suas características raciais ou sua ascendência familiar, um dever ser (norma) tão evidente quanto o ser (fato) a que se refere, daí a relativa independência do direito em relação aos fatos. Passar causalmente de uma para outra esfera contraria a estrutura do conhecimento, é contaminar a lógica, ainda que ser e dever ser se encontrem na realidade, na qual os valores

---

11. KELSEN, Hans. *Reine Rechtslehre*. Wien: Verlag Österreich, 2000, . Wien: Verlag Österreich, 2000 (2. vollständig neu bearbeitete und erweiterte Aufl. 1960), p. 73: „Rechts Normen sind keine Urteile, das hei t Aussagen über einen der Erkenntnis gegebenen Gegenstand. Sie sind, ihrem Sinne nach, Gebote und als solche Befehle, Imperative; aber nicht nur Gebote, sondern auch Erlaubnisse und Ermächtigungen; jedenfalls aber nicht – wie mitunter, Recht mit Rechtswissenschaft identifizierend, behauptet wird – Belehrungen. Das Recht gebietet, erlaubt, ermächtigt, es ‚lehrt' nicht."

12. MERKL, Adolf Julius. *Grundlagen des Rechts*, v. I dos *Gesammelten Schriften*, hrsg. Von Dorothea Mayer-Maly, Herbert Schambeck und Wolf-Dietrich Grussman. Berlin: Walter de Gruyter, 1993, p. 437 e s. (*Prolegomena einer Theorie des rechtlichen Stufenbaues*).

humanos se mesclam com os fatos. Por isso, ensina ele, o estudo rigorosamente jurídico (dogmático) deve ser reduzido ao estudo da norma jurídica.

Assim, no sistema normativo jurídico, que Kelsen caracteriza como "dinâmico", a norma fundamental *não prescreve qualquer conteúdo ético*, mas apenas fornece viabilidade – é o "pressuposto metodológico" ou gnoseológico – ao *fato* de um poder constituinte originário, um poder vitorioso na luta pela competência para criar normas jurídicas. Esse poder deve ser estudado pela sociologia, pela teoria do Estado, temas a que Kelsen também se dedicou. E suas decisões terão necessariamente conteúdo ético, claro. Mas para a teoria jurídica o que interessa é a obediência a esse poder, não importa que conteúdo venha a ter a constituição da ordem jurídica consequente, "constituição" entendida em seu mais amplo sentido, além do texto formal de uma constituição escrita. O fato social fundamental é somente a "instituição de um fato produtor de normas, a atribuição de poder a uma autoridade legisladora...".

A norma fundamental não tem assim qualquer conteúdo, seja ético, sociológico, político, justamente porque uma norma não pode ser deduzida de um fato, devido à intransponibilidade entre dever ser e ser. Daí a conhecida fórmula de expressão da norma fundamental: "obedece ao legislador originário". Para uma teoria "pura" do direito é indiferente **o que** esse legislador diga. Não se esqueça de que na base de toda essa maneira de compreender o direito está a distinção kantiana entre o querer e o pensar, entre vontade e razão.

Pensando no segundo problema destacado aqui na introdução, a criação do direito pelo juiz que vai constituir o cerne da "teoria da moldura", Kelsen é também visionário no combate à tese dos exegetas de que há um silogismo lógico na relação entre a norma legal e a decisão judicial, pois

> A função criadora de direito dos tribunais, que existe em todas as circunstâncias, surge com particular evidência quando um tribunal recebe competência para produzir também normas gerais mediante decisões com força de precedentes.[13]

Apesar das críticas, porém, Kelsen tem outro débito para com a Escola da Exegese – um aspecto pouco comentado –, vez que *há uma operação dedutiva* que perpassa todo seu sistema, desde a aplicação da lei pelo juiz até a relação entre a norma fundamental e a "primeira" (originária) Constituição. Mas mostrar que o sistema de Kelsen é dedutivo não significa admitir que essa dedução seja lógica, quando sabe-se que o silogismo apodítico da lógica constitui somente uma das formas de dedução. Pode-se até dizer que há uma subsunção lógica da constituição à norma fundamental, que lhe fornece validade, mas essa subsunção não ocorre quando o juiz vai aplicar a lei ao caso concreto, não se transfere "para baixo" na metáfora da pirâmide.

É um erro atribuir ao positivismo como um todo a ideia legalista de que a decisão judicial decorre logicamente da lei. Positivismo não significa isso. Para Kelsen, então,

---

13. KELSEN, Hans. *Reine Rechtslehre*. Wien: Verlag Österreich, 2000 (2. vollständig neu bearbeitete und erweiterte Aufl. 1960), p. 256: „Die unter allen Umstände gegebene rechtserzeugende Funktion der Gerichte tritt besonders deutlich in Erscheinung, wenn ein Gericht ermächtigt ist, durch präzedentielle Entscheidungen auch generekle Normen zu erzeugen."

há um raciocínio silogístico lógico apenas nos pressupostos gnoseológicos da pirâmide dogmática, no qual a norma fundamental fornece a premissa maior, o fato de haver uma Constituição, efetivamente aplicada e observada, constitui a premissa menor e a validade da ordem jurídica perfaz a conclusão.

Senão destaque-se a transcrição a seguir:

> No silogismo normativo que fundamenta a validade de uma ordem jurídica, a proposição de dever ser que enuncia a norma fundamental: todos devem comportar-se de acordo com a Constituição efetivamente posta e eficaz constitui a premissa maior; a proposição de ser afirma o fato: a Constituição foi efetivamente posta e é eficaz, quer dizer, as normas postas de conformidade com ela são globalmente aplicadas e seguidas, e constitui a premissa menor; e a proposição de dever ser: todos devem comportar-se de acordo com a ordem jurídica, quer dizer, a ordem jurídica vale, constitui a conclusão. As normas de uma ordem jurídica positiva valem *porque* a norma fundamental, que forma a regra básica da produção delas, é pressuposta como válida, e não porque elas são eficazes; mas elas somente valem *se* essa ordem jurídica é eficaz, quer dizer, enquanto essa ordem jurídica for eficaz. Logo que a Constituição e, portanto, a ordem jurídica que sobre ela se apoia, como um todo, perde a sua eficácia, a ordem jurídica, e com ela cada uma de suas normas, perdem a sua validade.[14]

3. A ESTRUTURA NORMATIVA EM KELSEN E SEUS CRÍTICOS

Para começar a análise da estrutura normativa do direito, confrontando a filosofia retórica com a teoria de Kelsen, dividem-se aqui, como hipótese de trabalho, as condutas humanas e seus contextos em *possíveis e impossíveis*, estas últimas entendidas como somente imaginadas ou imaginárias, que podem ser pensadas, mas não conseguem influir no controle público da linguagem de forma a tornarem-se "realidade", como ler pensamentos alheios, viajar à velocidade da luz ou fazer um boi voar. Claro que aqui se considera essa fronteira entre o possível e o impossível também uma questão retórica, no sentido de que depende de crença e é mutável no tempo e no espaço, de acordo com o ambiente. Ou seja, um boi pode voar se o discurso dos participantes o admite. O que se quer dizer, de toda forma, é que as normas jurídicas nunca se dirigem a condutas e contextos tidos como impossíveis no meio do controle público da linguagem[15].

Dentre as condutas em que um ser humano se pode envolver – a *complexidade* de seu contexto – uma primeira separação deve ser feita entre as esferas da intrassubjetividade e da intersubjetividade. Na primeira estão os conflitos internos do ser humano, tais como

---

14. KELSEN, Hans. *Reine Rechtslehre*. Wien: Verlag Österreich, 2000 (2. vollständig neu bearbeitete und erweiterte Aufl. 1960), p. 219: „In dem die Geltung einer Rechtsordnung begründenden normativen Syllogismus bildet der die Grundnorm aussagende Soll-Satz: Man soll sich der tatsächlich gesetzten und Wirksamen Verfassung gemä verhalten, den Obersatz; der die Tatsache aussagende Seins-Satz: die Verfassung wurde tatsächlich gesetzt und ist wirksam, das hei t: die ihr gemä gesetzten Normen werden im gro en und ganzen angewendet und befolgt, den Untersatz; und del Soll-Satz: man soll sich der Rechtsordnung gemä verhalten, das hei t: die Rechtsordnung gilt, den Schlu satz. Die Normen einer positiven Rechtsordnung gelten, *weil* die die Grundregel ihrer Erzeugung bildende Grundnorm als gültig vorausgesetzt wird, nicht weil sie wirksam sind; aber sie gelten nur, *wenn*, das hei t nur solange als diese Rechtsordnung wirksam ist. Sobald die Verfassung, und das hei t die auf ihrer Grundlage gesetzte Rechtsordnung als Ganzes ihrer Wirksamkeit verliert, verlieren die Rechtsordnung und damit jede einzelne ihrer Normen ihre Geltung."

15. Não é possível aqui uma análise dessa "retórica material", mas sua explicitação tampouco é necessária para compreensão deste estudo de Kelsen. Para tanto, ADEODATO, João Maurício. *Uma teoria da norma jurídica e do direito subjetivo*. São Paulo: Noeses, 2011, *passim*.

o problema da crença em Deus, na imortalidade da alma ou a questão de se há modos bons e maus de agir, sobre os quais a norma jurídica tampouco pode incidir; da mesma maneira que nas condutas consideradas impossíveis, as condutas intrassubjetivas estão excluídas do direito, como queriam Pufendorf e Thomasius. Sim, pois muito embora as fontes do direito aludam a condutas supostamente internas, quando leis e sentenças falam, por exemplo, em motivações psicológicas, dolo, boa e má fé, é pela exteriorização da conduta que se deduzem sua ocorrência. Esta a tese retórica.

A estrutura da norma jurídica apresenta dois elementos invariáveis, presentes em toda norma: o primeiro deles é o functor deôntico *dever ser*, que une o antecedente e o consequente normativos, seja a hipótese à prestação na opção pela conduta lícita (dada a hipótese deve ser a prestação), seja a não prestação à sanção na opção pela conduta ilícita (dado descumprimento da prestação deve ser a sanção). Os juristas lógicos analíticos costumam distinguir nesse functor deôntico deveres obrigatórios, permitidos e proibidos, alguns por sua vez identificando "é proibido" com "é obrigatório não...", isto é, reduzindo a dois os functores. Este debate, também importante, tampouco será abordado aqui.

O segundo elemento estrutural invariável da norma jurídica é o conectivo disjuntivo *ou*, o qual mostra que uma norma jurídica tem sempre dois lados: o lícito e o ilícito, dentre os quais a *vontade* humana, herdada do mestre Kant, vai ter que se mover. Nesse sentido, o debate envolvendo Kelsen e os jusfilósofos Carlos Cossio e Eduardo Garcia-Maynez, dentre outros, começou por procurar determinar qual seria a *norma primária* e qual seria a *secundária*. Independentemente da relevância lógica que lhe quiseram emprestar, a discussão não é relevante aqui. Isso porque, de uma perspectiva quantitativa, a norma lícita (secundária no "primeiro" Kelsen, endonorma em Cossio) tem mais importância, vez que a maioria das pessoas cumpre espontaneamente a maioria das normas jurídicas, posto que as mais importantes coincidem com os comandos das demais ordens normativas ("não matar" ou "agir honestamente" são também prescritos pela moral e pela religião dominantes no Ocidente). Já de uma perspectiva qualitativa, objetivando distinguir o direito desses outros ordenamentos, a norma sancionadora da conduta ilícita (primária em Kelsen, perinorma em Cossio) parece mais decisiva, uma vez que só aí verifica-se a especificidade da sanção jurídica, de caráter coercitivo e irresistível. Sim, pois sendo cumprida a prestação da norma sobre abster-se de furtar, por exemplo, não se pode saber se essa obediência se deveu a norma religiosa, moral ou jurídica; só em caso de desobediência a sanção jurídica vai se separar claramente dos demais tipos de sanções normativas, pois ninguém vai para a cadeia por sanções morais.

Depois há três elementos variáveis na estrutura da norma jurídica. O primeiro que vai, por assim dizer, separar o universo das condutas intersubjetivas em juridicamente relevantes e irrelevantes é o que Kelsen vai chamar de *hipótese*. A hipótese não é a rigor normativa (prescritiva, imputativa), pois consiste na *descrição* da conduta conflituosa sobre a qual a norma jurídica pode vir a incidir, como "dado o fato de que o ser humano pode vir a tirar a vida de seu semelhante...", ou seja, é hipótese porque vem *antes* do functor deôntico (dever ser) que apontará a conduta que deve ser efetivada no futuro; logo, não tem caráter prescritivo.

Como toda hipótese normativa deixa margem a opções de conduta futura (caso contrário não seria "hipótese" da norma), o próximo elemento estrutural da norma jurídica é a *prestação*, vale dizer, a conduta, dentre aquelas possíveis descritas pela hipótese, que a norma quer assegurar que vai ocorrer, que deve ocorrer. Diante da hipótese de homicídio, a prestação vai dispor que o sujeito deve respeitar a vida alheia, abster-se de matar. Essa parte da estrutura normativa corresponde à conduta lícita, ao cumprimento da norma.

Caso o destinatário da norma opte por contrariar a prestação, não realizando a conduta devida, incide um terceiro elemento estrutural da norma jurídica, qual seja, a *sanção*, aqui tomada no sentido de consequência imputada pelo descumprimento da prestação. O debate, importante, entre "coercitivistas" e "anticoercitivistas", a respeito de a sanção fazer ou não parte da essência do direito e da norma, vai ser deixado de lado aqui; para Kelsen, sim, faz parte.

A teoria dos sistemas de Niklas Luhmann faz uma distinção entre expectativas normativas e cognitivas que não se confunde com a distinção de Hume, Kant ou de Kelsen entre ser e dever ser. Com efeito, para ele as expectativas são todas fáticas e atuais ("referentes ao ser", na linguagem de Kant), tanto as normativas quanto as cognitivas, *sua estabilização em um sistema* é que funciona de modo contrafático ou aprendendo com a frustração. É aqui que Luhmann procura se afastar da tradição de Hume e Kant e da distinção de Kelsen entre o mundo do dever e o do ser, pois o que se opõe ao normativo não é o fático e efetivo, mas sim o cognitivo. Tanto as normas quanto as cognições referem-se ao mundo dos eventos, aos "fatos", repita-se. Ambos os tipos de expectativas são funcionalmente equivalentes e constituem estratégias humanas para controlar o risco de decepção, segundo se aprenda (cognitivas) ou não (normativas) com ela.

Já se percorreu um longo caminho desde que Kelsen afirmou que o juiz cria direito e contrariou o otimismo iluminista da Escola da Exegese. Mas tampouco a visão de que a lei fornece os limites ("moldura") da criação do direito pelo juiz parece explicar devidamente a realidade contemporânea, sobretudo no Brasil. Se a decisão concreta não se processa pela via de silogismos apofânticos, no que assiste razão a Kelsen, tampouco a moldura parece enquadrar o juiz dos dias de hoje. A criatividade e a liberdade do judiciário parecem não ter limites, mormente diante de um legislativo acovardado e de um sistema partidário inoperante, estribado na ignorância de um povo carente.

Um grande segmento da doutrina jurídica contemporânea tem procurado não apenas explicar essa evolução do direito positivo, mas também, desempenhando uma importante função pragmática, *controlar o poder criador do juiz* e evitar os chamados decisionismos. Isso não apenas nos casos de antinomias e lacunas, nos quais falha claramente a concepção silogística subsuntiva, mas também no dia a dia do direito. E parte desses autores contrários ao ativismo judicial toma por base Kelsen.

Outra parte defende que toda norma jurídica é individual. A lei é apenas um texto, um dado de entrada para construção da norma diante do caso concreto (Friedrich Müller), conforme já mencionado. Para os mais extremados, a decisão se baseia em argumentos normativos, sim, mas não naqueles contidos nos textos alegados, componentes prévios do ordenamento jurídico, os quais têm função de justificar posteriormente, ainda que referidos como pontos de partida. A decisão se baseia em normas ocultas, lugares-comuns, *topoi* de grupos, por exemplo, preconceitos e pré-compreensões dos próprios juízes, dos administradores, enfim, daqueles que decidem. A decisão é casuística, individual e, nesse sentido, irracional (Katharina Sobota). Não há decisão correta, há decisão efetiva, e não se pode exatamente saber se e como uma decisão vai produzir efeitos no mundo da retórica material; nem nesse sentido da previsibilidade há uma racionalidade.

O realismo também enxerga diminuição de importância na atividade do legislador e exacerbação da função judicante. O legislador não cria a norma jurídica, cria textos, dados de entrada válidos. Só o "aplicador" cria a norma. Mais radicalmente ainda do que nas teorias da moldura, não há sentido na separação entre criação e aplicação do direito em termos de legislador e decididor.

A tese de que qualquer decisão efetiva é correta, porém, está presente apenas nos realistas mais radicais, inclusive, mas não somente, naqueles com origens na sofística, no ceticismo, na retórica em geral. Diferente é a visão de Müller, por exemplo, para quem a norma jurídica é criada no caso concreto, sim, mas é condicionada por uma série de fatores sobre os quais quem decide não tem controle, tais como as circunstâncias do caso, os discursos dos participantes ou os procedimentos e interpretações consolidados pela dogmática jurídica. Até Dworkin, com uma concepção iluminista tardia da única decisão correta, procura parecer indutivista e privilegiar o caso concreto, diferenciando-se de Montesquieu e da Exegese tradicional.

Antes do realismo mais extremado, a tópica de Theodor Viehweg, a primeira das filosofias do direito do pós-guerra, foi acusada de privilegiar em demasia o caso concreto e deixar o juiz sem parâmetros, abandonado ao seu próprio arbítrio. Isso porque Viehweg recusa uma conexão necessária entre a decisão e a regra prévia, pondo assim por terra o que parecia ser um dos baluartes do Estado democrático de direito, por meio de sua tese de tomar o problema – o caso concreto – e não o sistema legal como ponto de partida.

Para Robert Alexy (e Franz Wieacker), por exemplo, a tópica moderna seria por demais decisionista. Seus *conceitos básicos*, desenvolvidos a partir da tradução de *topoi* ("lugares-comuns", "opiniões geralmente aceitas", "orientação a partir dos problemas", "probabilidades") são insuficientes para fundamentar racionalmente a decisão e suas diversas formas ("a lei posterior revoga a anterior", "quem pode o mais, pode o menos", "ninguém pode transmitir mais direitos do que tem" etc.) não aparecem claramente diferenciadas por seus defensores[16].

Nos termos da teoria da argumentação jurídica sugerida por Alexy, é perfeitamente possível partir da capacidade de discernimento do ser humano, em sua racionalidade. Revelam-se assim determinadas regras básicas e delas a decisão concreta vai ser retirada por meio de uma subsunção que, se não é lógica como queriam positivistas mais radicais, não deixa de ter caráter dedutivo. De forma semelhante a Kelsen, Alexy crê em uma espécie de teoria da moldura. Só que essa moldura, diferentemente de Kelsen, não é fornecida por regras elaboradas pelo legislador positivo, mas sim por normas intrinsecamente racionais, tais como as exigências de coerência e de sinceridade.

---

16. ALEXY, Robert. *Theorie der juristischen Argumentation* – die Theorie des rationalen Diskurses als Theorie der juristischen Begründung. Frankfurt a.M.: Suhrkamp, 1978, p.40-43.

Não existe uma só decisão correta, mas o decididor do caso concreto não se move à sua vontade dentro da moldura. No sentido de Alexy, a moldura da decisão está constrangida por normas racionais acima do poder constituinte. De maneira semelhante ao normativismo de Kelsen, o autor concorda que a decisão jurídica é dedutiva e que não é possível uma só resposta correta, vale dizer, distinguir qual o mais adequado entre os três ou quatro resultados a que se chegou após aplicar o procedimento.

Mas difere do positivismo de Kelsen porque considera que as regras desse procedimento *não são fixadas pelo direito positivo*, mas *valem por referência externa*, como decorrência de certa natureza racional do ser humano, de sua capacidade de discernimento. Quem se utiliza de uma ação estratégica como o engodo, por exemplo, não age racionalmente, assim como não são de direito os ordenamentos positivos que consagrem desigualdades[17].

4. UMA TESE PELA COMPATIBILIDADE ENTRE A TEORIA PURA E UMA CRÍTICA RETÓRICA

O positivismo começa com a exegese francesa, vem a reação das escolas históricas e do direito livre e depois a contrarreação de Kelsen, numa espécie de retorno mais sofisticado ao normativismo primitivo (legalismo) de Bugnet e Demolombe para explicar uma sociedade que se tornara cada vez mais complexa. Não seria possível ressuscitar a Escola da Exegese, mas algo de seu legalismo precisava de nova ênfase diante da crescente necessidade de diferenciação do direito.

Talvez por esse débito para com os primeiros positivistas, a Teoria Pura permanece dedutivista em sua estrutura escalonada de mais para menos generalidade do topo para a base da pirâmide. Aí vem criticá-la o realismo, que, dentre muitas outras diferenças, defende que a interpretação do direito consiste num processo indutivo, e não silogístico-dedutivo, diferentemente das teorias tradicionais da única decisão correta e da moldura. A decisão não decorre da norma geral. O julgador primeiro decide e depois vai procurar no sistema o fundamento textual de sua decisão. Esse processo muitas vezes é inconsciente e o magistrado pensa sinceramente, em seu autorrelato sobre a "realidade", que trabalhou dedutivamente, a partir de uma regra previamente posta. Transforma o ponto de chegada em ponto de partida. Outras teorias realistas vêm acompanhadas de uma visão entimemática e mesmo erística do discurso jurídico[18].

A partir de uma antropologia mais cética e relativista, as teorias retóricas defendem que todo argumento pode ter o mesmo peso que seu contrário (*isostenia*) e daí que todo texto pode ser interpretado em direções opostas, não há qualquer garantia de objetividade na comunicação, que é autorreferente. O processo de tomada de decisão é considerado sempre indutivo e a lei serve, no máximo, para expor e justificar uma decisão já tomada por outros meios.

---

17. *Idem*, p. 238 s., e ALEXY, Robert. *Begriff und Geltung des Rechts*. Freiburg-München: Alber, 1992, p. 40.
18. ADEODATO, João Maurício. *Ética e retórica* – para uma teoria da dogmática jurídica. São Paulo: Saraiva, 2010, p. 325, para uma análise retórica desses conceitos.

Não é que a norma seja um gênero do qual a lei, o contrato, a jurisprudência, o costume sejam espécies: essas fontes do direito são entendidas como expressões simbólicas, significantes linguísticos que procuram expressar significados normativos, os quais constituem a norma no caso concreto.

Expôs-se aqui sucintamente, então, como o pensamento filosófico sobre a decisão jurídica evolui do legalismo dedutivo da Escola da Exegese, passa pela moldura positivada de Kelsen, pela moldura racional de Alexy e vai da tópica até o decisionismo cético, para o qual a decisão concreta tem caráter indutivo e a regra geral é, no máximo, mais uma maneira de justificar do que de encontrar ou produzir a decisão. O problema agora é saber se essas alegadas regras gerais (das quais a lei é uma das espécies) fixam mesmo limites à decisão.

Ao entendimento do decisionismo subjaz uma filosofia irracionalista – no sentido de que não admite generalizações e todo particular é irracional – para a qual o decididor é quem constitui o direito. Pensando no Supremo Tribunal Federal brasileiro, por exemplo, isso equivale a dizer que uma decisão definitiva desse órgão literalmente não pode contradizer a Constituição, já que ele tem competência para dizer o que ela diz, *é ele quem fala por ela*. Os debates sobre a possibilidade de uma resposta correta e sobre a possibilidade de o poder judiciário fixar regras gerais (o problema do ativismo judicial) dão-se no contexto do positivismo, a forma moderna de encarar o direito e compreender o processo social que Luhmann chamou de "positivação".

Retoricamente, o termo "direito" deve ser entendido como direito positivo, no sentido de um fenômeno que pode ser percebido empiricamente, pelos órgãos dos sentidos, ou seja, faz parte do mundo dos eventos, da chamada realidade social. Tal concepção, genericamente positivista, não significa entender necessariamente que o direito se reduz à lei (o positivismo legalista) ou mesmo ao Estado (o positivismo estatalista aceita a jurisprudência e o costume *praeter legem* como fontes).

Mas já se afasta das acepções mais idealistas da palavra, no sentido de um direito válido em si mesmo, ou com referências externas válidas em si mesmas, um direito natural "correto" ou regras de racionalidade, critérios definidos como superiores, para aferição e legitimidade do direito positivo. Também se afasta das filosofias ditas pós-positivistas, que pretendem uma só resposta correta, tanto pelo viés dedutivista, que ressuscita Montesquieu, quanto pelo viés indutivista de Ronald Dworkin.

A atitude retórica diante do direito não se confunde tampouco com a do positivismo normativista de Hans Kelsen, por vários motivos: não tem pretensões de pureza metodológica, considera a neutralidade dos órgãos judicantes uma mera estratégia (retórica, claro), separa texto e norma e não acredita na fórmula dedutiva para aplicação da lei como moldura. Em outras palavras, é positivista, se contraposta às atitudes jusnaturalistas, e se aproxima de certas formas de realismo linguístico. A postura retórica opõe-se à ontológica, vez que recusa verdades éticas acima do mundo empírico e procura investigar os procedimentos circunstanciais, variáveis, autopoiéticos que vão conformar, criar, constituir o direito que se pretende estudar.

Visto sob perspectiva retórica, ouvindo Morris e Peirce, o problema diz respeito à sintaxe da linguagem prescritiva. Ocorre que a forma *sintática* – a estrutura –, pela qual o enunciado se apresenta, nem sempre permite dizer com segurança se se trata de uma descrição ou prescrição, pois é logicamente possível expressar uma prescrição normativa com o verbo "ser", por exemplo: "é preciso (deve-se) obedecer à lei". Da mesma maneira, o critério *semântico* não parece suficiente, pois por ele não se poderia atribuir um sentido de verdadeiro ou falso aos enunciados prescritivos, mas somente aos descritivos, vez que seus contextos são diferentes, para Kelsen incomunicáveis. Contudo, há enunciados que se pretendem descritivos, não constituem prescrições, mas nem por isso podem ser ditos verdadeiros ou falsos, como os metafísicos, de que é exemplo "Deus criou o Céu e a Terra". Mas Kelsen não se ocupou diretamente disso.

Resta o *critério pragmático*, que constitui um dos marcos teóricos da filosofia retórica sobre o direito: se não há distinção sintática ou semântica rigorosa entre as linguagens prescritiva e descritiva é o contexto, o uso no caso concreto, que vai determinar a diferença. Nem por isso a dicotomia de Hume, Kant e Kelsen – ser e dever ser – se afigura menos importante para a filosofia e a teoria do direito.

Conclui-se que a tese de o direito fazer parte da linguagem prescritiva é pacífica para quem aceita a diferenciação sugerida por Hume. A partir daí, inobstante, os positivistas se dividem entre aqueles que entendem a atitude da ciência do direito como prescritiva (Carlos Cossio não a separa da forma de abordagem do juiz) e os que a veem como descritiva (Hans Kelsen).

Mas a particularidade mais importante da "ciência do direito", para a retórica, independentemente da divisão entre enunciados prescritivos e descritivos, é que a opinião que se tem sobre a realidade jurídica conforma esta mesma realidade. A interferência do cientista sobre o objeto é tal que existe a zona cinzenta da doutrina, que é considerada fonte do direito (certamente uma fonte material, se não formal). Quer dizer, a ciência do direito é também normativa em um sentido literal, pois o que ela acha (opinião, *doxa*) que o direito "é" vai constituir as características do direito: se a ciência do direito considera a raça uma fonte do direito, a raça passa a ser uma fonte do direito. Mas isso não é privilégio dos cientistas, juristas, doutrinadores. Também constitui o direito aquilo que sindicatos, banqueiros, motoristas e artistas acham que o direito é.

É daí indefinida a extensão de termos como "jurídico" ou "normativo". Na filosofia retórica exposta alhures[19], tais adjetivos têm pelo menos um sentido eventual (real) e um sentido estratégico. No sentido da retórica eventual ou material, o discurso jurídico é constitutivo, faz o próprio direito, esse é um sentido que se poderia dizer "ontológico", não fosse a carga da tradição sobre a palavra; na outra acepção, significa-se um discurso sobre o direito, um discurso que tem o direito eventual, no primeiro sentido, por objeto.

No primeiro sentido, a expressão discurso "jurídico" designa a linguagem das fontes do direito, ou, metaforicamente, a linguagem da lei, da jurisprudência, dos costumes e contratos, todos convergindo na linguagem do processo decisório que trata os conflitos; no segundo sentido, a mesma expressão designa a linguagem da doutrina, da teoria dogmática sobre o direito expresso pelas fontes[20].

---

19. ADEODATO, João Maurício. *Uma teoria retórica da norma jurídica e do direito subjetivo*. São Paulo: Noeses, 2011, *passim*.
20. GUASTINI, Riccardo. *Das fontes às normas*. Tradução de Edson Bini. São Paulo: Quartier Latin, 2005, p. 45-47.

Não se deve confundir essa dicotomia retórica com aquela entre discursos descritivos e prescritivos, insista-se: diz-se descritivo um discurso que procura somente transmitir informações e prescritivo, aquele que se dirige a modificar, dirigir, influenciar a conduta das pessoas. É nessa direção que vai a mencionada distinção kelseniana entre proposição normativa e norma jurídica ou, para outros, entre doutrina (descritiva) e fonte formal propriamente dita do direito (prescritiva).

A perspectiva retórica é diversa, pois nela o doutrinador também participa da composição da norma (Friedrich Müller), assim como o legislador, o juiz e até a sociedade aberta dos intérpretes do direito posto (Peter Häberle). Aqui aplica-se um conceito próprio de retórica para defender a ideia de que verdade e justiça únicas, corretas, são ilusões altamente funcionais e que os acordos precários da linguagem não apenas constituem a máxima garantia possível, eles são as únicas. Além de serem temporários, autodefinidos e circunstanciais, referentes a promessas que são frequentemente descumpridas em suas tentativas de controlar o futuro, esses acordos são tudo o que pode ser chamado de racionalidade jurídica.

A perspectiva retórica pode, sim, aceitar a intransponibilidade entre ser e dever ser, embora não exatamente com as pretensões de cientificidade de Kant ou de Kelsen, porém como uma metáfora, uma hipótese provisória em favor das posições dualistas. Aos monismos que defendem ser a ética física e quimicamente determinada (materialistas) ou que toda a natureza é valor, consciência e espírito (espiritualistas) cabe o ônus da prova. No estado atual das ciências parece não se conseguirem demonstrar relações causais na esfera axiológica, nem consciência ou valor na natureza.

Separar ser e dever ser é estratégia ética na medida em que o que Kelsen chama de dever ser consiste em uma projeção *para o futuro*, porém que *constitui agora* um mundo de mútuas promessas e controla a complexidade atual, a principal função da norma. Aceitar a instransponibilidade entre ser e dever ser se compatibiliza então com a recusa retórica da etiologia e da escatologia também no plano da ética, porque assim as opções éticas estão à disposição do ser humano, são sua responsabilidade e só por sua vontade o mundo dos eventos é normatizado. Em linguagem kelseniana, aceitar que não se podem retirar normas de fatos, pois uma opção normativa tem que ter por base outra opção normativa.

Fazer essa separação não é o mesmo que diferençar as formas de abordagem descritiva e prescritiva, apesar de sua íntima relação. Isso porque, como bem mostrou Kelsen com seu conceito de proposição jurídica, também a esfera do dever ser pode ser descrita. Para a teoria retórica aqui defendida, a abordagem prescritiva (normativa) é uma forma de adaptação ao ambiente e constitui um importante componente do que se pode chamar de razão humana, que pensa no futuro, teme suas incertezas e precisa controlá-las.

Assim, as etiologias e escatologias da visão moderna de história, dominada pelos sucessos de uma ciência predatória e contrária ao humanismo e ao estudo da retórica, são danosas. Essas perspectivas são contrárias à retórica porque veem os fatos históricos em termos de causa e efeito, o passado como causa do presente (etiologia) e, por isso mesmo, consideram possível prever e até provocar os fins da história, o presente como causa do futuro (escatologia). E ainda se alia a um injustificado otimismo, que incluiu pensar o presente como superior ao passado e a ideia de que sempre se evolui para melhor.

Para combater os postulados ontológicos das etiologias e escatologias, a retórica adota assim uma perspectiva sisífica sobre o futuro. Se Sísifo, supliciado pelos deuses, não sabe até onde conseguirá carregar a pedra montanha acima, a humanidade tampouco pode saber aonde vai chegar, pois o presente é construído paulatinamente. Sísifo representa a humanidade, a pedra é a história e a montanha íngreme é o mundo[21].

A retórica é contra a etiologia porque não acredita em uma teoria sobre a origem das coisas estribada no conceito de causalidade. Não a causalidade entre fenômenos aparentes, como o fogo e o calor, que pode ser aceita na medida do senso comum (um fenômeno provoca expectativa de outro), mas sim aquela que pretende relacionar efeitos perceptíveis a causas imperceptíveis (*adelon*, na expressão de Sextus Empiricus). A etiologia também pretende associar causas específicas a efeitos específicos, quando nada pode garantir esse isolamento diante da multiplicidade de dados envolvidos em um contexto de causa e efeito.

A retórica é contrária à escatologia porque não acredita que a história tenha um fim ou finalidade detectável, o que também se relaciona com o ceticismo a respeito das causas. Pode-se aprender muito com a história, mas não se pode prever o futuro, que não existe. Mais ainda, a concepção retórica parte da suposição de que os fenômenos históricos jamais se repetirão e todo evento é único. Mas é forçoso reconhecer que as etiologias e escatologias das ciências acalmam os seres humanos, que são condenados a pensar sobre o inefável, sobre seu futuro, sobre aquilo que não existe e jamais existirá, posto que quando vier será presente. Por isso elas atrapalham as filosofias, inclusive do direito.

> Nesse sentido vivemos ainda na Idade Média, a história é sempre ainda uma teologia disfarçada: como, do mesmo modo, o terror sagrado com que o leigo em ciência trata a casta científica é um terror sagrado herdado do clero.[22]

Se a concepção retórica de norma expressa uma promessa atual para controle do futuro e recusa as etiologias e escatologias, aparece o caráter imponderável e consequente imprevisibilidade da decisão jurídica, o que inviabiliza a possibilidade – e mais ainda a necessidade – de respostas corretas no processo.

Uma reflexão final deve ser feita sobre o problema do valor, primordial na filosofia do direito. A questão axiológica envolve a noção de legitimidade, cuja evolução no Ocidente pode ser vista como um caminho que vai progressivamente da crença em conteúdos éticos prévios dos jusnaturalismos até a total disponibilidade ética dos positivismos, num processo descontínuo, é certo, sisífico, porém facilmente perceptível, já denominado um "progressivo esvaziamento de conteúdo axiológico nos fundamentos do direito

---

21. ADEODATO, João Maurício. *Ética e retórica* – para uma teoria da dogmática jurídica. São Paulo: Saraiva, 2009. Sobre Sísifo, p. 270; sobre os argumentos de Enesidemo e Sextus Empiricus contra a etiologia, p. 395 s.
22. NIETZSCHE, Friedrich Wilhelm. *Unzeitgemässe Betrachtungen II*, in COLLI, Giorgio – MONTINARI, Mazzino (Hrsg.): *Friedrich Nietzsche, Kritische Studienausgabe* – in fünfzehn Bände, vol. I. Berlin: Walter de Gruyter, 1988, p. 305 (Von Nutzen und Nachteil der Historie für das Leben, § 8): „In diesem Sinne leben wir noch im Mittelalter, ist Historie immer noch eine verkappte Theologie: wie ebenfalls die Ehrfurcht, mit welcher der unwissenschatliche Laie die wissenschaftliche Kaste behandelt, eine vom Clerus her vererbte Ehrfurcht ist".

positivo"[23]. Daí as ilações superficiais feitas entre Kelsen e o nazismo. Assim como Max Weber, Kelsen percebeu muito claramente que o direito moderno perdia referências éticas externas e que a ideia tradicional de legitimidade passava a identificar-se não somente com a legalidade, mas com a validade mesma do direito positivo: justo, ético, legítimo é aquele direito produzido por autoridade competente, segundo um rito de elaboração prescrito pelo próprio ordenamento jurídico. Não há mais o intrinsecamente justo, substantivado na expressão "legitimidade", mas sim um processo, uma ação legitimante, "legitimação", levada a efeito internamente pelo próprio sistema jurídico[24].

Muitas críticas podem ser feitas à vasta obra de Hans Kelsen. Mas este texto não se filia a leituras superficiais feitas no Brasil e considera a grande importância desse autor, que não inventou, mas simplesmente viu antes dos outros o crescimento do papel da vontade dos agentes decisórios no caso concreto e a obsolescência da concepção exegética, hoje chamada de "resposta correta".

---

23. ADEODATO, João Maurício. *O problema da legitimidade* – no rastro do pensamento de Hannah Arendt. Rio de Janeiro: Forense-Universitária, 1989, p. 29 s.
24. LUHMANN, Niklas. *Legitimation durch Verfahren*. Frankfurt a.M.: Suhrkamp, 1983, *passim*.

III – Teoria do Ordenamento Jurídico

HANS KELSEN E A TEORIA DA CONSTITUIÇÃO

Gilberto Bercovici

Doutor em Direito do Estado e Livre-Docente em Direito Econômico pela Universidade de São Paulo. Professor Titular de Direito Econômico e Economia Política da Faculdade de Direito da Universidade de São Paulo. Professor do Programa de Pós-Graduação em Direito Político e Econômico da Universidade Presbiteriana Mackenzie.

A Teoria da Constituição vai se firmar no século XX, fruto das discussões desenvolvidas no célebre "Debate de Weimar", em torno da crise da Teoria Geral do Estado[1]. O positivismo jurídico de Carl Friedrich Gerber e de Paul Laband esqueceu-se do substrato social do Estado, impondo o método jurídico como o único possível. Embora fosse privilegiado o rigor científico, todos os problemas concretos da Teoria do Estado foram banidos como metajurídicos[2]. A impossibilidade de aplicação do método jurídico para Heller ficava evidente: se o método positivista fosse levado realmente a sério, tornaria impossível uma disciplina como a Teoria Geral do Estado[3]. E foi exatamente isto que Hans Kelsen propôs.

Quando Hans Kelsen propõe a aplicação do método jurídico positivista até as últimas consequências, teria gerado, nas palavras de Heller, uma "Teoria do Estado sem Estado" (*"Staatslehre ohne Staat"*)[4], a crise da Teoria Geral do Estado torna-se, então, evidente. A crise da Teoria Geral do Estado vai gerar a discussão, em meu entendimento, de três grandes propostas para sua superação. Todas descartam a continuidade da Teoria Geral do Estado nos moldes consagrados por Georg Jellinek[5]. Duas propostas vão substituir

---

1. HELLER, Hermann. "Die Krisis der Staatslehre" in *Gesammelte Schriften*, 2. Ed. Tübingen, J.C.B. Mohr (Paul Siebeck), 1992, v. 2, p. 5 e 14-15. A bibliografia sobre o debate metodológico travado durante a República de Weimar é imensa. Vide, por todos, FRIEDRICH, Manfred. "Der Methoden – und Richtungsstreit: Zur Grundlagendiskussion der Weimarer Staatsrechtslehre", *Archiv des öffentlichen Rechts*, v. 102, p. 161-209; STOLLEIS, Michael. *Geschichte des öffentlichen Rechts in Deutschland*, München, Verlag C.H. Beck, 1999, v. 3, p. 153-202 e BERCOVICI, Gilberto. *Constituição e estado de exceção permanente*: atualidade de Weimar. Rio de Janeiro: Azougue Editorial, 2004.
2. Sobre as concepções de Gerber e de Laband, vide BERCOVICI, Gilberto. *Soberania e Constituição*: para uma crítica do constitucionalismo. 2. ed. São Paulo, Quartier Latin, 2013, p. 244-253.
3. HELLER, Hermann. "Die Krisis der Staatslehre" *cit.*, p. 8-10 e 12-13.
4. HELLER, Hermann, "Die Krisis der Staatslehre" *cit.*, p. 15-24. Vide também VASCONCELOS, Arnaldo. *Teoria Pura do Direito*: repasse crítico de seus principais fundamentos. Rio de Janeiro: Forense, 2003, p. 20, 118 e 150.
5. Apesar de sua intenção em estabelecer e fundamentar uma teoria jurídica do Estado, Georg Jellinek admitia a possibilidade da existência de uma teoria sociológica do Estado. Para ele, a Teoria Geral do Estado deveria se ater a dois aspectos básicos: o Estado é uma construção social e uma instituição jurídica, havendo, portanto, a possibilidade de uma doutrina sociológica e uma doutrina jurídica do Estado. A doutrina sociológica teria por objeto de estudo o "ser" do Estado, por meio dos fatos, da história, em suma, um exame "naturalista" do Estado. Já a doutrina jurídica estudaria as normas que "devem ser", normas estas diferenciadas das afirmações do "ser" do Estado enquanto fenômeno social. Não seria possível, todavia, introduzir métodos de investigação estranhos ao campo jurídico na Teoria Geral do Estado: embora se proponha a completar a concepção social de Estado, a concepção jurídica não pode ser confundida com ela. Cf. JELLINEK, Georg. *Allgemeine Staatslehre*, reimpr. da 3. ed. Darmstadt: Wissenschaftliche Buchgesellschaft, 1960, p. 10-21, 34-42, 50-52 e 137-140. Sobre Georg Jellinek e a Teoria Geral do Estado, vide BERCOVICI, Gilberto. *Soberania e Constituição cit.*, p. 253-259.

a velha Teoria Geral do Estado pela nova Teoria da Constituição. De um lado, a visão da Constituição exclusivamente como norma jurídica (Hans Kelsen). De outro, as Teorias Materiais da Constituição, vista agora como algo mais do que uma simples norma jurídica, mas como lei global da vida política do Estado e da sociedade (Carl Schmitt e Rudolf Smend). Finalmente, a terceira proposta busca a renovação metodológica completa da Teoria Geral do Estado, que deveria ser substituída pela Teoria do Estado como ciência da realidade (Hermann Heller).

Neste debate metodológico do direito público, a crítica mais comum que se fez a Hans Kelsen foi a de ser o último representante do "labandismo", o ápice da tradição jurídica positivista[6]. Esta crítica se fundamenta na radicalização que Kelsen faz do positivismo, ao igualar a Teoria Geral do Estado à Teoria Geral do Direito. Para Kelsen, o Estado é um sistema de normas, assim, não pode ser mais do que o ordenamento jurídico. As relações entre o Estado e o direito significam, para Kelsen, identidade entre ambos, ao identificar o Estado com o ordenamento jurídico positivo. Sendo o Estado o próprio ordenamento jurídico, a Teoria do Estado passa a ser possível enquanto disciplina jurídica, coincidindo com a Teoria do Direito[7]. Dentro de sua teoria, Kelsen, ainda, isola o Estado (=ordenamento) da política, pois a política é a doutrina do Estado justo, ideal, distinguindo-se da Teoria do Estado, que é a doutrina do Estado possível, concreto e real, que é o direito positivo[8].

Há, no entanto, alguns autores, como Maurizio Fioravanti, que veem em Kelsen não a continuidade, mas a ruptura com a tradição positivista oitocentista. Ruptura configurada com sua primeira grande obra, *Hauptprobleme der Staatsrechtslehre*, de 1911, em que Kelsen elabora uma série de críticas à "doutrina dominante" na Teoria Geral do Estado[9]. Discordo deste ponto de vista, pois as grandes críticas que Kelsen faz à "doutrina dominante" são dirigidas não à escola positivista de Gerber e Laband, mas a Georg Jellinek, como irei destacar adiante[10].

Kelsen afirma que a conceituação de Estado e direito como entes distintos gera, como consequência, a distinção entre uma teoria sociológica e uma teoria jurídica do Estado, conforme Jellinek havia proposto. Isto tornaria a Teoria Geral do Estado contraditória, pois o Estado seria objeto de duas ciências totalmente distintas, com dualidade de méto-

---

6. Vide HELLER, Hermann. "Die Krisis der Staatslehre" *cit.*, p. 15-16. Vide, ainda, VASCONCELOS, Arnaldo. *Teoria Pura do Direito cit.*, p. 39-42 e 106-107.

7. KELSEN, Hans. *Der soziologische und der juristische Staatsbegriff: Kritische Untersuchung des Verhältnisses von Staat und Recht*, reimpr. da 2. ed. Aalen, Scientia Verlag, 1962, p. 86-91 e KELSEN, Hans. *Allgemeine Staatslehre*, reimpr., Wien, Verlag der Österreichischen Staatsdruckerei, 1993, p. 16-18, 52-54 e 74-76.

8. KELSEN, Hans. *Allgemeine Staatslehre cit.*, p. 27-28, 44-45 e 80. Sobre as ligações entre a teoria política e a Teoria Geral do Estado em Kelsen, vide HERRERA, Carlos Miguel. *Théorie Juridique et Politique chez Hans Kelsen*. Paris: Éditions Kimé, 1997, p. 20-26.

9. FIORAVANTI, Maurizio. "Kelsen, Schmitt e la Tradizione Giuridica dell'Ottocento" *in La Scienza del Diritto Pubblico: Dottrine dello Stato e della Costituzione tra Otto e Novecento*, Milano, Giuffrè, 2001, v. 2, p. 610-626 e 653. Vide também HERRERA, Carlos Miguel. *Théorie Juridique et Politique chez Hans Kelsen cit.*, p. 71-72.

10. Sobre a proximidade entre as críticas a Jellinek feitas por Kelsen com as elaboradas por Laband, vide PAULY, Walter. *Der Methodenwandel im deutschen Spätkonstitutionalismus: Ein Beitrag zu Entwicklung und Gestalt der Wissenschaft vom öffentlichen Recht im 19. Jahrhundert*, Tübingen, Mohr Siebeck, 1993, p. 222-223. Para uma exposição das relações entre Kelsen e Jellinek (de quem o primeiro foi, por certo período, aluno), vide HERRERA, Carlos Miguel. *Théorie Juridique et Politique chez Hans Kelsen cit.*, p. 81-85.

dos e diversidade de finalidades e questionamentos. Para solucionar esta problemática, Kelsen destaca como específico do Estado, do ponto de vista jurídico, o fato de este ser um sistema de normas. Assim, a existência objetiva do Estado seria a própria validade objetiva das normas que constituem a ordem estatal[11].

Pelos mesmos motivos que tornariam impossível uma teoria sociológica do Estado e uma teoria jurídica do Estado coincidentes sobre o mesmo objeto, Kelsen critica a teoria da autolimitação do Estado elaborada por Jellinek. A ideia do Estado se autolimitar pelo seu próprio direito, segundo Kelsen, é contraditória, pois cria uma dualidade entre Estado e direito que não é possível na Ciência do Direito. Afinal, o Estado não pode ser limitado pelo seu ordenamento jurídico, pois são ambos a mesma coisa, o Estado é o ordenamento jurídico[12].

Kelsen entende a constituição como democrática porque ela recusa qualquer unidade pré-constituída. A constituição consente o pluralismo e tem mecanismos de garantia contra as tentativas de rompimento do equilíbrio entre as forças políticas e sociais: o tribunal constitucional[13]. A democracia de Kelsen implica no primado da constituição, para a garantia das regras procedimentais de formação da vontade política e proteção das minorias e do pluralismo. O poder legislativo, para Kelsen, é limitado pela supremacia da constituição[14]. Kelsen defendia o primado do parlamento e dos partidos políticos, pois concebia como a principal função do Estado a função legislativa[15]. Kelsen, no entanto, rejeita o poder constituinte do povo. O poder constituinte representa os momentos de transição da estrutura jurídico-política, podendo coincidir, mas não necessariamente, com a revolução. Apenas irão coincidir caso se utilize o conceito formal kelseniano de revolução[16].

---

11. KELSEN, Hans. *Hauptprobleme der Staatsrechtslehre*, reimpr. da 2. ed. Aalen: Scientia Verlag, 1960, p. XVI-XXII (prefácio à 2. ed., de 1923); KELSEN, Hans. *Der soziologische und der juristische Staatsbegriff cit.*, p. 105-106 e 114-132 e KELSEN, Hans. *Allgemeine Staatslehre cit.*, p. 6-7, 14-15 e 19-21.

12. Vide as críticas kelsenianas em KELSEN, Hans. *Hauptprobleme der Staatsrechtslehre cit.*, p. 395-412 e 429-450; KELSEN, Hans. *Der soziologische und der juristische Staatsbegriff cit.*, p. 132-140; KELSEN, Hans. *Allgemeine Staatslehre cit.*, p. 74-76 e KELSEN, Hans. *Reine Rechtslehre*, reimpr. da 2. ed. Wien: Verlag der Österreichische Staatsdruckerei, 1992, p. 288-289, 314-315 e 319-320. A solução de Kelsen é a identificação do Estado com o ordenamento jurídico. Vide, ainda, DREIER, Horst. *Rechtslehre, Staatssoziologie und Demokratietheorie bei Hans Kelsen*, 2. Ed. Baden-Baden: Nomos Verlagsgesellschaft, 1990, p. 208-219.

13. FIORAVANTI, Maurizio. *Costituzione*, Bologna: Il Mulino, 1999, p. 156-157.

14. Vide BONGIOVANNI, Giorgio. *Reine Rechtslehre e Dottrina Giuridica dello Stato: H. Kelsen e la Costituzione Austriaca del 1920*, Milano: Giuffrè, 1998, p. 120-129. Para os vínculos entre a teoria da democracia de Kelsen com sua teoria pura do direito, vide DREIER, Horst. *Rechtslehre, Staatssoziologie und Demokratietheorie bei Hans Kelsen cit.*, p. 278-294. Sobre a necessidade de adoção de uma concepção de democracia formal e procedimental, e não de uma democracia substancial, vide KELSEN, Hans. *Vom Wesen und Wert der Demokratie*, reimpr. da 2. ed. Aalen: Scientia Verlag, 1981, p. 93-97; DREIER, Horst. *Rechtslehre, Staatssoziologie und Demokratietheorie bei Hans Kelsen cit.*, p. 251-259; CARRINO, Agostino. *L'Ordine delle Norme: Stato e Diritto in Hans Kelsen*, 3. ed. Napoli: Edizioni Scientifiche Italiane, 1992, p. 221-240 e HERRERA, Carlos Miguel. *Théorie Juridique et Politique chez Hans Kelsen cit.*, p. 118-125.

15. Vide KELSEN, Hans. "Das Problem des Parlamentarismus". In: KLECATSKY, Hans; MARCIC, René; SCHAMBECK, Herbert (Org.). *Die Wiener Rechtstheoretische Schule: Schriften von Hans Kelsen, Adolf Merkl, Alfred Verdross*. 2. ed. Stuttgart/Wien, Franz Steiner Verlag/Verlag Österreich, 2010, v. 2, p. 1661-1687; KELSEN, Hans. *Vom Wesen und Wert der Demokratie cit.*, p. 18-37; HERRERA, Carlos Miguel. *Théorie Juridique et Politique chez Hans Kelsen cit.*, p. 125-132 e BONGIOVANNI, Giorgio. *Reine Rechtslehre e Dottrina Giuridica dello Stato cit.*, p. 66-80.

16. Para o conceito de revolução de Kelsen e da Escola de Viena e sua crítica, vide KELSEN, Hans. *Reine Rechtslehre cit.*, p. 212-215 e CATTANEO, Mario A. *El Concepto de Revolución en la Ciencia del Derecho*. Buenos Aires: Depalma,

GILBERTO BERCOVICI

Hans Kelsen tenta, assim, excluir a noção de soberania, bem como a de poder constituinte, do universo constitucional. Kelsen defende que não há centro político, não há um soberano concreto. A soberania não é uma substância ou fato, mas uma ideia, um pressuposto. Com o término do projeto moderno, deve ser superada a noção de soberania do povo ou do rei. A soberania deve ser abstrata, a-histórica, representada pela norma fundamental. O fundamento da soberania para Kelsen, assim, não é concreto e externo ao sistema normativo, como entendem Schmitt e Heller. A soberania tem seu fundamento abstrato e interno ao ordenamento. Kelsen, para Herrera, não promove a negação, mas a dissolução da soberania. O único soberano é o ordenamento jurídico em seu complexo, sua unidade e coerência lógica. O direito é positivo quando coincide com a soberania, ou seja, com a norma fundamental pressuposta. Kelsen, segundo Carrino, busca tornar viva a abstração, consolidando o domínio da forma, do direito moderno e abstrato, entendido como auto referencial e autofundado na norma fundamental[17].

O relativismo de Kelsen se justifica pela sua compreensão da teoria do Estado como ciência do espírito, dissolvendo o Estado na oposição forma/conteúdo. O Estado é um mero meio de manter a ordem e a paz. Kelsen se preocupa com a possibilidade do direito e do Estado, não com sua realidade. A formalização lógica do fenômeno jurídico busca reduzir o poder pela racionalização formal-normativa do irracional. No entanto, segundo Carrino, esse relativismo kelseniano se torna absoluto, pois Kelsen o entende como aplicável a todo ordenamento como a verdadeira concepção de direito. Portanto, a teoria de Kelsen é relativista, mas não é neutra. Privilegia o domínio da forma, do abstrato, como parte do processo de racionalização, recusando qualquer concepção orgânica. Kelsen parte de uma visão atomística da sociedade, com a normativização completa do Estado, ou seja, sua dessubstancialização. Para Kelsen, não existe povo, a unidade do Estado só existe na esfera fictícia do ordenamento. A democracia é entendida como racionalidade e calculabilidade, garantia da certeza do direito. A normatividade, para Kelsen, é entendida como normalidade e estabilidade[18].

1968, p. 45-50 e 80-85. Para as relações entre poder constituinte e revolução, vide, ainda, BEAUD, Olivier. *La Puissance de l'État*, Paris: PUF, 1994, p. 369-375.

17. KELSEN, Hans. *Das Problem der Souveränität und die Theorie des Völkerrechts: Beitrag zu einer Reinen Rechtslehre*, reimpr. da 2. ed. Aalen: Scientia Verlag, 1981, p. 1-53, 85-101 e 319-320; KELSEN, Hans. "Die Lehre von den drei Gewalten oder Funktionen des Staates". In: KLECATSKY, Hans; MARCIC, René; SCHAMBECK, Herbert (Org.). *Die Wiener Rechtstheoretische Schule cit.*, v. 2, p. 1656-1657; KELSEN, Hans. *Allgemeine Staatslehre cit.*, p. 102-119 e 252-253; DREIER, Horst. *Rechtslehre, Staatssoziologie und Demokratietheorie bei Hans Kelsen cit.*, p. 42-56; CARRINO, Agostino. *L'Ordine delle Norme cit.*, p. 67-75; HEBEISEN, Michael W. *Souveränität in Frage gestellt: Die Souveränitätslehren von Hans Kelsen, Carl Schmitt und Hermann Heller im Vergleich*, Baden-Baden: Nomos Verlagsgesellschaft, 1995, p. 199-214, 221-246 e 249-278; HERRERA, Carlos Miguel. *Théorie Juridique et Politique chez Hans Kelsen cit.*, p. 115-118 e CARRINO, Agostino. "Kelsen e il Tramonto della Sovranità" in *Sovranità e Costituzione nella Crisi dello Stato Moderno: Figure e Momenti della Scienza del Diritto Pubblico Europeo*, Torino: G. Giappichelli Editore, 1998, p. 51-54, 63-64, 71-75, 82-92 e 107-111. Sobre a norma fundamental, vide especialmente KELSEN, Hans. *Reine Rechtslehre cit.*, p. 196-227. Para a crítica à concepção de soberania de Kelsen, vide, ainda, BEAUD, Olivier. *La Puissance de l'État cit.*, p.19-22.

18. KELSEN, Hans. "Staatsform und Weltanschauung". In: KLECATSKY, Hans; MARCIC, René; SCHAMBECK, Herbert (Org.). *Die Wiener Rechtstheoretische Schule cit.*, v. 2, p. 1938-1941; KELSEN, Hans. *Allgemeine Staatslehre cit.*, p. 368-371; KELSEN, Hans. *Vom Wesen und Wert der Demokratie cit.*, p. 14-18 e 98-104; DREIER, Horst. *Rechtslehre, Staatssoziologie und Demokratietheorie bei Hans Kelsen cit.*, p. 259-278; CARRINO, Agostino. *L'Ordine delle Norme cit.*, p. 20-22, 65-67 e 105-133; HERRERA, Carlos Miguel. *Théorie Juridique et Politique chez Hans Kelsen cit.*, p. 103-110 e CARRINO, Agostino. "Kelsen e il Tramonto della Sovranità" *cit.*, p. 76-78. Para a polêmica em torno

Talvez esta seja a grande inovação de Hans Kelsen: a substituição da Teoria Geral do Estado pela Teoria da Constituição[19]. Kelsen destaca a importância da juridicidade da Constituição, indo além da ideia da Constituição estatal: a base da Constituição não é o Estado ou a "força normativa dos fatos", mas a norma fundamental, que não é posta, mas pressuposta.

Segundo Kelsen, a estrutura hierárquica do processo de criação do direito termina em uma norma fundamental que fundamenta a unidade do ordenamento jurídico. A norma fundamental é hipotética, não positivada, portanto, não é determinada por nenhuma norma superior do direito positivo. Esta norma fundamental é a "Constituição em sentido lógico-jurídico" (*Verfassung im rechtslogischen Sinne*), que institui um órgão criador do direito, um grau inferior que estabelece as normas que regulam a elaboração da legislação. Este órgão é a Constituição propriamente dita, ou "Constituição em sentido jurídico-positivo" (*Verfassung im positivrechtlichen Sinne*)[20].

O conteúdo da Teoria Geral do Estado, para Kelsen, é o estudo dos problemas referentes à validade e produção da ordem estatal, ou seja, do ordenamento jurídico. Estes problemas de criação do ordenamento jurídico (criação do direito e fundamentação da unidade do ordenamento), como vimos acima, são compreendidos sob o conceito de Constituição. Desta forma, para Hans Kelsen, a Teoria Geral do Estado coincide com a Teoria Geral da Constituição (*"so bedeutet Allgemeine Staatslehre auch eine allgemeine Verfassungslehre"*)[21].

Ao identificar Estado e ordenamento jurídico, Kelsen tira do Estado de direito qualquer conteúdo específico[22]. O Estado constitucional, para Kelsen, é apenas a forma moderna do Estado de direito, consolidando a soberania do ordenamento jurídico, cujo pressuposto lógico é a norma fundamental. A definição completa de Estado constitucio-

---

do liberalismo de Kelsen, vide HERRERA, Carlos Miguel. *Théorie Juridique et Politique chez Hans Kelsen cit.*, p. 216-232.

19. No mesmo sentido, vide Pedro de Vega García: *"Se había refugiado el positivismo jurídico en una Teoría General del Estado abstracta e intemporal que le había permitido, por una parte, ocultar los grandes problemas políticos y sociales de la realidad histórica, y, por outra, prescindir de la lógica del Estado Constitucional tal y como fue planteada en los procesos revolucionarios burgueses. De alguna manera lo que hace Kelsen es reaccionar contra esse doble abandono. Es verdad que su teoría pura del Derecho y del Estado sigue presentándose en términos de abstracción y atemporalidad, y que su concepción de la democracia como método y como respeto a las reglas de juego de los distintos intereses sociales, continúa apareciendo como una doctrina avalorativa y neutral. Pero no lo es menos que sus rectificaciones a la lógica jurídica del positivismo clásico (con la crítica, por ejemplo, a la distinción entre ley formal y material), y la eliminación arbitraria de las identidades entre pueblo y Estado, le íban a permitir convertirse en pionero y protagonista de ese singular cambio histórico que supuso el paso de la razón de Estado a la razón de Constitución".* GARCÍA, Pedro de Vega. "El Tránsito del Positivismo Jurídico al Positivismo Jurisprudencial en la Doctrina Constitucional", *Teoría y Realidad Constitucional* n. 1, janeiro/junho de 1998, p.74-75.

20. KELSEN, Hans. *Allgemeine Staatslehre cit.*, p. 248-250.

21. KELSEN, Hans. *Allgemeine Staatslehre cit.*, p. 45-46.

22. KELSEN, Hans. *Hauptprobleme der Staatsrechtslehre cit.*, p. XVI-XXII; KELSEN, Hans. *Allgemeine Staatslehre cit.*, p. 14-21; KELSEN, Hans. *Reine Rechtslehre cit.*, p. 289-320; HEUSCHLING, Luc. *État de Droit, Rechtsstaat, Rule of Law*, Paris, Dalloz, 2002, p. 106-107 e VASCONCELOS, Arnaldo. *Teoria Pura do Direito cit.*, p. 34. Esta é uma das explicações que justificam a afirmação, difundida a partir de Gustav Radbruch, de que o positivismo teria permitido o nazismo. No entanto, historicamente, isto não é verdadeiro. Após 1933, a maioria dos juristas que permaneceram na Alemanha não eram positivistas. O positivismo não era, inclusive, a doutrina oficial do Terceiro Reich, sendo, inclusive, várias vezes denunciado por seu caráter "judaizante". O nazismo foi fundamentado por uma doutrina muito peculiar do jusnaturalismo. Vide HEUSCHLING, Luc. *État de Droit, Rechtsstaat, Rule of Law cit.*, p. 518-522.

nal, no entanto, só advém após a adoção da *Stufenbaulehre* de Merkl[23] por Kelsen, que passa a compreender a constituição como o princípio supremo da organização estatal. A visão do ordenamento jurídico passa a ser dinâmica, sendo a constituição a principal fonte do direito e com a legislação considerada como a função jurídica por excelência. E, por ser função jurídica, passível de controle jurisdicional[24].

A última mudança viria em 1964. Neste ano, revendo sua teoria da norma fundamental, no texto *"Die Funktion der Verfassung"*, Kelsen afirma que a norma fundamental se identifica diretamente com uma constituição determinada, ou seja, a constituição é a verdadeira norma fundamental de um ordenamento jurídico. A soberania, assim, não pertenceria ao ordenamento, mas à constituição. Kelsen, na expressão de Frosini, completa o seu trajeto, partindo da negação da soberania para chegar na soberania da constituição[25].

---

23. MERKL, Adolf. "Prolegomena einer Theorie des rechtlichen Stufenbaues". In: KLECATSKY, Hans; MARCIC, René; SCHAMBECK, Herbert (Org.). *Die Wiener Rechtstheoretische Schule cit.*, v. 2, p. 1071-111.

24. KELSEN, Hans. *Hauptprobleme der Staatsrechtslehre cit.*, p. XII-XVI; KELSEN, Hans. "Die Lehre von den drei Gewalten oder Funktionen des Staates" *cit.*, p. 1634 e 1650-1652; KELSEN, Hans. *Allgemeine Staatslehre cit.*, p. 248-250; KELSEN, Hans. *Reine Rechtslehre cit.*, p. 228-230; DREIER, Horst. *Rechtslehre, Staatssoziologie und Demokratietheorie bei Hans Kelsen cit.*, p. 129-136 e BONGIOVANNI, Giorgio. *Reine Rechtslehre e Dottrina Giuridica dello Stato cit.*, p. 80-85 e 91-120.

25. KELSEN, Hans. "Die Funktion der Verfassung". In: KLECATSKY, Hans; MARCIC, René; SCHAMBECK, Hebert (Org.). *Die Wiener Rechtstheoretische Schule cit.*, v. 2, p. 1975-1979; CARRINO, Agostino. *L'Ordine delle Norme cit.*, p. 145-147 e FROSINI, Tommaso Edoardo. *Sovranità Popolare e Costituzionalismo*, Milano: Giuffrè, 1997, p. 18-27.

PONTES DE MIRANDA, HANS KELSEN E OS DEBATES SOBRE A JURISDIÇÃO CONSTITUCIONAL NA ASSEMBLEIA CONSTITUINTE DE 1933-1934

Marcio Augusto de Vasconcelos Diniz

Doutor em Direito (UFMG/Johann Wolfgang Goehte Universität). Professor-Associado da Faculdade de Direito da UFC. Procurador do Município de Fortaleza. Advogado.

"A Constituição sobrepõe-se à entidade central, às componentes, aos próprios indivíduos e a todos os órgãos do Estado. A subordinação é que é igual. Todos são igualmente subordinados à Constituição. No momento em que a guarda da constituição decide, é povo mesmo que se pronuncia". Pontes de Miranda. *Comentários à Constituição de 1946.* v. I. SP: Max Limonad. 1953, p. 161.

"... es una cuestión grave la de desentrañar si debe mezclarse al juez en el juego constitucional. El problema tiene su pro y su contra. Si se le mezcla, puede estimularse en él una ambición política; si no se le mezcla, pueden resultar ineficaces las reglas de la Constitución". Maurice Hauriou. *Princípios de Derecho Público y Constitucional.* 2. ed., Madrid: Instituto Editorial Reus, s/d, p. 332-333.

Sumário: 1. A teoria pura do direito. 2. O conceito de norma jurídica na teoria pura do direito. 3. Validade e eficácia na teoria pura do direito. 4. A lei inconstitucional na teoria pura do direito. 5. O controle da constitucionalidade das leis. Sistema norte-americano e sistema europeu. A Constituição Republicana Brasileira de 1891. 6. A jurisdição constitucional no pensamento de Hans Kelsen. O debate com Carl Schmitt sobre o guardião da constituição. 7. Hans Kelsen e a proposta de criação de uma corte constitucional na constituinte brasileira (1933-1934).

Este trabalho trata de um debate. Um debate entre ausentes, mas cujas doutrinas e pensamentos foram expostos e polemizados durante a Assembleia Constituinte de 1933-1934. O tema: a criação de uma Corte Constitucional para o Brasil, segundo o modelo europeu, ou a permanência, ainda que algumas alterações, do sistema de controle difuso da constitucionalidade das leis estruturado na Constituição de 1891. Os autores cujas ideias são postas em confronto: Pontes de Miranda e Hans Kelsen.

A doutrina de Hans Kelsen, nos primeiros anos de sua vida acadêmica, não era desconhecida da comunidade jurídica brasileira. Bastam, aqui, por exemplo, as referências feitas às obras *Allgemeine Staatslehre* (traduzida em 1938 para o português por Fernando de Miranda e traduzida para o idioma espanhol em 1934 por Luis Legaz y Lacambra e Luis Récasens Siches e Justino de Azcarate) e *Reine Rechtslehre* (traduzida em 1939, para o português por Fernando de Miranda e em 1962 por João Baptista Machado; traduzida em 1941 para o idioma espanhol por Jorge G. Tejerina) em diversas passagens das *Memórias* de Miguel Reale e na *História das Ideias Jurídicas no Brasil* de A. L. Machado Neto.

Ainda no ano de 1933, o próprio Hans Kelsen ofertou parecer acerca de questões ligadas à soberania nacional e ao poder constituinte e sobre a posição adotada pelo Governo Provisório no funcionamento da Assembleia Nacional Constituinte de 1933-1934[1].

Oscar Sarlo, por fim, noticia a visita feita por Kelsen ao Rio de Janeiro, quando de seu retorno das palestras e debates em Buenos Aires:[2]

> "Hasta donde hemos podido averiguar, la visita de Kelsen a Brasil no estaba en sus planes iniciales, concertándose cuando ya estaba en Buenos Aires, según parece desprenderse de un comentario de Cossio (Kelsen-Cossio, 1952:86).
>
> Gracias al testimonio del Prof. Miguel Reale, sabemos que los arreglos habrían sido realizados por el influyente jurista y político Dr. Bilac Pinto Cabe suponer que también haya participado en las gestiones y en su recepción el Dr. Hans Klinghoffer, exalumno de Kelsen en Viena, radicado desde tiempo atrás en Brasil, y muy allegado en su momento al gobierno de Getulio Vargas. (…)
>
> Como vimos, Kelsen había arribado a Río el jueves 25 de agosto, y el lunes 29 dictó una conferencia ante el Núcleo de Derecho Público de la Fundación Getulio Vargas sobre *El pacto del Atlántico y la Carta de las Naciones Unidas*. (Cfr. Bibliografía HKI, item 288). El miércoles 31 de agosto, cumplidas las 3 conferencias pactadas, se le confiere el título de Doctor Honoris Causa por la Fundación Getulio Vargas (Métall, 1969:103). Cumplidas estas actividades, Kelsen retoma el buque de regreso a New York."

Em resumo: a participação de Kelsen, na Assembleia Constituinte de 1933-1934 deu-se, apenas, com a emissãoo do referido parecer. O que nos interesse, a partir de agora, é expor as matrizes fundamentais do pensamento do jurista alagoano (que estava mais familiarizado com outros escritos kelsenianos) e do jurista austríaco, e mostrar como seu deu, na própria Constituinte, o debate entre suas ideias acerca da jurisdição constitucional.

1.   A TEORIA PURA DO DIREITO

O desenvolvimento da *Teoria Pura do Direito* pode, segundo Stanley L. Paulson, pode ser desmembrado em cinco fases[3]. Em primeiro lugar, um período inicial, que corresponde aos seus primeiros escritos e à primeira edição dos *Hauptprobleme der Staatsrechtslehre* (Problemas Fundamentais da Teoria Jurídica do Estado – 1911).

Já numa segunda fase, na década de `20, nota-se a sua adesão aos postulados do neokantismo. Na terceira fase, os escritos de Adolf Julius Merkl acerca da *Stufenbaulehre* tiveram grande influência na Teoria Pura do Direito. O próprio Kelsen, já na segunda edição (1923) de seus *Hauptprobleme*, buscava suporte nas teorias e nos escritos de Adolf Merkl, do período 1917-1923 e ressaltava, no *Prefácio*, a importância, a contribuição e o significado de sua obra na elaboração da Teoria Pura do Direito, que seria mais detalhadamente desenvolvida nos anos seguintes.

---

1. Cf. SOLON, Ari Marcelo. *Teoria da soberania como problema da norma jurídica e da decisão*. Porto Alegre: Sergio Antonio Fabris Ed., 1997, p. 68-69, 215-219.

2. SARLO, Oscar. *La gira sudamericana de Hans Kelsen en 1949. El 'frente sur' de la teoría pura*. Ambiente Jurídico, Núm. 12, Noviembre, 2010, p. 401-425.

3. Cf. PAULSON, Stanley L. *Toward a periodization of the Pure Theory of Law*. In: GIANFORMAGGIO, Letizia (Org.). *Hans Kelsen Legal Theory*. Torino: G. Giapichelli, 1990, p. 11-47; Arriving at a defensible periodization of Hans Kelsen's legal theory. *Oxford Journal of Legal Studies* (1999). v. 19, Issue (2), p. 351-364; Four Phases in Hans Kelsen's Legal Theory? Reflections on a Periodization. *Oxford Journal of Legal Studies* (1998). v. 18, Issue (1), p. 153-166.

A quarta fase do pensamento kelseniano retrata a adesão à obra de David Hume, principalmente sua noção de causalidade, cuja recepção, aliada às categorias kantianas *a priori*, o levou a um distanciamento do próprio pensador britânico. Por fim, a quinta e última fase pode ser localizada a partir de 1960 – data da segunda edição da Teoria Pura do Direito–, quando Kelsen introduz em sua obra o elemento voluntarista, o que constituiu uma verdadeira mudança nos fundamentos teóricos de suas especulações.

Hans Kelsen, já em 1934 (ano em que foi publicada a primeira edição da *Reine Rechtslehre*), assim se pronunciava a respeito do postulado metodológico por ele adotado: "A razão pela qual chamámos 'pura' a esta doutrina do Direito, radica no facto de ela se propor, como única finalidade, obter um conhecimento preciso do Direito e de poder excluir desse conhecimento tudo quanto, rigorosamente, não caiba dentro daquilo que, com verdade, merece o nome de Direito". A Teoria Pura do Direito propõe-se responder à pergunta: "o que é e como é o Direito". Mas não lhe interessa "como ele deve ser, qual o critério a que deve obedecer a sua criação". Em verdade, ela é ciência do Direito e não política do Direito.[4]

Outro ponto de partida fundamental na epistemologia kelseniana é o *princípio da imputação*, diverso do princípio da causalidade. Nas ciências da natureza, onde prevalecem as relações entre causa e efeito, a lei natural determina: uma vez ocorrido um dado fenômeno "a", um fenômeno 'b" deve necessariamente (*muss*) se produzir. Por outro lado, no âmbito da ciência do Direito, onde prevalece a imputação, a proposição jurídica (*Rechtssatz*) afirma que se um determinado fato "a" ocorre, um fato "b" deve, em virtude de uma norma, se produzir, sem que isto nada possa indicar acerca do valor moral ou político dessa conexão – neste particular, a consequência jurídica é imputada à condição.[5]

2. O CONCEITO DE NORMA JURÍDICA NA TEORIA PURA DO DIREITO

Na primeira edição da *Teoria Geral do Estado* (1925), Kelsen consolidou o seu entendimento em torno da identificação entre Estado e Direito: o aparelho de coação em que geralmente se pretende ver a característica do Estado, é idêntico à ordem jurídica. As regras que constituem a ordem estatal são as regras de direito.[6]

Posteriormente, num artigo denominado "*O Método e a Noção Fundamental da Teoria Pura do Direito*", publicado em França na mesma época da primeira edição da Reine Rechtslehre (1934), Hans Kelsen afirmou que, na análise de um dado da realidade onde

---

4. Cf. KELSEN, Hans. *Teoria Pura do Direito*. 1. ed. (Viena, 1934). Tradução de Fernando de Miranda. Livraria Académica Saraiva & Cia – Editores. São Paulo, 1939, p. 5; KELSEN, Hans. *Teoría Pura del Derecho*. 2. ed. (Viena, 1960). Tradução de Roberto J. Vernengo. México, D.F: Universidad Nacional Autónoma de México, 1979, p. 15-17. É indicada a leitura de: MÉTALL, Rudolf Aladár. *Hans Kelsen. Vida y obra*. Tradução de Javier Esquivel. México, DF: Ediciones Coyoacán, 2009.
5. Cf. KELSEN, Hans. *Teoria Pura do Direito*, 1. ed., p. 6-8; Teoría Pura del Derecho, 2. ed., p. 89-105. Cf.: JABLONER, Clemens. Kelsen and his Circle: the Viennese Years. Translated by Camila Nielsen. *European Journal of International Law*. v. 9 (1998), p. 368-385.
6. Cf. KELSEN, Hans. *Hauptprobleme der Staatsrechtslehre entwickelt aus der Lehre vom Rechtssatze*. Tübingen: J.C.B. Mohr (Paul Siebeck), 1911 [Tradução: *Problemas Capitales de la Teoría Jurídica del Estado. Desarrollados con base en la doctrina de la proposición jurídica*. Tradução de Wenceslao Roces México, D.F: Editorial Porrúa S.A, 1987]; *Allgemeine Staatslehre*. Berlin: Julius Springer, 1925; *Aperçu d'une théorie générale de l'État*. Charles Eisenmann (Org.). *Revue du Droit Public et de la Science Politique en France et à l'étranger*. v. 43. Paris: LGDJ, 1926, p. 561-646.

se vislumbre um "elemento jurídico" (uma decisão do parlamento, uma decisão do judiciário, um ato administrativo ou um contrato celebrado entre particulares), é possível nele distinguir dois sentidos: a) uma ação perceptível pelos sentidos, que se desenvolve no tempo e no espaço, um evento exterior que consiste principalmente numa ação humana e b) um sentido, por assim dizer, inerente a esta ação, ligado a este evento – uma significação específica.

O significado destes atos não é perceptível pelos sentidos da mesma maneira que é possível perceber as propriedades e qualidades naturais de um objeto qualquer, tais como sua cor ou seu peso. Daí resulta a necessidade de distinguir entre o sentido subjetivo desses atos e o seu sentido objetivo, isto é, entre o sentido que lhes imprime quem os pratica e o sentido que lhes é atribuído pelo sistema jurídico. Estes dois sentidos podem coincidir às vezes, mas não obrigatoriamente.[7]

Enquanto eventos do mundo real, poque realizados no espaço e no tempo, estes atos não podem ser objeto de um conhecimento especificamente jurídico e, consequentemente, não possuem nenhum caráter jurídico. O que transforma esses atos do mundo real em atos jurídicos não é sua "realidade natural", sua "existência causalmente determinada, incluída no sistema da natureza", mas sim o seu significado propriamente jurídico. Estes fatos devem o seu significado jurídico específico a uma norma jurídica que a eles se refere e que lhes confere tal significado, tornando possível sua interpretação com base nela. A norma jurídica funciona, assim, como "esquema de interpretação".

Para o Kelsen de 1934, a Teoria Pura do Direito, enquanto verdadeira ou específica ciência do Direito direciona seus esforços para as normas jurídicas, não como dados da consciência, nem mesmo para a intenção ou representação destas normas, mas enquanto conteúdos intelectuais, enquanto significados de atos de vontade. Em outras palavras: a Teoria Pura do Direito não visa compreender ou analisar as normas jurídicas como imperativos (como é o caso das normas morais), mas, ao contrário, em face do princípio da imputação, concebe-as como julgamentos hipotéticos, que expressam a conexão específica de um fato material condicionante com uma consequência condicionada. Posteriormente, a partir da segunda edição da *Reine Rechtslehre* (1960), Kelsen modificaria o seu pensamento: a norma jurídica não mais seria um conceito ideal, mas a expressão de um ato de vontade; o sentido de um ato dirigido à conduta de outrem.

3. VALIDADE E EFICÁCIA NA TEORIA PURA DO DIREITO[8]

Para Kelsen, o ordenamento jurídico não pode ser cientificamente estudado como se fosse uma simples justaposição de normas que regulam o comportamento humano, mas, ao contrário, deve ser vislumbrado como um todo unitário e sistemático, pelo fato de todas elas possuírem o mesmo fundamento de validade.

---

7. KELSEN, Hans. La méthode et la notion fondamentale de la Théorie Pure du Droit. *Revue de Métaphysique et de Morale*. ano 41, v. (2), p. 183-204, Paris: Librairie Armand Colin, 1934.

8. Cf. LOSANO, Mario G. Il Rapporto tra Validità ed Efficacia nella Doutrina Pura del Diritto. *Sociologia del Diritto*. ano 8. n. 2., Milano: Franco Angeli Editore, 1981, p. 5-23; *Introdução*. In: Hans Kelsen. O Problema da Justiça. São Paulo: Martins Fontes, 1990.

No topo do ordenamento, visto como um sistema dinâmico, se encontra a Constituição, norma superior a todas as demais normas postas e, na medida em que se vai progressivamente descendo das normas gerais para as normas individuais, percorre-se graus normativos mais inferiores, até alcançar a "base" da pirâmide normativa, onde será possível encontrar normas individuais (sentenças, regulamentos administrativos e negócios jurídicos).

Imediatamente abaixo das normas individuais, encontram-se os atos de execução, espontânea ou coercitiva e, mais acima do que a Constituição, inclusive da primeira Constituição histórica, encontra-se, já fora do âmbito da pirâmide normativa, a norma fundamental (*Grundnorm*), norma pressuposta e condição lógico-transcendental do trabalho científico do jurista.

Segundo Stanley L. Paulson, a resposta dada por Kelsen à sua própria *"questão transcendental"* (situada no âmbito da pretendida distinção entre *Sein* e *Sollen* é consequência direta de seu dualismo metodológico) está vinculada à sua referência à norma fundamental. As relações hierárquicas de *infra* e *supra* ordenação na dinâmica do ordenamento jurídico têm como ponto de chegada a própria Constituição, ápice da pirâmide jurídica. Excluídas quaisquer vinculações de natureza moral, como se põe a questão da validade da Constituição? Para solucionar essa aporia, que gera intrassistematicamente um questionamento infinito, assume-se, como se de um postulado anipotético tratasse, a validade da Constituição no seu tempo lógico. Esse postulado chama-se *Grundnorm*.

Uma vez completo o sistema, todas e quaisquer normas contidas no esquema piramidal – à exceção da norma fundamental e dos atos materiais de execução – são, ao mesmo tempo, atos de aplicação das normas mais gerais e superiores e atos de produção das normas mais individuais e inferiores. Do ponto de vista da Teoria Pura do Direito, os atos de aplicação constituem um dever jurídico imposto aos "destinatários" primários e secundários e os atos de produção constituem atos de poder, originados do exercício de uma autorização dada pela própria ordem jurídica.[9]

O ponto de ligação de todas estas normas reside precisamente no conceito lógico-formal de "fundamento de validade", segundo o qual a validade de uma norma, entendida como sua existência específica, consiste em sua pertinência ao ordenamento jurídico, em face de se ajustar aos seus critérios próprios de produção normativa (princípio de legitimidade).

Cada norma jurídica, para que possa ser considerada como válida, deve ter sido produzida de acordo com os critérios formais e materiais previstos no próprio ordenamento, relativos a) ao sujeito ou órgão competente, b) ao procedimento e – em certa medida – c) ao conteúdo, todos estabelecidos pela norma imediatamente superior; e assim sucessivamente se percorre todo o ordenamento jurídico, de grau em grau, numa escala ascendente, até se alcançar a norma fundamental.

---

9. PAULSON, Stanley L. Lässt sich die Reine Rechtslehre transzendental Begründen? *Rechtstheorie*, n. 21, p. 155-179, Berlin: Duncker & Humblot, 1990; Die unterschiedlichen Formulierung der "Grundnorm". *Rechtsnorm und Rechtswirklichkeit* (Festschrift für Werner Krawietz zum 60. Geburtstag. Aulis Aarnio, Stanley L. Paulson *et alli* (Hrsg.). Berlin: Duncker & Humblot., 1993, p. 53-74.

É de se ressaltar, no entanto, que a determinação da norma inferior pela norma superior nunca será total, salvo determinadas proibições de natureza material; isto é, nunca será de tal maneira que a norma inferior seja logicamente deduzida por completo a partir do conteúdo da norma superior, vez que existe sempre uma certa discricionariedade por parte do órgão aplicador da norma superior ao criar a norma inferior.

Desse modo, a nota essencial de um sistema normativo dinâmico é o fato de que a validade de uma norma jurídica se fundamenta na validade de uma norma superior, sem relação com qualquer conteúdo (pois esta relação com um determinado conteúdo é a nota que caracteriza os sistemas estáticos) e que essa relação de fundamentação-derivação possa retroagir até a norma fundamental.

A validade de uma norma num sistema dinâmico, portanto, é determinada especificamente em função da competência do órgão, por vezes com relação ao seu conteúdo e, por fim, de sua relação com a norma fundamental. No entanto, não bastam apenas estes requisitos formais: um mínimo de eficácia, como afirma Kelsen, é também condição de validade de uma norma. Trata-se, aqui, do "princípio de efetividade", que parte do pressuposto segundo o qual um ordenamento jurídico será válido na medida em que for eficaz em sua totalidade, mesmo que, por vezes, uma de suas normas, em si considerada, não venha a ser observada ou aplicada num caso concreto.

A validade global do ordenamento jurídico não é afetada pelo fato de que uma ou mais normas isoladas se demonstrem ineficazes, posto que a eficácia de todo o ordenamento jurídico é aferida em termos globais, isto é, do ordenamento jurídico como um todo. No entanto, a eficácia de todo o ordenamento é também condição de validade de cada uma das normas que dele fazem parte. Isto significa que a validade de uma norma isoladamente considerada está na dependência da validade de todo o ordenamento jurídico e esta, por sua vez, depende essencialmente da validade da norma fundamental.

Kelsen, no entanto, afirma que a eficácia não é uma *conditio per quam*, mas sim de uma *conditio sine qua non*: a eficácia global de um dado ordenamento jurídico é uma condição, mas não a razão da validade das normas que o integram; a validade, assim, não reside no fato de que o ordenamento em sua totalidade seja eficaz, mas na elaboração de uma norma de acordo com o processo lógico-formal de produção e significa, em termos conceituais, o fato de que estas normas devam ser obedecidas ou aplicadas.

O problema em torno da eficácia de uma norma jurídica na Teoria Pura do Direito coexiste com a definição de validade, entendida como sua existência específica no âmbito do *Sollen* e no tornar obrigatório um determinado comportamento humano.

As indagações acerca de como conciliar o comportamento humano concreto – no mundo dos fatos , tornado obrigatório, com a existência deôntica da norma – sem comunicação com a realidade – é respondida por Kelsen através da diferenciação entre as esferas do *Sein* e do *Sollen*: não há necessariamente qualquer coincidência entre o comportamento prescrito por uma norma e o comportamento efetivo que lhe seja conforme, pois aquele primeiro nunca poderá ser teoricamente concebido como algo pertencente ao mundo do ser, mas ao âmbito do dever-ser.

Um problema essencial enfrentado por Kelsen acerca da eficácia consiste, dessa forma, na determinação da natureza desta *"certa medida de conformidade"*, que permita estabelecer uma relação entre validade e eficácia sem infringir a distinção fundamental entre *Sein* e *Sollen.*

Por eficácia, Kelsen entende o fato de que uma norma seja efetivamente observada ou aplicada. Assim entendida, trata-se de uma condição de validade da norma jurídica – ao lado de sua própria estatuição –, de tal maneira que não se pode considerar norma jurídica válida uma norma que não seja aplicada nem observada durante algum tempo e que, por isso, se torna ineficaz.

No entanto, a eficácia, da maneira como é concebida, não se identifica com a validade, vez que deve subsistir a possibilidade de um comportamento não conforme à norma jurídica, para que não se cometa o erro metodológico de se cair numa consideração determinista, ou seja, daquilo que deve necessariamente acontecer segundo uma lei natural.[10]

4.   A LEI INCONSTITUCIONAL NA TEORIA PURA DO DIREITO

Como foi possível constatar, a teoria pura do Direito parte de alguns pressupostos epistemológicos, dentre os quais: a) o Direito regula a sua própria criação; b) uma norma só pertence a um determinado ordenamento jurídico se e na medida em que for produzida de acordo com os parâmetros contidos numa norma superior que condiciona a sua validade (= fundamento de validade).

Para Kelsen, o conflito de normas de diferente escalão é aparente, da mesma forma que o conflito de normas do mesmo nível, uma vez que é impossível haver Direito contrário a Direito; se assim não fosse, a unidade sistemática do ordenamento jurídico restaria totalmente comprometida.

No tocante ao conceito de "lei inconstitucional", diz Kelsen: a afirmação de que uma lei válida é "inconstitucional" é uma contradição nos seus próprios termos, pois, uma lei só pode ser válida se tiver fundamento na Constituição. As regras constitucionais que regulam o processo legislativo possuem a natureza de determinações alternativas. A Constituição contém uma regulamentação direta e uma regulamentação indireta da *legislatio* e o órgão legislativo tem a possibilidade de escolher entre as duas. Desse modo, as assim denominadas "leis inconstitucionais" são leis que guardam conformidade com a Constituição; entretanto, são *anuláveis* por um processo especial. Aqui também, presente essa hipótese, as normas constitucionais que regulam o processo legislativo assumem a natureza alternativa acima caracterizada, pelo que o órgão legislativo detém a possibilidade de *opção* entre duas vias: a determinada diretamente pela Constituição e a que há de ser determinada pelo próprio órgão legislativo. "A diferença, contudo, está

---

10.   Cf. Ver, além dos livros já citados: KELSEN, Hans. *General Theory of Law and State.* Tradução de Anders Wedberg. Cambridge: Harvard University Press, 1945; GAVAZZI, Giacomo (Org.). *La Democrazia.* Bologna: Il Mulino. 1981; GERACI, Carmelo (Org.). *Il Primato del Parlamento.* Milano: Giuffrè, 1982; *Teoria Geral das Normas.* Tradução de José Florentino Duarte. Porto Alegre: Sérgio Antonio Fabris Editor, 1986; CARRINO, Agostino (Org.). *Il problema della sovranità e la teoria del diritto internazionale. Contributo per una dottrina pura del diritto.* Milano: Giuffrè, 1989; *Que és la Teoría Pura del Derecho?* Tradução de Ernesto Garzón Valdés. México, D.F.: Distr. Fontamara, 2007. Numa perspectiva ampla: WALTER, Robert. La Teoria di Kelsen. In: SCALONE, Antonino (Org.). *Contributi ala Dottrina Pura del Diritto.* Torino: G. Giapichelli, 2005.

em que as leis criadas pela segunda via, embora sendo válidas, são anuláveis por um processo especial".[11]

Numa perspectiva sintética, esta *"cláusula alternativa tácita"* representa, no pensamento kelseniano, uma forma de tentar manter a unidade lógica do sistema jurídico, vale dizer, a impossibilidade de haver contradições, no que se refere a normas de diferente nível hierárquico. Essa parece ser a conclusão a que se pode chegar diante da evolução de suas construções teóricas sobre esse importante tema.[12]

5. O CONTROLE DA CONSTITUCIONALIDADE DAS LEIS. SISTEMA NORTE-AMERICANO E SISTEMA EUROPEU. A CONSTITUIÇÃO REPUBLICANA BRASILEIRA DE 1891

Foi de grande destaque na literatura jurídica internacional o livro de Mauro Cappelletti, no qual o Autor intenta realizar uma análise estrutural dos atuais métodos de controle da constitucionalidade das leis.[13]

O Conselho Constitucional francês, não obstante as suas conformações institucionais hodiernas, ainda se mostra como a Corte onde se exerce, por excelência, o método político – o controle é realizado por um órgão não jurisdicional, antes da entrada em vigor da lei. Outro exemplo de controle político, no caso brasileiro, por exemplo, é o poder de veto exercido pelo Chefe do Poder Executivo, na fase final do processo legislativo.

A característica principal do método judicial, por sua vez, consiste em ser exercido por órgãos integrantes do Poder Judiciário (Juízes e Tribunais), de modo difuso ou concentrado; o controle judicial da constitucionalidade das leis é exercido por órgãos judiciais, que exercem função jurisdicional (*op. cit.*, p. 26).

No tocante ao aspecto subjetivo, ou orgânico ("órgãos aos quais pertence o poder de controle"), o Autor distingue, "segundo uma terminologia já bem conhecida", o "sistema difuso"[14] do "sistema concentrado".[15]

Por fim, Cappelletti alude, no interior do método judicial de controle, à existência de um sistema misto ou intermediário, onde o sistema de controle "por via de ação" convive com o sistema "por via de exceção".

---

11. KELSEN, Hans. *Teoría Pura del Derecho*, 2. ed., 1960, tradução Roberto J. Vernengo, p. 277-282.
12. Cf. PAULSON, Stanley L. Verfassungsmässigkeit und "normative Alternativen". *Staatsrecht in Theorie und Praxis (Festschrift für Robert Walter zum 60. Geburtstag.* Heinz Mayer (Hrsg.). Wien: Manzsche Verlags – und Universitätsbuchhandlung, 1991, p. 535-548. Ver, também: MENDES, Gilmar Ferreira. *Controle de constitucionalidade:* aspectos jurídicos e políticos. SP: Saraiva, 1990, Capítulo I, Seção IV.
13. CAPPELLETTI, Mauro. *O controle judicial de constitucionalidade das leis no direito comparado.* 2. ed., reimp. Porto Alegre. Sérgio A. Fabris, Editor, 1999, p. 25-27.
14. *"... aquele em que o poder de controle pertence a todos os órgãos judiciários de um dado ordenamento jurídico, que o exercitam incidentalmente, na decisão das causas de sua competência" (op. cit.,* p. 67). O controle é um "poder-dever" de cada Juiz, exercido num caso concreto, provocado pelo titular de um direito violado pelo ato inconstitucional, com efeitos *inter partes* e *ex tunc*, em face dos limites objetivos e subjetivos da coisa julgada.
15. Aquele *"em que o poder de controle se concentra, ao contrário, em um único órgão judiciário" (op. e p. cit.).* Aqui, tem-se um processo objetivo, onde não se põe como determinante a tutela de direitos individuais, e os seus efeitos são *erga omnes*. A opção por efeitos *ex tunc* ou *ex nunc* é de ordem de política legislativa, variando de acordo com o ordenamento jurídico analisado.

A ideia de um controle difuso jurisdicional da constitucionalidade das leis remonta ao julgamento do caso Marbury versus Madison, em 1803 (5 U.S. (1 CRANCH) 137 (1803). Segundo João Carlos Souto[16]:

> "O voto (opinion) de John Marshall no caso Marbury v. Madison inaugurou, no limiar do século XIX, o controle judicial (judicial review) de constitucionalidade das leis, estabelecendo um sistema que viria a ser reproduzido na grande maioria das democracias ocidentais. A relevância desse julgado pode ser mensurada na assertiva de Craig R. Ducat, de que "provavelmente não há livro de prática de direito constitucional que não inicie mencionando Marbury vs. Madison", ("there is scarcely a casebook on constitucional Law that does not begin with Marbury vs. Madison")."

No Brasil, após a queda da monarquia, era natural a extinção do Wirth poder morador. Nesse momento, teve início a criação e a organização constitucional da Justiça Federal, com a principal missão de tornar eficaz, na realidade política e jurídica da nascente República Federativa, o novo modelo constitucional. Instituir-se um sistema judicial de controle da constitucionalidade das leis era a técnica mais adequada para alcançar essa finalidade:

> "O legislador brasileiro, inspirado na lição do direito público americano, implantou no País o controle posterior da constitucionalidade por órgão jurisdicional. Fê-lo, contudo, consagrando o princípio no próprio texto da Lei Maior, quando, na América do Norte, a ideia surgiu, tomou forma e cristalizou-se por via da jurisprudência".[17]

Essa influência norte-americana fica ainda mais visível quando analisada a *Exposição de Motivos do Decreto 848, de 11.10.1890*, que instituiu a Justiça Federal, apresentada pelo então Ministro Campos Salles:

> "Mas, o que principalmente deve caracterizar a necessidade da immediata organização da Justiça Federal é o papel de alta preponderância que ella se destina a representar, como órgão de um poder, no corpo social. Não se trata de tribuanes ordinários de justiça, com uma jurisdicção pura e simplesmente restricta à applicação das leis nas múltiplas relações do direito privado. A magistratura que agora se instala no paiz, graças ao regimen republicano, não é um instrumento cego ou mero interprete na execução dos actos do poder legislativo. Antes de applicar a lei cabe-lhe o direito de exame, podendo dar-lhe ou recusar-lhe sancção, si ella lhe parecer conforme ou contraria à lei orgânica" (CJF – Conselho da Justiça Federal. Justiça Federal – Legislação. Brasília: CJF, 1993).[18]

---

16. Cf. SOUTO, João Carlos. *Suprema Corte dos Estados Unidos*: Principais Decisões. Rio de Janeiro: Lumen Juris, 2008. p. 4.
17. Cf. ALENCAR, Ana Valderez Ayres Neves de. A competência do Senado Federal para suspender a execução dos atos declarados inconstitucionais. *Revista de Informação Legislativa*. Brasília: Senado Federal, ano 15, n. 57, jan./mar., 1978, p. 231 (Cf., também, p. 233-234). Ver: Brasil. Lei 221, de 30.11.1894. Art. 13, § 10. Os juízes e tribunais apreciarão a validade das leis e regulamentos e deixarão de aplicar aos casos occurrentes as leis manifestamente inconstitucionaes e os regulamentos manifestamente incompatíveis com as leis ou com a Constituição. Ver, anteriormente, Decreto n. 510, de 22.06.1890, Art. 58, parágrafo 1º.
18. Conferir: STRECK, Lenio Luiz. *Jurisdição Constitucional e Hermenêutica*: uma nova crítica do direito. 2. ed. Rio de Janeiro: Forense, 2003, p. 425, anota: "*embora a ideia de controle de constitucionalidade já estivesse estampada na exposição de motivos do Decreto 848, sob nítida inspiração no judicial review norte-americano, somente com a Constituição de 1891 a tese republicana ganha forma e estrutura, a partir da designação de um órgão de cúpula do Poder Judiciário, que seria encarregado de realizar esse controle. Por isso, é possível afirmar que a teoria constitucional brasileira nasce com a Constituição e a República de 1891.*" Ver, também: BALEEIRO, Aliomar. O Supremo Tribunal Federal. *Revista Brasileira de Estudos Políticos*, Belo Horizonte, n. 34, julho, 1972.

Rui Barbosa, de fundamental presença na elaboração da primeira Constituição Republicana, teceu as seguintes considerações:

"Nós, os fundadores da Constituição, não queríamos que a liberdade individual pudesse ser diminuída pela força, nem mesmo pela lei. E por isso fizemos deste tribunal o sacrario da constituição, demos-lhe a guarda da sua hermenêutica, puzemol-o como um veto permanente aos sophismas opressores da razão de estado, resuminos-lhe a funcção específica nesta ideia. Se ella vos penetrar, e apoderar-se de vós, se fôr, como nós concebíamos, como os Estados Unidos conseguiram, o princípio animante deste tribunal, a revolução republicana estará salva. Se, pelo contrário, se coagular, morta, no texto, como o sangue de um cadáver, a constituição de 1891 estará perdida."[19]

Destaque-se, também, a clássica passagem de João Barbalho[20]:

"Em rigor nem fôra necessário texto formal e explicito, attribuindo á magistratura o poder, ou antes o dever (como o consideram os comentadores) de deixar de apllicar leis inconstitucionais e de declarar inefficientes e inválidos actos officiaes illegaes. Está isso implicitamente comprehendido no poder de julgar, que não pode ser exercido com esquecimento e preterição da Constituição, fonte de autoridade judicial e lei suprema, não para os cidadãos somente, mas também para os próprios poderes públicos." Como noticia o autor: "Nos Estados-Unidos norte-americanos, a Constituição federal não consagrou em disposição expressa esta attribuição. E' mui conhecida e muitas vezes citada a anedocta, referida por Bryce (The American Commonwealth, I, pag. 246), do inglez que, vindo a saber que a justiça america-na tinha poder de annular as leis inconstitucionais, folheou em vão a Constituição, durante dous dias, procurando a disposição onde isso se consagrava. Tal poder se infere do art. 3, secção 2a.: '"O poder judiciário extender-se-á a todos as causas, de direito e equidade, que nascerem d'esta Constituição ou das leis dos Estados Unidos"'. Nossa Constituição o contém no art. 60. a) ...".

Marcelo Rebelo de Souza e José de Melo Alexandrino[21], nos "Comentários à Constituição da República Portuguesa, resumem a relação entre *sistemas* e *métodos* de controle da constitucionalidade das leis: "... o sistema português de fiscalização da constitucionalidade é, desde 1982, *integralmente jurisdicional, misto de difuso (na linha norte-americana, importada em 1911, via Constituição brasileira de 1891) e de concentrado (na linha Kelseniana austríaca ou europeia-continental)*". Cabe ao Tribunal Constitucional o exclusivo da fiscalização abstracta repressiva ou sucessiva, a suprema decisão, em recurso sobre a fiscalização concreta (também repressiva ou sucessiva) e ainda a muito específica fiscalização abstracta preventiva.

Com a adoção do modelo norte-americano[22], o pensamento constitucional brasileiro adotou, na prática do controle da constitucionalidade das leis, o que se convencionou

---

19. Cf. BARBOSA, Ruy. Sustentação oral proferida junto ao Supremo Tribunal Federal, em 23 de abril de 1892 (Habeas Corpus de 18.04.1892). *Novos discursos e conferencias*. Colligidos e revistos por Homero Pires. São Paulo: Livraria Ademica e Saraiva & Cia, 1933, p. 92-95. Veja-se, ainda: MAXIMILIANO, Carlos. *Commentarios á Constituição Brasileira*. Rio de Janeiro: Jacintho Ribeiro dos Santos Editor, 1918, p. 117.

20. Cf. CAVALCANTI, João Barbalho de Uchôa. *Comentários à Constituição Federal de 1891*. Brasília: Senado Federal, 1992, p. 224; 226. Conferir, ainda: MAXIMILIANO, Carlos. *Hermeneutica e Applicação do Direito*. Porto Alegre: Edição da Livraria do Globo. 1923, p. 10 e 49.

21. Cf. SOUZA, Marcelo Rebelo de e ALEXANDRINO, José de Melo. *Constituição da República Portuguesa comentada*. Lisboa: Lex Editora, 2000, p. 349.

22. Brasil. Decreto n. 848, de 11.10.1890. Art. 386. Constituirão legislação subsidiária em casos omissos as antigas leis do processo criminal, civil e commercial, não sendo contrárias às disposições e espírito do presente Decreto. Os estatutos dos povos cultos e especialmente os que regem as relações jurídicas na República dos Estados Unidos da América do Norte, os casos de *common law* e *equity*, serão também subsidiários da jurisprudência e do processo federal.

chamar de a "doutrina da nulidade da lei inconstitucional". Para tanto, é importante conhecer o que é de essencial na decisão proferida por John Marshall em 1803 (Marbury vs. Madison [5 U.S. 137 1803):

> *"Ou havemos de admittir que a Constituição annulla qualquer medida legislativa, que a contrarie, ou annuir em que a legislatura possa alterar por medidas ordinárias a Constituição. Não há contestar o dilema. Entre as duas alternativas não se descobre meio termo. Ou a Constituição é uma lei superior, soberana, irreformável por meios comuns; ou se nivela com actos de legislação usual, e, como estes, é reformável ao sabor da legislatura. Si a primeira proposição é verdadeira, então o acto legislativo, contrário á Constituição, não será lei; si é verdadeira a segunda, então as Constituições escriptas são absurdos esforços do povo, por limitar um poder de sua natureza illimitavel. Ora, com certeza, todos os que têm formulado Constituições escriptas, sempre o fizeram com o intuito de assentar a lei fundamental e suprema da nação; e, conseguintemente, a theoria de taes governos deve ser que qualquer acto da legislatura, offensivo da Constituição, é nullo".* [23]-[24]

O mesmo Rui, em escólio à passagem de Marshall, expõe: *"Toda medida legislativa, ou executiva, que desrespeitar preceitos constitucionais, é, de sua essência, nula. Atos nulos da legislatura não podem conferir poderes válidos ao executivo."* [25] As mesmas ideias manifestou João Barbalho Uchôa Cavalcanti: cabe ao Poder Judiciário aplicar a lei ao caso concreto que lhe é submetido, *"... mas o acto contrário á Constituição não é lei, e a justiça não lhe deve dar efficacia e valor contra a lei suprema"* [26].

A doutrina da *nulidade* da lei inconstitucional acompanhou, desde o início, os julgados do Supremo Tribunal Federal, valendo citar como exemplo: *"Atos inconstitucionais são, por isso mesmo, nulos e destituídos, em consequência, de qualquer carga de eficácia jurídica. A declaração de inconstitucionalidade de uma lei alcança, inclusive, os atos pretéritos com base nela praticados, eis que o reconhecimento desse supremo vício jurídico, que inquina de total nulidade os atos emanados do poder público, desampara as situações constituídas sob sua égide e inibe — ante a sua inaptidão para produzir efeitos jurídicos válidos — a possibilidade de invocação de qualquer direito."* [27] Entretanto, a preferência pela nulidade absoluta do ato normativo inconstitucional cedeu lugar, em alguns casos, à força do princípio da segurança jurídica e da necessidade de estabilização das relações jurídicas, na tutela do ato jurídico perfeito e da coisa julgada. Com a entrada em vigor da Lei Federal 9.868, de 1999, pode-se afirmar que, nem sempre, a declaração, *in abstracto*, da inconstitucionalidade de lei ou ato normativo, possui efeito retroativo.

---

23. Cf. Cf. BARBOSA, Rui. *Os Actos Inconstitucionaes do Congresso e do Executivo ante a Justiça Federal*. Rio de Janeiro: Companhia Impressora, 1893, p. 44-45.
24. Cf. *The Oxford Companion to The Supreme Court of The United States*. 2nd. Edition. Kermitt Hall (Ed.). Oxford/ New York: Oxford University Press, 2005, p. 601-611. Ver também: Gilmar Ferreira Mendes. *Controle da Constitucionalidade. Aspectos Jurídicos e Políticos*. São Paulo: Saraiva, 1990, p. 10-19.
25. Cf. BARBOSA, Rui. *Os Actos Inconstitucionaes do Congresso e do Executivo ante a Justiça Federal*. Rio de Janeiro: Companhia Impressora, 1893, p. 47.
26. Cf. CAVALCANTI, João Barbalho Uchôa. *Constituição Federal Brasileira (1891) [Comentada]*. Brasília: Senado Federal, 2002, p. 222 a 227 – esp. p. 225).
27. Cf. Brasil. STF. ADI 652-QO, Rel. Min. Celso de Mello, julgamento em 02.04.92, publicação no DJ de 02.04.93. No mesmo sentido: Brasil. STF. ADI 1.434– MC, Rel. Min. Celso de Mello, julgamento em 29.08.96, DJ de 22.11.1996).

6. A JURISDIÇÃO CONSTITUCIONAL NO PENSAMENTO DE HANS KELSEN. O DEBATE COM CARL SCHMITT SOBRE O GUARDIÃO DA CONSTITUIÇÃO

Michel Fromont escreve: "L'idée de justice constitutionnelle est intimement liée au développement du constitucionalisme entendu comme un mouvement tendant à soumettre le fonctionnement des pouvoirs publics à un ensemble de règles établies une fois pour toutes, dont le respect s'impose à tous, qui ont une force juridique supérieure à toutes les autres règles et qui sont réunis normalement dans un texte unique appelé précisément constitution. (...) A priori, deux definitions de la justice constitutionnelle peuvent être envisagées. La première consiste à faire du juge constitutionnel le juge des pouvoirs publics constitutionnels, spécialement des pouvoirs législatif et exécutif. La seconde conception consiste à faire du juge constitucionnel le juge qui applique les règles constitutionnelles"[28].

A jurisdição constitucional, como órgão estatal, é criada para conhecer específica e exclusivamente do contencioso constitucional. A Constituição é, *per se*, a norma a ser interpretada e concretizada. A finalidade do exercício da jurisdição constitucional é a tutela objetiva da ordem jurídica, preservando a supremacia constitucional, a harmonia, a coerência e a unidade do sistema jurídico[29]. A jurisdição constitucional não se insere no modelo constitucional das instituições judiciárias que compõem ordinariamente o Poder Judiciário; ao contrário, delas é independente, tanto quanto o é dos demais poderes públicos.[30] Boris Mirkine-Guetzévitch, referindo-se ao processo de "racionalização do poder" e de "juridicização da vida coletiva", saudou, em , o aparecimento de uma nova e importante instituição desse processo, que toma conta da Europa de Entre-Guerras: a jurisdição constitucional.[31]

A Constituição austríaca de 1920 inaugurou o sistema de fiscalização abstrata e concentrada da constitucionalidade das leis, entregue à competência exclusiva da Alta Corte Constitucional (*Verfassungsgerichtshof*), graças ao trabalho de Hans Kelsen na elaboração do texto constitucional, notadamente na estrutura do modelo de Estado Federal para a Áustria e das competências da Corte. Desnecessário destacar que o sistema austríaco de fiscalização abstrata da constitucionalidade das leis resulta sistematicamente dos elementos colhidos nas concepções de democracia, na teoria do Direito e na teoria do Estado do criador da Teoria Pura do Direito[32].

---

28. FROMONT, Michel. *La Justice Constitutionnelle dans le monde*. Paris: Dalloz, 1999, p. 1-2.
29. *"Natureza objetiva dos processos de controle abstrato de normas. Não identificação de réus ou de partes contrárias. Os eventuais requerentes atuam no interesse da preservação da segurança jurídica e não na defesa de um interesse próprio."* (Brasil. Supremo Tribunal Federal. ADI 2.982-ED, Rel. Min. Gilmar Mendes, julgamento em 2-8-06, DJ 22-9-06).
30. Cf. FAVOREU, Luis. *Les Cours Constitutionnelles*. Paris: Presses Universitaires de France, 1992, p. 03; MOSLER, Hermann. *Das Heidelberger Kolloquium über Verfassungsgerichtsbarkeit*. Ziel – Methode – Ergebnis. *Verfassungsgerichtsbarkeit in der Gegenwart*. Internationales Kolloquium veranstaltet vom Max Planck – Institüt für ausländisches öffentliches Recht und Völkerrecht. Heidelberg, 1961; Pedro Cruz Villalón. *La Formación del Sistema Europeo de Control de Constitucionalidad*. Madrid, Centro de Estudios Constitucionales, 1987.
31. MIRKINE-GUETZÉVICH, Boris. *Les nouvelles tendances du droit constitutionnel*. Paris: M. Giard, 1931. Em português: *As novas tendências do direito constitucional*. Tradução de Cândido Motta Filho. São Paulo: Cia. Editora Nacional, 1933 [p. 71].
32. Cf. EISENMANN, Charles. *La Justice Constitutionnelle et la Haute Cour Constitutionnelle d'Autriche*. Paris: Economica, 1986. Ver, ainda: Walter/Jabloner/Zeleny (hrsg.) *Der Kreis um Hans Kelsen. Die Anfangsjahre der Reinen*

Entretanto, foi apenas na década de '30, de Século passado, que Hans Kelsen foi levado a grandes debates, na Alemanha de Weimar, sobre a essência e o desenvolvimento da jurisdição constitucional, e sobre a quem (e porque) deveria ser entregue a guarda da Constituição; notadamente no famoso debate que travou com Carl Schmitt e com as ideias postas no livro *"O Guardião da Constituição" (Der Hüter der Verfassung*, 1. ed. de 1931). Os conceitos de *guarda* e *defesa* da Constituição, no sentido em que ele a concebe, já haviam sido por ele tratados em três escritos anteriores: *Die Diktatur des Reichspräsidenten nach Artikel 48 der Weimarer Verfassung* (1924); *Das Reichsgericht als Hüter der Verfassung* (1929) e um artigo do mesmo nome, *Der Hüter der Verfassung*, este último publicado nos *Archiv des öffentlichen Rechts*. v. XVI, 1931, p. 161 a 237).[33]

Há de se destacar, outrossim, o contexto político em que esses debates foram realizados. A Constituição de Weimar (1919) foi o resultado de um amplo compromisso entre as forças políticas do seu tempo (socialdemocracia/SPD, liberalismo democrático/DDP e o catolicismo social/*Zentrum*). Marxismo, socialismo, comunismo, ideias republicanas e liberais e, por fim, a tentação de um sistema político autoritário que resgatasse, do túmulo de Versalhes, o orgulho da Nação alemã, eram as sombras que rodeavam a tessitura do debate político da época.

Na ausência de um consenso político em torno da estrutura daquele Estado, a *ideia* daquela Constituição não se fez *realidade*. Segundo Gilberto Bercovici, "a alternativa totalitária não era a única e a responsabilidade das elites políticas alemãs é justamente a de ter optado por esta via, em detrimento de outras também igualmente possíveis". A partir de 1933, a tessitura normativa da Constituição de Weimar seria gradativamente substituída pelo *Führerprinzip*, muito embora a sua forma jurídica restasse mantida. De um sistema democrático, Weimar foi lançada na armadilha do autoritarismo sedutor para, depois, prostrar-se frente ao totalitarismo nacional-socialista.[34]

Para Schmitt, o grande perigo do sistema parlamentar era a democracia de massas. Ao mesmo tempo, os juízes alemães, que, desde 1925, por decisão histórica do *Reichsgericht*, queriam chamar para si a prerrogativa de controle da constitucionalidade nos mesmos moldes do sistema americano (*"richterliches Prüfungsrecht"*), não tinham uma noção clara do que significava "Constituição" em sentido positivo (*Verfassung*), lei constitucional (*Verfassungsgesetz*) e "litígio constitucional" (*innerpolitischen Verfassungsstreit*). Sendo assim, nem o Parlamento, nem a "aristocracia de Toga", que compunha o Tribunal Estatal do *Reich* alemão, tinham legitimidade para garantir a segurança, a homogeneidade e a

---

Rechtslehre. Manz: Wien, 2008. Alf Ross. The 25th Anniversary of the Pure Theory of Law. Transl. Henrik Palmer Olsen. *Oxford Journal of Legal Studies* (2011). v. 3 (2), p. 243-272.

33. Cf. HERRERA, Carlos Miguel. *Théorie Juridique et Politique chez Kelsen*. Paris: Éditions Kimé, 1997, p. 173-215. BONGIOVANNI, Giorgio. Rechtsstaat and Constitutional Justice in Austria: Hans Kelsen's Contribution. *The Rule of Law: History, Theory and Criticism*. Pietro Costa & Danilo Zolo (eds.). Dordrecht: Springer, 2007, p. 293-317.

34. Cf. BERCOVICI, Gilberto. *Constituição Econômica e Dignidade da pessoa humana*. In: ROCHA, Maria Elizabeth Guimarães Teixeira; MEYER-PFLUG, Samantha Ribeiro (Org.). *Lições de Direito Constitucional em Homenagem ao Professor Jorge Miranda*. Rio de Janeiro: Forense, 2008, p. 465-471. Ver, também: HERRERA, Carlos Miguel. La Polémica Schmitt-Kelsen sobre el Guardián de la Constitución. *Revista de Estudios Políticos* (Nueva Época). n. 86. Octubre-Diciembre, 1994, p. 195-227 e *Schmitt, Kelsen e o Liberalismo*. In: DOXA n. 21, v. II, 1998, p. 201-218; GUSY, Christoph. *Die Weimarer Reichsverfassung*. Tübingen: J.C.B. Mohr (Paul Siebeck), 1997; Detlev PEUKERT, J. K. *Die Weimarer Republik. Krisenjahre der klassischen Moderne*. Frankfurt am Main: Suhrkamp, 1987; JACOBSON, Arthur J.; SCHLINK, Bernard. *Weimar: A Jurisprudence of Crisis*. The University of California Press, 2001.

unidade política do Povo e do Estado alemães, nem – por isso mesmo – para exercer a defesa da Constituição. [35]

Apenas o Presidente do *Reich*, aclamado e eleito pelo povo alemão e com o poder que lhe outorgava o art. 48 da Constituição de Weimar, podia ser o *Defensor da Constituição*. Somente ele, Chefe do Poder Executivo, encarnava a homogeneidade dos interesses do Povo que havia tomado a decisão fundamental sobre o modo de convivência política e materializava o amálgama entre Povo e Estado (Nesse ponto, recebe de Kelsen a crítica sobre defender uma concepção jusnaturalista de Constituição). Tudo isso lhe garantia *ser* e *estar livre* de todos os vícios e do pluralismo de interesses que dominavam o Parlamento decadente e, ao mesmo tempo, independência de todos os órgãos estatais, o que lhe outorgava ampla capacidade de decisão e de mando nas situações extremas, vem a ser, no estado de exceção.

No caso do sistema kelseniano, diz Schmitt, o que pode dele verdadeiramente extrair são metáforas e fantasias. Na Alemanha de Weimar, o que os tribunais judiciários poderiam fazer era, única e simplesmente, julgar a validade das leis segundo a lei constitucional; jamais defender verdadeiramente a Constituição alemã. O controle jurisdicional da constitucionalidade induz diretamente, como assim o mostra o exemplo americano, à formação de um Estado Judicialista (*Justizstaat*), que submete toda a vida pública e política a controle. A fiscalização da constitucionalidade, para o Autor, apenas contribui para um respeito institucional à Constituição, mas jamais se destina à sua defesa. No caso americano, a atividade da Suprema Corte e o tipo de *Justizstaat* que dela decorre, tem como consequência imediata não a "judicialização da política", mas a "politização da justiça".[36]

A Garantia jurisdicional da Constituição – assim foi o título de um escrito de Kelsen, publicado em Paris no ano de 1928. Publicado no idioma francês[37], esse artigo antecipou os temas essenciais do texto onde ele refuta e combate as ideias de Schmitt, publicado no periódico republicano berlinense *Die Justiz* (*Wer soll der Hüter der Verfassung sein?* v. VI. Berlin: Dr. Walter Rotschild, 1930-1931, p. 576-628). Nesse texto, encontram-se magistralmente articulados todos argumentos políticos e jurídicos sobre a necessidade e a legitimidade do Tribunal Constitucional como o órgão mais adequado para exercer a guarda da Constituição e do sistema jurídico que ela cria.

Garantindo a supremacia constitucional, o Tribunal Constitucional, verdadeiro *Guardião da Constituição*, assegurava a regularidade do Estado de Direito e do sistema democrático, a ideia e a forma políticas do Estado federal austríaco e, não menos importante, a tutela dos direitos fundamentais previstos na Constituição Política da Áustria (1920).

---

35. Cf. SCHMITT, Carl. *Der Hüter der Verfassung*. 4. ed., Berlin: Duncker & Humblot, 1996; *Die geistesgeschichtliche Lage des heutigen Parlamentarismus*. 8. ed. Berlin: Duncker & Humblot, 1996; *Verfassungslehre*. 8. ed. Berlin: Duncker & Humblot, 1993; *"Wesen und Werden des faschistischen Staates"*. *Positionen und Begriffe im Kampf mit Weimar-Genf-Versailles, 1923-1939*. 3a. Ed., Berlin: Duncker & Humblot, 1994; *Der Begriff des Politischen: Text von 1932 mit einem Vorwort und drei Corollarien*. 6. ed. Berlin: Duncker & Humblot, 1996.

36. Cf. BERCOVICI, Gilberto. Carl Schmitt, o Estado Total e o Guardião da Constituição. *Revista Brasileira de Direito Constitucional*, São Paulo, v. 1, p. 195-201, 2003.

37. KELSEN, Hans. La garantie juridictionnelle de la Constitution (La justice constitutionnelle). *Revue du Droit Public et de la Science Politique en France et à l'Étranger*. v. XLV, n. 2, avril/mai/juin. 1928. Paris: LGDJ, p. 197-257. Tradução de Jean François Cleaver e Charles Eisenmann.

O Presidente do *Reich* não deveria defender a Constituição. Considerá-lo um *pouvoir neutre* diante de todos os demais órgãos, como assim o faz Schmitt, não elimina o conflito de interesses, seja no âmbito dos partidos políticos, seja no campo das lutas de classes por maior inclusão social. Diz Kelsen: ao adotar essa postura, Schmitt traz de volta para o Século XX os princípios típicos do constitucionalismo monárquico. Ao mesmo tempo, considere-se que o Chefe do Poder Executivo é eleito, procedimento este que, não obstante seu caráter democrático, ainda assim se desenrola na arena em que atuam os partidos políticos. Não teria, em suma, a neutralidade e imparcialidade necessárias a quem possui a missão de defender a Constituição.

Ao Parlamento, também não se poderia confiar esse encargo. Órgão constituído, não teria legitimidade para o controle da constitucionalidade, justamente porque tem interesse direto na manutenção das leis em relação às quais seria convocado a julgar e revisar; a rigor, atuaria como potencial infrator da Constituição que deve defender. Também não possui, portanto, legitimidade e neutralidade para esse ofício, uma vez que não é uma instituição independente das pressões políticas e dos clamores sociais. Nesse particular, observe-se que Georg Jellinek já suscitara a questão de ser muito provável que, estando em vigor uma Constituição rígida, o Parlamento possa vir a violá-la. A defesa da Constituição, pelo Parlamento, seria, quando muito, uma obrigação de natureza moral, mas, nunca, uma garantia verdadeiramente jurídica, onde houvesse a previsão de sanções em desfavor das violações à Constituição. Tais violações indevidas só poderiam vir a ser apuradas e sancionadas por um órgão externo e independente dos poderes estatais existentes.[38]

A Constituição ocupa o topo do sistema piramidal e hierárquico de relações intrassistemáticas entre as normas que integram o ordenamento jurídico. É o fundamento primeiro e último de validade de todas as leis, decretos, portarias e sentenças (*Stufenbaulehre*)[39]. O Tribunal Constitucional, a exemplo dos demais juízes e tribunais ordinários, também aplica e cria direito. Entretanto, não produz normas individuais, função específica destes últimos. Ao contrário, aplica a Constituição ao fato do processo legislativo, ao fato da produção da norma geral e abstrata em violação às regras constitucionais que disciplinam o respectivo procedimento. Ao declarar a inconstitucionalidade da lei, a Corte não cria direito; ela expulsa a norma geral do sistema; ela opõe, ao fato da produção da norma geral inconstitucional, o ato que lhe é precisamente oposto, excluindo-a do sistema de direito positivo. Assim agindo, exerce a função de "legislador negativo".

Por ocasião dos debates weimarianos, Kelsen já havia definido as estruturas essenciais acerca da jurisdição constitucional. Em sua *Autobiografia*, tece o seguinte comentário:

> "Minha tendência própria era codificar do modo mais irrepreensível possível, do ponto de vista da técnica jurídica, os princípios políticos que me eram dados e construir, assim, garantias eficazes para

---

38. Cf. JELLINEK, Georg. *Ein Verfassungsgerichtshof für Österreich*. Viena: Hölder, 1885, p. 2; 20-23.

39. Cf. KELSEN, Hans. *Wesen und Entwicklung der Staatsgerichtsbarkeit. Überprüfung von Verwaltungsakten durch die ordentlichen Gerichte*. Verhandlungen der Tagung der Vereinigung der Deutschen Staatsrechtslehrer zu Wien am 23-24. April 1928 (Heinrich Triepel; Hans Kelsen; Max Layer, Ernst von Hippel). Também: Hans Kelsen. L'esecuzione federale. *La giustizia costituzionale* (a cura di Carmelo Geraci). Giuffrè, Milano, 1981.Ver: MERKL, Adolf Julius. Prolegomini ad una teoria della costruzioni a gradine del Diritto. *Il Duplice Volto del Diritto*. In: GERACI, Carmelo (Org.). *Il Sistema Kelseniano e altri Saggi*. Milano: Giuffrè Editore, 1987, p. 1-65.

a constitucionalidade da atividade estatal. Considerei como o núcleo jurídico da Constituição a seção sobre as garantias constitucionais e administrativas. (...) A Corte Imperial foi transformada em uma verdadeira Corte Constitucional – a primeira desse tipo na História do direito constitucional. Até então, nenhuma corte havia recebido competência para revogar leis por motivo de inconstitucionalidade com efeito geral e não restrito ao caso particular".[40]

Confira-se, sobre o assunto, Paulo Antonio Menezes de Albuquerque e Paulo Sávio Peixoto Maia:

"Em Kelsen, a garantia da constituição se faz pelo estabelecimento de uma instituição por meio da qual se controla a constitucionalidade dos atos oriundos dos demais órgãos de um governo. E é ao demonstrar uma notória "estatolatria" que Kelsen tece suas críticas ao controle difuso de controle de constitucionalidade típico da tradição norte-americana; assim o faz para, ato contínuo, atribuir ao modelo concentrado uma melhor adequação para aquele tempo.

No que toca às diferenças entre os dois "modelos" para Kelsen a maior diferença entre o modelo de controle difuso e o modelo concentrado consiste no procedimento mediante o qual uma lei é declarada inconstitucional. Kelsen questiona o procedimento de arguição de inconstitucionalidade do "modelo americano", que é feito por via incidental, na aplicação da lei ao caso concreto: acusa-o de "um meio juridicamente imperfeito", por não haver um órgão específico para tratar das inconstitucionalidades. Além disso, causa espanto em Kelsen o fato de um controle de constitucionalidade depender de um interesse particular.

Tendo a Constituição a função política de pôr limites jurídicos ao poder, tal tarefa seria dotada de um imanente e indeclinável interesse público (na verdade, estatal), que não necessariamente coincidiria com o interesse privado daqueles que suscitam a inconstitucionalidade por via incidental, o que faz merecer um procedimento especial consoante com o caráter especial que reveste o interesse público (rectius, estatal).

Assim, nos moldes do controle concentrado, a proteção da qualidade da legislação em sua adequação à Constituição é uma atribuição do Estado e os particulares não possuem o direito de exigi-la. Destarte, Kelsen acreditava firmemente que a manutenção da autoridade de uma Constituição somente é possível com a centralização do controle de constitucionalidade. Centralização e segurança jurídica, no que toca ao "modelo de Kelsen", mutuamente se pressupõem".[41]

A teoria kelseniana do controle abstrato de normas tem como pressuposto fundamental a ideia de supremacia formal e material da Constituição, que estatui um modelo federativo de Estado, a ser garantida por um órgão independente e neutro em relação aos demais poderes estatais; órgão esse que, no exercício de sua judicatura, venha a solucionar as antinomias do sistema jurídico e as contradições inerentes ao pluralismo democrático. O *Guardião da Constituição*, portanto, é um órgão constitucional cuja função é, como o próprio nome indica, defender a Constituição contra as suas violações; considerando que a Constituição é norma jurídica, só pode ser violada por quem, a princípio, deve cumpri-la. Uma democracia sem constituição e sem controle da constitucionalidade

---

40. Cf. KELSEN Hans. *Autobiografia*. Tradução de Gabriel Nogueira e José Ignácio Coelho Mendes Neto. Dias. 1. Edição brasileira. Rio de Janeiro: Forense Universitária, p. 80.
41. Cf. ALBUQUERQUE, Paulo Antonio Menezes de; Maia, Paulo Sávio Peixoto. *A relação entre direito e política como criação e dissolução de 'impossibilidades' recíprocas: uma análise da atuação do Supremo Tribunal Federal na Ação Declaratória de Constitucionalidade n. 09/2001*. Trabalho publicado nos Anais do XIX Encontro Nacional do CONPEDI realizado em Fortaleza – CE nos dias 09, 10, 11 e 12 de Junho de 2010. Conferir também a nota de rodapé n. 45.

das leis não pode perdurar, pois não há como se instaurar a "paz política" no âmbito interno do Estado.

Para Kelsen, as ideias de Schmitt partem da construção equivocada dos conceitos jurídicos e políticos e de uma contradição fundamental: a confusão entre conceitos de teoria do direito (o conceito de jurisdição) e de política jurídica (qual a melhor forma de organizar a defesa da Constituição e o sistema de controle da constitucionalidade). Schmitt parte de um conceito jurídico pressuposto e deduz equivocadamente um conceito jurídico idealizado.

Hodiernamente, admite-se que as várias polêmicas entre Schmitt e Kelsen, que tiveram início, ainda que de forma incipiente, nos anos '10 do Século passado, radicam nas respectivas concepções de poder, Estado e Direito e nas posturas autocrática, de Schmitt e democrática, de Kelsen. Cada qual havia construído um conceito único de Constituição e, com base nesse conceito, havia concebido como se deveria estruturar a respectiva guarda e defesa[42]. A esse respeito, vale citar Gilberto Bercovici[43]:

> *"Apesar disto, as colocações de Schmitt, especialmente no livro Der Hüter der Verfassung, têm o mérito de chamar a atenção para a grande questão, até hoje, não resolvida, do controle de constitucionalidade e da "guarda" da Constituição: as relações entre a defesa da Constituição e o sistema democrático. No fundo, tanto faz se o Guardião da Constituição é um Tribunal Constitucional, o Presidente da República ou o Parlamento. O problema surge, segundo Pablo Lucas Verdú, quando os órgãos de controle de constitucionalidade não se limitam mais a defender e a interpretar, como instância máxima, a Constituição, mas passam a assenhorear-se dela, ou, nas suas palavras: "não se reduzem a ser o Hüter da Constituição, mas pretendem-se o Herr da mesma")".*

Com o fim da Segunda Grande Guerra Mundial e, uma vez derrotados os sistemas totalitários europeus, estas ideias voltaram a ter plena difusão na Europa, a qual presenciou o surgimento de várias Cortes Constitucionais: Itália (1947), Alemanha (1949), Espanha (1978) e Portugal (1983)[44]. Destaque-se: ainda hoje ecoam as palavras, quase proféticas,

---

42. Cf. LIMA, Martonio Mont'Alverne Barreto. A guarda da Constituição em Hans Kelsen. *Revista Brasileira de Direito Constitucional*. São Paulo. v. 1, 2003, p. 203-209; BERCOVICI, Gilberto. *Carl Schmitt, o Estado Total e o Guardião da Constituição cit.*; MAUS, Ingeborg. *Bürgerliche Rechtstheorie und Faschismus: Zur sozialen Funktion und aktuellen Wirkung der Theorie Carl Schmitts.* 2. Auf., München: Wilhelm Fink Verlag, 1980; *Rechtstheorie und politische Theorie im Industriekapitalismus*. München: Wilhelm Fink Verlag, 1986; STAFF, Ilse (Hrsg.), *Staatsdenken im Italien des 20. Jahrhunderts. Ein Beitrag zur Carl Schmitt. Rezeption.* Baden Baden: Nomos Verlangsgesellschaft, 1991; MÜLLER, Christoph; STAFF, Ilse (Hrsg) *Staatslehre in der Weimarer Republik*. Suhrkamp: Frankfurt am Main, 1985; BEAUD, Olivier. *Les derniers jours de Weimar: Carl Schmitt face à l'avènement du nazisme*. Paris: Descartes, 1997. CALDWELL, Peter C. *Popular Sovereignty and the Crisis of German Constitutional Law: The Theory and Practice of Weimar Constitutionalism*. Durham, N.C: Duke University Press, 1997; DYZENHAUS, David. *Legality and Legitimacy: Carl Schmitt, Hans Kelsen and Hermann Heller in Weimar.* Oxford: Oxford University Press, 1999. EHS, Tamara (Hrsg). *Hans Kelsen. Eine politikwissenschaftliche Einführung.* Baden-Baden-Wien: Nomos, 2009; Michael Stolleis. *Geschichte des öffentlichen Rechts in Deutschland. Dritter Band 1914-1945*. München: C.H. Beck, 1999.

43. Cf. BERCOVICI, Gilberto. *Carl Schmitt, o Estado total e o guardião da Constituição, cit.* Ver: LIMA, Martonio Mont'Alverne Barreto. Justiça Constitucional e Democracia: perspectivas para o papel do Poder Judiciário. *Revista da Procuradoria Geral da República*. São Paulo: Revista dos Tribunais, n. 8, p. 81-10 I, jan.-jun. 1996.

44. Cf. PAULSON, Stanley L. *La distinción entre hecho y valor: la doctrina de los dos mundos y el sentido inmanente. Hans Kelsen como neokantiano.* In: *Doxa.* N. 26 (2003). ISSN 0214-8876, p. 547-582. Traducción de Carlos Bernal Pulido do original alemão publicado em: R. Alexy, L.H. Meyer, S. L. Paulson y G. Sprenger (Hrsg.). *Neukantianismus und Rechtsphilosophie.* Baden-Baden: Nomos, 2002, p. 223-251. VERDÚ, Pablo Lucas. El Orden Normativista Puro (Supuestos culturales y politicos en la obra de Hans Kelsen). *Revista de Estudios Políticos* (Nueva Época). n. 68,

de Kelsen: *não é possível, obviamente, propor ou adotar uma solução uniforme para todas as Constituições, atuais ou futuras; os respectivos sistemas de jurisdição constitucional deverão adaptar-se às condições e particularidades de cada uma delas.*[45]

7. HANS KELSEN E A PROPOSTA DE CRIAÇÃO DE UMA CORTE CONSTITUCIONAL NA CONSTITUINTE BRASILEIRA (1933-1934)

A primeira Constituição republicana brasileira (1891), como já destacado, aboliu as estruturas político-jurídicas fundamentais da monarquia e incorporou vários princípios estatuído pelo direito político norte-americano, especialmente a adoção do federalismo como forma de Estado, do presidencialismo como sistema de governo, o sistema bicameral de representação parlamentar e controle jurisdicional da constitucionalidade das leis, com a palavra final de uma Corte Suprema, o Supremo Tribunal Federal.

Segundo Paulo Bonavides e Paes de Andrade a atuação de Rui Barbosa foi preponderante, aperfeiçoando o projeto, tanto na redação, quanto no seu conteúdo[46]. Observa, a propósito, Nelson Saldanha: coube a Campos Sales uma formulação mais completa – ou pelo menos mais adequada à realidade que se experienciava – do regime presidencialista: um poder pessoal, porém responsável e sujeito ao "contrapeso" dos outros poderes da República. O liberalismo de Rui, entretanto, foi forjado dentro das linhas da melhor publicística do Século XIX, reconhecia; o reconhecimento da república, do presidencialismo, do federalismo, e das ideias de supremacia constitucional não o impediram de reconhecer a diferença entre os problemas norte-americanos e brasileiros no momento de estruturar as respectivas federações.[47]

O movimento de 03 de outubro de 1930 eclodira em resposta ao desgaste e à incapacidade do texto constitucional de 1891 de ordenar a dinâmica política brasileira. A ideia de atraso, após o movimento nacional de modernização, parecia suplicar pela construção de um novo País, em todos os segmentos. A proposta liberal-conservadora de transformação radical, nacionalista e modernizadora, trazida por Getúlio Vargas e por seu grupo, derrotaria o patrimonialismo coronelista, as oligarquias e a burocracia dominantes no Brasil até a crise mundial de 1929.

Em 11 de dominantes no novembro de 1930, a ordem constitucional de 1891 chegou ao fim, abolida pelo Governo Provisório criado pela Revolução liderada por Getulio Vargas. A carta constitucional não tinha normatividade e eficácia suficientes para ordenar, de forma adequada, o processo político da Primeira República:

"Outubro de 1930 marcou o fim de uma República ao mesmo tempo em que fechou um capítulo de nossa história federativa e republicana. Foi '30, sem dúvida, ano de grandes comoções patrióticas, de

---

abr/jun, 1990, p. 7-93; DREIER, Horst. Hans Kelsen (1881-1973): "Jurist des Jahrhunderts"? In: HEINRICHS, Helmut u. a. (Hrsg.). *Deutsche Juristen Jüdischer Herkunft*. München: C.H. Beck, 1993, p. 705-732.

45. Comparar com o seguinte texto: KELSEN, Hans. Judicial Review of Legislation. A comparative study of the Austrian and the American Constitution. *Journal of Politics*, v. 4, Issue 2, Maio, 1942, p. 183-200.

46. Cf. Andrade, Paes de; BONAVIDES, Paulo. *História Constitucional do Brasil*. 3. ed. São Paulo: Paz e Terra, 1991, p. 217.

47. Cf. SALDANHA, Nelson Nogueira. *História das Ideias Políticas no Brasil*. Brasília: Senado Federal-Conselho Editorial, 2001, Capítulo XI.

esperanças cívicas, de confiança no futuro. O Estado Liberal da versão clássica – durante mais de um século a ideia-força das nossas instituições – chegava ao fim, depois de haver atravessado dois regimes: de um Império e uma República. O País acordava então para as mudanças do século. A ditadura do Governo Provisório, em algumas matérias políticas e sociais, entrava com a mesma força, o mesmo ímpeto, a mesma energia dos republicanos de '89, quando instauraram a Primeira República e cuidaram de varrer, em vinte e quatro horas, por decreto-lei, todas as instituições básicas do Império. Era a aurora do Estado Social" [48].

Encerrado o período do Governo Provisório, o ano de 1934 testemunharia a entrada em vigor da segunda Constituição republicana brasileira, primeira "constituição social" do País. Cezar Saldanha Souza Jr. afirma, a propósito: a Constituição de 1934, apesar de efêmera, foi a mais criativa das constituições republicanas. Acrescenta: três tradições políticas dão suporte à Constituição de 1934: a) a tradição liberal clássica; b) o constitucionalismo social (Constituição de Weimar e Constituição espanhola [1931], v.g.) e c) o corporativismo autoritário (Constituição portuguesa [1933]).[49]

É interessante destacar: consolidada a vitória, a partir de 1930 e tendo em vista os propósitos reformadores do grupo varguista, tem-se que a *realidade* do Estado nacional brasileiro foi construída a partir de uma *ideia* fundamental: *a proeminência do Poder Executivo no sistema de repartição constitucional de competências e funções.* Objetivamente: os anos de 1933-1934, época da assembleia constituinte (instalada em 15.11.1933), consolidaram a constitucionalização das decisões tomadas pelo Governo Provisório de Getúlio Vargas:

> "No Brasil, a construção do Estado nacional se dá, essencialmente, no âmbito do poder executivo, com maior ênfase a partir de 1930. Foi neste período, inclusive, que ocorreu a primeira e única reforma verdadeira do Estado no Brasil, que resultou na profissionalização da administração pública com a criação do DASP (Departamento Administrativo do Serviço Público). No entanto, nenhuma de nossas constituições sociais e democráticas do período (1934 e 1946) tinha um projeto deste Estado que se estava estruturando. Na realidade, o que ocorre em 1934, fundamentalmente, é a constitucionalização das medidas tomadas pelo Governo Provisório de Getúlio Vargas. Ou seja, uma sistematização constitucional do que já havia sido regulado pelo Poder Executivo revolucionário (...) A Constituição de 1946 herda o Estado construído a partir de 1930)"[50].

A terceira Constituição do Brasil, promulgada em 16 de julho de 1934, entrou em vigor ao mesmo tempo em que o mundo dos vivos retratava a imediata necessidade de reformulação da Sociedade e do Estado brasileiros, diante dos novos processos econômicos e demandas sociais que, *per se*, sepultaram os postulados liberais do século anterior e a inércia do Poder Público.

---

48. Cf. ANDRADE, Paes de; BONAVIDES, Paulo, *op.cit.*, p. 259-260. Ver: MOTA, Carlos Guilherme LOPEZ, Adriana. *História do Brasil*: uma interpretação. São Paulo: SENAC, 2008, *passim*.

49. Cf. SOUZA JÚNIOR, Cezar Saldanha. *Constituições do Brasil*. Porto Alegre: Sagra Luzzatto, 2002, p. 46-49.

50. Cf. BERCOVICI, Gilberto. Estado intervencionista e constituição social no brasil: o silêncio ensurdecedor de um diálogo entre ausentes. In: SOUZA NETO, Cláudio Pereira de; SARMENTO, Daniel; BINENBOJIM, Gustavo (Org.). *Vinte Anos da Constituição Federal de 1988*. Rio de Janeiro: Lumen Juris, 2009, p. 725-738. Ver: BERCOVICI, Gilberto. Tentativa de instituição da democracia de massas no Brasil: instabilidade constitucional e direitos sociais na Era Vargas (1930-1964). In: FONSECA, Ricardo Marcelo; SEELAENDER, Airton Cerqueira Leite (Org.). *História do direito em perspectiva*: do antigo regime à modernidade. Curitiba: Juruá, 2008, p. 375-414; WAHRLICH, Beatriz M. de Souza. O Governo Provisório de 1930 e a Reforma Administrativa. *Revista de Administração Pública*, v. 9, Rio de Janeiro: Ed. FGV, dezembro de 1975, p. 5-68.

1934, eis a realidade da época: o absenteísmo estatal, típico do liberalismo econômico e político do século XIX, não mais encontrava apoio na Sociedade pós-1929. O momento exigia maior presença do Estado para, pelo menos, minimizar as desigualdades sociais causadas pelos excessos da aparente autonomia privada. As soluções, políticas e jurídicas, que vinham do México e da Alemanha, se fizeram ouvir no Brasil. O Governo Vargas, a partir de 1934, alterou profundamente as instituições constitucionais. O poder viu-se centralizado no Governo Central, ainda que, aparentemente, estivesse mantido o sistema federativo.

No que toca ao Poder Judiciário, a Constituinte deu continuidade ao recurso extraordinário como instrumento de controle da supremacia da Constituição Federal e do Direito federal; ao mesmo tempo, introduziu a representação para autorizar a intervenção da União nos Estados e assegurar a observância dos "princípios constitucionais sensíveis". Desde então, tem início a história do "sistema híbrido" de controle da constitucionalidade das leis, modelo até hoje vigente no Brasil, com as técnicas de fiscalização introduzidas com as Emendas Constitucionais Federais n. 03 e n. 45, bem como através das Leis Federais 9.868/99 e 9.882/99.

Os Constituintes de 1933/1934, diz Ana Valderez Alencar (*op. cit.*, p. 234), entenderam de modificar o sistema então vigente de fiscalização da constitucionalidade das leis, no sentido de que "... *uma vez declarada a inconstitucionalidade da norma, os efeitos da declaração não se cingissem ao caso particular, mas aproveitassem a todos*". A questão seria: qual a melhor técnica legislativa para fazê-lo. O problema suscitou a atenção de vários deputados constituintes; dentre eles, Godofredo Vianna, Nilo Alvarenga, Vitor Russomano, Arruda Falcão, Cardoso de Melo Neto, Agamennon Magalhães, Cunha Melo, Prado Kelly e Levi Carneiro.

O deputado Godofredo Vianna iniciou o debate. O sistema de fiscalização da constitucionalidade das leis, na futura constituição, não podia ir na contra mão das modernas constituições, exemplarmente analisadas por Mirkine-Guetzévich e Pontes de Miranda. O anteprojeto continua na tradição precedente, a saber, "apesar de ser declarada inconstitucional pelo Supremo Tribunal Federal, a lei continua de pé, ao contrário do que se passa no sistema austríaco"; "... não parece que devemos manter essa situação". A sua proposta: sempre que o STF declarasse, em mais de um julgado, a inconstitucionalidade da lei, esta seria, *ipso facto*, considerada inexistente, cabendo ao Procurador Geral da República mandar publicar essa decisão no órgão oficial da União e do Estado, para que esse acórdão tivesse eficácia *erga omnes* nos prazos estabelecidos pela lei civil.[51]

Gilmar Ferreira Mendes chama a atenção para o argumento, apresentado pelo deputado Nilo Alvarenga, a favor da instituição de uma *Corte de Justiça Constitucional* no Brasil, inspirada no *modelo austríaco*.[52] Ao fundamentar a sua proposição, o constituinte referiu-se diretamente ao comunicado de Hans Kelsen (publicado na Revista da Associação Alemã de Professores de Direito Público) sobre a *essência* e o *desenvolvimento* da

---

51. Cf. ALENCAR, Ana Valderez A. N. de, *op. cit.*, p. 234-237.
52. Cf. MENDES, Gilmar Ferreira. Kelsen e o controle de constitucionalidade do direito brasileiro. *Direitos fundamentais e controle de constitucionalidade*: estudos de direito constitucional. 3. ed. São Paulo: Saraiva, 2004, p. 217-220. Cf. ALENCAR, Ana Valderez A. N. de, *op. cit.*, p. 237-245.

jurisdição estatal [53]. Expõe, ainda, Mendes, as principais razões e argumentos de Nilo Alvarenga em favor da necessidade concreta de instituir-se, no Brasil de '34, *um sistema jurisdicional de controle direto* (diga-se, hoje, abstrato) da constitucionalidade das leis, como *instrumento de racionalização da ordem jurídica*, de *efetiva tutela dos direitos fundamentais* e de *presteza na prestação jurisdicional*[54]. Confira-se, também, neste particular, a contribuição de Paulo Sávio Peixoto Maia:

> *"Logo em 1934, Kelsen confecciona parecer em que fundamenta uma competência constitucional ilimitada para a Assembleia Constituinte de 1933-1934, instaurada após a Revolução de 1930. No decorrer da mesma constituinte, em 20 de dezembro de 1933, o deputado federal Nilo Alvarenga apresenta projeto de lei que propõe a criação de uma Corte Constitucional, que examinaria com exclusividade as questões constitucionais. Ao deixar claro que suas considerações se esteiravam na exposição realizada por Kelsen, em 1928, em Paris, o deputado argumentou que uma jurisdição constitucional concentrada é muito melhor que o modelo norte-americano, em que é "imperfeito e incompleto" porquanto estende a todos os juízes a possibilidade realizar controle de constitucionalidade. Isso não era gratuito. Como se sabe, o Brasil, desde 1892, conhece uma prática de controle de constitucionalidade difuso, à imagem e semelhança da judicial review norte-americana, graças à histórica atuação de Rui Barbosa quando do julgamento do habeas corpus de 23.4.1892, em favor dos Generais e Almirantes que se rebelaram contra o Marechal Floriano Peixoto. Assim, é possível perceber que na proposta de Nilo Alvarenga não é bem o controle de constitucionalidade dos Estados Unidos que é considerado incompleto e imperfeito, mas sim o do Brasil e a solução seria as recomendações kelsenianas. Nasce historicamente, aí, o argumento de que somente com uma centralização do controle de constitucionalidade é que seria alcançada a assim-chamada "segurança jurídica". Um argumento que encontrou na limpa biografia de Kelsen uma forte aliada. Afinal, era um autor cuja teoria sistematizou uma Corte Constitucional como guardião da Constituição, e não um Presidente com poderes ditatoriais (como queria Schmitt). Um autor que era convicto defensor da democracia, que não estabeleceu qualquer sorte de relacionamento com os autoritarismos do entre-guerras (como o fez Schmitt), até porque a sua ascendência judaica o impossibilitaria".*[55]

O deputado Prado Kelly, de modo semelhante, à proposta de Nilo Alvarenga, buscava trazer para o direito público brasileiro o debate europeu no tocante à questão do controle abstrato de normas: "Assim, os efeitos das decisões se limitam às partes da demanda. (…) O Poder Judiciário não estabelece preceitos senão para casos individuais. Ora, um dos objetivos da *racionalização* dos poderes é instituir um órgão de jurisdição constitucional, *não só em atenção aos interesses individuais violados, mas no interesse público da harmonia da legislação e da supremacia dos códigos fundamentais. Essa nova tendência,*

---

53. Cf. KELSEN, Hans. Wesen und Entwicklung der Staatsgerichtsbarkeit. In: VVDStRL. Bd. 5, Berlin – Leipzig 1929. No caso brasileiro, veja-se: Projeto apresentado pelo Deputado Nilo Alvarenga, de 20.12.1933. *Annaes da Assembleia Constituinte*. Rio de Janeiro: 1935, p. 33-35 – ALENCAR, Ana Valderez A. N. de. A competência do Senado Federal para suspender a execução dos atos declarados inconstitucionais. *Revista de Informação Legislativa*, v.15, n. 57, p. 223-328, jan./mar., 1978.

54. Cf. MENDES, Gilmar Ferreira. *Kelsen e o controle de constitucionalidade do direito brasileiro*, p. 217-220. Conferir também: Hauke Brunkhorst. *Die unheroische Demokratie. Sozialphilosophische Kontext der Weimarer Staatsdiskussion.* In: WASCHKUHN, Arno; THUMFART, Alexander (Hrsg.). Politisch-kulturelle Zugänge zur Weimarer Staatsdiskussion. Baden-Baden: Nomos, 2002, p. 91-97; OOYEN, Robert Chr. van. Der Streit um die Staatsgerichtsbarkeit in Weimar aus demokratietheoretischer Sicht: Triepel – Kelsen – Schmitt – Leibholz. In: OOYEN, Robert Chr. van and MÖLLERS, Martin H. W. *Das Bundesverfassungsgericht im politischen System.* Wiesbaden: VS Verlag, 2006, p. 99-117.

55. Cf. MAIA, Paulo Sávio Peixoto. *O Guardião da Constituição na polêmica Kelsen-Schmitt*: Rechsstaat como referência semântica na memória de Weimar. Dissertação de Mestrado. Brasília: UnB, 2007.

desconheceu-a ou refugou-a a Comissão Revisora. Porque nada lhes ocorreria *fora* dos três poderes, o Legislativo, o Executivo e o Judiciário".

Prado Kelly não se aproximava da ideia de criar-se uma Corte de Justiça Constitucional. Entretanto, delegava ao "Conselho Federal" (igualmente em debate), a atribuição de fazê-lo diretamente ou então a competência para a "extensão *erga omnes* dos arestos lançados pela Suprema Corte, nas espécies sujeitas a seu julgamento".[56]

O deputado Levi Carneiro manifestou posição contrária à introdução do controle abstrato de normas durante a Constituinte de 1933-1934. Para ele, deveria o sistema de controle difuso, inaugurado em 1891: o STF, no caso concreto, decretaria a inconstitucionalidade da lei, mantendo-se os efeitos dessa decisão em relação às partes em litígio e nos limites da respectiva demanda:

> "Não aderimos à sugestão, supondo que as nossas condições não a recomendam. *Acreditamos, com o Sr. Pontes de Miranda, que a criação de tribunais dessa espécie, adstritos unicamente a questões constitucionais, não é mesmo recomendável* (...) A Corte proposta, anulando, com a maior rapidez, as leis e atos inconstitucionais, revogando-os para todos os efeitos, e constituída por nove juízes nomeados por três anos, *absorveria parte relevantíssima das funções do Supremo Tribunal Federal, diminuindo-o e se tornaria provavelmente um órgão político*. As suas decisões não se ateriam à apreciação jurídica, e legal, que é, aliás, a própria justificativa do pronunciamento judicial da inconstitucionalidade das leis".[57]

Destaquei, nas palavras de Lei Carneiro, *a referência expressa a Pontes de Miranda*. A ideia que presidiu a elaboração deste trabalho gira em torno desse diálogo não travado diretamente entre Hans Kelsen e Pontes de Miranda, mas que foi decisivo, a meu ver, na consolidação do sistema judicial de controle da constitucionalidade das leis em 1934, entregue à jurisdição da Corte Suprema do País, órgão de cúpula do Poder Judiciário brasileiro.

A partir de 1932, Pontes de Miranda começa a publicar os seus primeiros escritos sobre filosofia política, teoria do poder, direito do Estado e teoria da Constituição. A edição dos *"Fundamentos actuaes do direito constitucional"* (RJ: Empresa de Publicações Technicas, 1932) marca, de forma indelével, a presença do jusfilósofo alagoano no direito político brasileiro, precisamente no ano que antecedeu à instalação da Constituinte de '33.

Por essa época, até mesmo como resultado de seus escritos anteriores, o Autor reconhecia o fim do modelo absenteísta de Estado. O Estado brasileiro precisava, na nova ordem social, política e jurídica que se consolidava, de fins delimitados e precisos, adequados à realidade social; deveria também olhar para a gravidade da questão social. Um Estado abstinente seria um Estado sem fins, o que mostra uma grande contradição.[58]

Entretanto, a Constituição brasileira de 1934 não refletiria essa realidade nacional e padeceria do mesmo defeito das constituições dos pós-guerra: o de não ter fins pre-

---

56. Cf. ALENCAR, Ana Valderez A. N. de, *op. cit.*, p. 253-255. Cf., mais explicitamente, a posição de Prado Kelly e o seu debate com Levi Carneiro, na p. 260. A competência do Senado Federal, hoje prevista no art. 52, X, da CF/88, radica, no que é essencial, nas propostas de Godofredo Vianna e Prado Kelly.
57. Cf. ALENCAR, Ana Valderez A. N. de, *op. cit.*, p. 245.
58. Cf. PONTES DE MIRANDA. *Os Fundamentos actuaes do direito constitucional* cit., p. 236. Conferir: "O Estado não é um criador arbitrário do direito; é apenas um meio, perfectível, não exclusivo, de revelação das normas jurídicas" (*op. cit.*, p. 36).

cisos, mas fórmulas vagas, ingênuas e imprecisas. Era certamente difícil acomodar, na formação de um novo tipo de Estado, a ideologia das constituições norte-americana e europeias, especialmente a alemã e a italiana. Esse será um diagnóstico pessimista que virá explicitado nos comentários publicados em 1936.[59]

No âmbito da ciência do Direito, interessa destacar que Pontes de Miranda partia de postulados diametralmente opostos à pureza metodológica de Hans Kelsen; não se pode expurgar da ciência do Direito os métodos e pressupostos de outros ramos do saber científico:

> "No Direito, se queremos estudá-lo cientificamente como ramo positivo do conhecimento, quase todas as ciências são convocadas pelos cientistas. A extrema complexidade dos fenômenos implica a diversidade do saber. As matemáticas, a geometria, a física, a química, a biologia, a geologia, a zoologia e a botânica, a climatologia, a antropologia e a etnografia, a economia política e tantas outras constituem mananciais em que o sábio da ciência jurídica bebe o que lhe é mister. Nas portas das escolas de Direito devia estar escrito: aqui não entrará quem não for sociólogo. O sociólogo supõe o matemático, o físico, o biólogo".[60]

O controle da constitucionalidade das leis e atos normativos *é um instrumento essencial destinado a proteger e a assegurar as constituições democráticas e a própria ideia de Estado de Direito*: "O poder de verificar se um facto é constitucional ou não, quer exercido pela Justiça, quer pelo Poder legislativo, quer pelo executivo, implica exame do acto do órgão (o mesmo não seria dizer o acto do Estado). Por sua natureza, é transcendente; porém não transcendente em relação ao Estado, um de cujos órgãos é que verifica: transcendente quanto á actividade dos outros órgãos".[61] Veja-se, ainda:

> "O povo, com o princípio da constitucionalidade das leis e dos actos dos poderes, quer que os órgãos do Estado não fiquem livres de verificação jurídica. O corpo, a que se dá a vigilância, ou o corpo e a pessoa, ou só a pessoa (Chefe de Estado) exerce função ligada ao poder constituinte, é o instrumento de autodefesa da Constituição, das forças que, no momento dado, acharam as formulas de equilíbrio, traduzidas nos textos constitucionaes. Toda a ordem jurídica será vigiada, inclusive as reformas constitucionaes, quanto á observância das formalidades necessárias, desde a legislação geral, até as Constituições dos membros da federação e as leis destes."[62]

Neste sentido, igualmente proveitosa é a leitura da seguinte passagem: "*a técnica da defesa da Constituição comporta problemas diversíssimos, como o problema da Guarda da Constituição e o da Rigidez Constitucional, aquele ligado a órgão defensivo e esse ao coeficiente de estabilidade das regras constitucionais*".[63]

Pontes de Miranda, desde quando publicou o "Sistema de Ciência Positiva do Direito" (1922), acolheu, como necessária e fundamental, a ideia de que o magistrado, que concretiza o Direito abstratamente posto, deve interpretá-lo de modo sistemático

---

59. Cf. PONTES DE MIRANDA. *Comentários à Constituição da República dos E. U. do Brasil de 1934*. Rio de Janeiro: Editora Guanabara, 1936, t. I. p. 13-14.
60. Cf. PONTES DE MIRANDA. *Introdução à Política Científica*. 2. ed. Rio de Janeiro: Forense, 1983, p. 16 (1. ed., 1924).
61. Cf. PONTES DE MIRANDA. *Os fundamentos actuaes do Direito Constitucional*, p. 115-116.
62. Cf. PONTES DE MIRANDA. *Os fundamentos actuaes do Direito Constitucional*, p. 122.
63. Cf. PONTES DE MIRANDA. *Defesa, guarda e rigidez das constituições*. *Revista de Direito Administrativo*. Rio de Janeiro: FGV, ns. 4 e 5, 1946, p. 3 (Edição Histórica – RJ: Ed. Renovar).

e flexível, para que, em cada caso concreto que venha a julgar, possa também atualizar as normas jurídicas em relação aos fatos que integram a disciplina das relações sociais:

> "Na própria ordem política, o que mais distingue as duas funções é a índole geral, para o futuro, do produto legislativo, e a índole individual, para o presente, do produto judiciário; aquele é permanente, esse momentâneo. Observados tais caracteres da função especial do juiz, evidentemente se atenua a importância da objeção: o juiz decide para casos particulares, o que diminui em extensão a eventual injustiça, e, em intensidade, porque o interessante é o natural e vigilante fiscal dos julgamentos". [64]

Tenha-se, ainda:

> "O Direito realidade é o 'dado'; esboça-o e às vezes o desfigura o legislador; jurisconsulto e juiz avivam-lhe os traços, dão-lhes as cores, elementos concretos que não podiam ser obtidos pelo processo abstrativo do formulador da lei. (...) Em toda a ordem natural, o que se "impõe" é a realidade, o "dado" é um "imposto"; e qualquer negação disto implica a negação do determinismo universal, da ciência e da filosofia. Os fenômenos sociais que determinam a necessidade e a produção da norma jurídica são impessoais, conquanto por vezes, heterogêneos e complexos; porém, na lei há o fato de uma ou de mais de uma consciência, e portanto, o coeficiente do eu, que o torna não inserível no mundo exterior, se em estado bruto, quer dizer no estado de abstração. No aplicar a regra jurídica há o o juiz desbastar a pepita, eliminar aquele coeficiente entre a material que se induz, e a material para que se deduz".[65]

Esse conjunto de ideias foi transposto, uma década mais tarde, para a sistematização do conceito e das características essenciais do controle judicial da constitucionalidade das leis.

Em seus Comentários à Constituição de 1934, retoma o debate em torno da opção da Assembleia Constituinte no tocante ao sistema brasileiro de fiscalização da constitucionalidade das leis, com a inclusão do papel institucional do Senado Federal, uma vez julgada concretamente a questão. É manifesta a rejeição ao modelo kelseniano, reiterando os termos das objeções de Levi Carneiro à criação de uma Corte Constitucional no Brasil:

> "A Constituição de 1934, como a de 1891, *não anuiu em que se anulasse a lei, em que se declarasse in abstracto a inconstitucionalidade, nem em que a resolução judicial atingisse a lei em sua existência fora do caso julgado.* Todavia, concedeu ao Senado Federal, diante da declaração do Poder Judiciário, suspender a execução, no todo ou em parte, de qualquer lei ou acto, deliberação ou regulamento (art. 91, IV) e, não só *ex offico* como em geral, examinar, em confronto com as respectivas leis, os regulamentos expedidos pelo Poder executivo e suspender a execução das disposições ilegais (art. 91, II)."[66].

> "*Ao decidir que a lei é inconstitucional, o Poder judiciário, federal ou local, não fulmina a lei, não a torna nenhuma, não na anula, nem lhe declara a nulidade, como procederia qualquer juiz com um acto jurídico que lhe fosse a exame e julgamento. Apenas desatende ao que a lei ordena, porque é inconstitucional o que ela ordena, ou não obedeceu a certas formalidades indispensáveis para que pudesse ordenar. Mediante esse raciocínio, rente ao factos da vida e adstritos à teoria da Constituição e dos poderes que adotamos em 1891, tomada aos norte-americanos, pode a lei ser posta de lado sem que se empreste à Justiça qualquer supremacia em relação aos outros Poderes.*".

A mesma tese foi exposta em 1938:

---

64. Cf. PONTES DE MIRANDA. *Sistema de ciência positiva do direito.* 2. ed. Campinas: Bookseller, 2005, p. 307.
65. Cf. PONTES DE MIRANDA. *Sistema de ciência positiva do direito.* 2. ed. Campinas: Bookseller, 2005, p. 166.
66. PONTES DE MIRANDA. *Comentários à Constituição da República dos E. U. do Brasil de 1934.* Rio de Janeiro: Editora Guanabara, 1936, t. I, p. 626 e p. 705.

"Apreciando o caso concreto e decidindo, a Justiça pronuncia-se sobre a constitucionalidade, ou legalidade, do acto dos outros ou de um dos outros Poderes, o executivo e o legislativo. *Aí está a primeira regra sobre a competência do Poder Judiciário, pois-que se lhe não outorgou, na Constituição de 1937, apurar, in abstrato, a constitucionalidade ou legalidade dos actos do Poder executivo ou do Poder legislativo, ou ambos, nem lhes atribuiu declarar nula, inconstitucional, a lei ou o acto e ordenar que outros casos se não aplicasse.* (...) Toda lei, todo acto que se há de executar em muitos casos, é, antes de executar-se, ordem. *O Poder judiciário não anula, não declara nula a ordem; mas impede que incida nos factos, nos casos.*".[67]

Nos Comentários à Constituição de 1946, época da primeira redemocratização, Pontes de Miranda retoma as ideias anteriores e explica a formação do sistema brasileiro de controle da constitucionalidade:

"O poder estatal, nos Estados Unidos da América e no Brasil, está novo povo. Em relação ao direito constitucional de quase todo o Mundo, era isso fato novo. Procedia-se a certa inversão da fórmula política, inversão que era ainda, ao tempo da Constituinte norte-americana, mais esperança de filósofos do que preocupação imediata de políticos. (...) À Constituição buscou-se a proteção pelo Poder Judiciário, de onde resultou o *judicial control.* (...) O axioma de direito constitucional norte-americano, *Constitution must control the laws,* inspirou toda a formação da técnica norte-americana de apreciação da constitucionalidade". (...) "No Brasil, o controle das leis foi admitido como consequência da apreciação da violação da Constituição pelo legislador; portanto, como técnica de julgamento do ato legislativo, no que não era ato político. A teoria se firmou sem se precisar de conceber o Poder Judiciário como acima dos outros Poderes: se lhe incumbe aplicar as leis, e a Constituição é lei, acima das outras, as outras, no que a infrinjam, são inválidas; portanto, judicialmente desconstituíveis. Na Áustria, pretendeu-se construir a Corte Constitucional como ao nível do poder *constituinte,* sendo os ouros poderes *"constituídos".* Na *Introdução,* mostramos a artificialidade de tal concepção. Artificialidade consciente, por ser busca de originalidade. Procurar ser original já é não ser original".[68]

"A Constituição de 1946, como a de 1891, a de 1934 e a de 1937 não anuiu em que se decretasse a nulidade absoluta da lei, ou em que se anulasse a lei, em que se decretasse *in abstracto* a inconstitucionalidade, nem em que resolução judicial atingisse a lei em sua existência fora do caso julgado."[69]

No que diz respeito às técnicas do controle da constitucionalidade, a doutrina estabelecida por Pontes de Miranda revela, já desde 1932, notável atualidade. A crítica ao pensamento kelseniano reflete a concepção, já posta em destaque, de que o método de julgar e o método da ordenação constitucional são duas "missões inconfundíveis da justiça". O princípio da constitucionalidade das leis e do correlato controle judicial radica, antes de tudo, na soberania popular, e não num sistema e numa Corte artificialmente construídos pelo constituinte; quer o povo que os órgãos constituídos não fiquem imunes ao controle pela Jurisdição:

"A teoria do Estado e a teoria da Constituição de Kelsen confundem totalidade com principialidade ou superioridade (...). A constituição é principal porque prevalece, porque exterioriza, na ordem jurídica, as suas prioridades estabilizantes; se é principal, não é total; total ela não o é, porque simplesmente não

---

67. PONTES DE MIRANDA. *Comentários à Constituição Federal de 10 de Novembro de 1937.* Rio de Janeiro: Irmãos Pongetti Editores, 1938, t. III, p. 38 e 39. Conferir a ressalva: "A Constituição de 1937, art. 96 (*aliter,* parágrafo único), manteve o exame *in concreto,* se bem que a legislação ordinária *possa criar o exame in abstrato, sem ofensa dos textos constitucionais.* Por outro lado, não conservou a solução de 1934, com a suspensão da execução da lei. A decisão do Parlamento não tem tal consequência. E é Pena." (destaques no original) – *op. cit.,* p. 38.
68. PONTES DE MIRANDA. *Comentários à Constituição de 1946.* v. V. SP: Max Limonad, 1953, p. 280-281.
69. PONTES DE MIRANDA. *Comentários à Constituição de 1946.* São Paulo: Max Limonad, 1953, v. II, p. 468-469.

preenche tudo. As teorias do direito de H. Kelsen, é que são intelectualmente construídas, feitas com linhas e superfícies; falta-lhes o cubo de 'dado histórico', a verdade sociológica. Enquanto o direito não recebeu o fato social da Constituição (que é fato jurídico sucedâneo de fato religioso ou moral), as Constituições continuaram iguais às leis e foi experimentada, desde o Século XVII, toda a escala de defensores possíveis, unos ou múltiplos".[70]

"A técnica constitucional, *de lege ferenda*, a esse respeito é, no momento, assaz interessante, o que, a despeito de já termos Constituição, justifica que aqui transcrevamos *o que em 1932 escrevêramos*: 'Só nos cabe tratar dos pontos sobre os quais têm de manifestar-se as Constituições. Tudo o mais fica ao Poder Legislativo, que a Constituição cria. No estado atual, são principais as três seguintes questões técnicas: I) A Corte Constitucional deve ser distinta da Suprema Corte? II) A apreciação da constitucionalidade deve caber à Corte Constitucional exclusivamente, ou como instância última? III) O julgamento deve decretar que é nula a lei ou o ato?

Respondemos "não" à *primeira. A segurança da unidade jurídica de toda a Nação e a da constitucionalidade das leis e atos dos órgãos estatais devem ser juntas: no fundo, é a unidade, que se quer, verticalmente (Constituição, leis, atos) ou horizontalmente (coerência do ordenamento jurídico).*

Além da vantagem teórica, existe a vantagem prática de se porem os juízes em contacto com o corpo inteiro do direito nacional. *Se uma Corte tiver a função de uniformizar o Direito, e, outra, a de apurar a constitucionalidade, por vezes ocorrerá que a tendência uniformizadora de uma não seja no mesmo sentido do pensamento constitucionalizante da outra.*

Quanto à *segunda* pergunta, envolve escolha entre o sistema do recurso extraordinário (Brasil, 1891-1946) e o adotado pela Constituição da Áustria, art. 180, inciso 2, e pela Espanha, art. 100, a qual consistiu em *interromperem os tribunais a decisão e esperarem a resolução da Corte competente: instância única.* Na Áustria e na Espanha, associou-se a instância única com a Corte específica, porém nada obstaria a que se associasse ao sistema da Suprema Corte ordinária e constitucional.

No Brasil, o art. 200 estabelece a necessidade do *per saltum*, se se trata de câmara ou turma, ou câmaras conjuntas, que não sejam o 'tribunal'. Mas o juiz singular decide sobre ser contrária à Constituição a lei ou ato do poder público, o que evita o *per saltum* dele ao tribunal, cujos inconvenientes seriam graves.

Quanto ao *terceiro* ponto, a Áustria adotou a anulação, em vez da nulidade – desde o dia da publicação do acórdão, tratando-se de regulamento; desde o dia da publicação do ato governamental de anulação ou, no caso de prazo fixado pela Corte, desde o dia em que deva começar a não vigência, tratando-se de lei. Tal prazo não podia exceder de seis meses (art. 140, alínea 3ª). A solução manteve de pé lei ou ato que violou a Constituição; *tratou a nulidade com suscetível de efeitos, quando devia tratá-la como absoluta que é. Tudo mostrou que a concepção nascida na Europa, no século XVIII, e vivida na América, ainda não se aclimatara no continente europeu. A lei inconstitucional não tem efeitos; o acórdão devia operar ex tunc; aplicar-se-ia o direito como se ela não existisse, uma de cujas consequências é ser aplicada a lei que a lei nula pretendera revogar"*[71].

Nessa ordem de ideias, é possível concluir: no período que vai da Revolução de '30 até a instituição do Estado Novo, Pontes de Miranda, seja *de lege lata*, seja *de lege ferenda*, não acolhia as teses de Hans Kelsen sobre a função da jurisdição estatal na tutela dos direitos individuais, da manutenção das regras da democracia e na manutenção do princípio da hierarquia das leis. Ao contrário, acreditava que o *judicial control* era melhor e mais eficaz nesse mister. Não desconhecia as obras do jurista vienense, mas negou-lhes aplicação concreta ao caso brasileiro. Suas ideias prevaleceram durante a vigência das Constituições brasileiras desse período, ainda que a de 1937 tenha sido por ele duramente criticada.

---

70. PONTES DE MIRANDA. *Comentários à Constituição de 1946*. São Paulo: Max Limonad, v. I, 1953, p. 169-170.
71. PONTES DE MIRANDA. *Comentários à Constituição de 1946*. São Paulo: Max Limonad, 1953, v. II, p. 466-468.

IV – HERMENÊUTICA JURÍDICA

A TEORIA DOS VALORES EM C. S. LEWIS

Glauco Barreira Magalhães Filho

Livre-Docente em Filosofia (UVA). Doutor em Sociologia (UFC). Mestre em Direito (UFC). Graduado em Teologia (UMESP) e Direito (UFC). Professor da Faculdade de Direito da UFC.

Sumário: 1. Introdução. 2. Lei moral e culturalismo relativista. 3. Refutando objeções. 4. A consciência e o juízo ético. 5. O fundamento da lei moral. 6. A abolição do homem. 7. Conclusões. 8. Referências.

1. INTRODUÇÃO

C. S. Lewis foi professor de literatura medieval e renascentista na Inglaterra, tendo exercido o magistério tanto na Universidade de Oxford como na de Cambridge. Ele foi autor de obras filosóficas, históricas, teológicas e literárias. Foi um dos gigantes intelectuais do século XX. Nos seus escritos, ele considerou como sendo assunto de maior relevância o fato de existir uma lei moral e jurídica dentro de nós, constituída de princípios permanentes e imutáveis. Em sua linguagem argumentativa e apologética, ele procurou mostrar a realidade dessa lei e a fragilidade dos argumentos de seus opositores. O presente texto tem por objetivo apresentar a teoria dos valores de C. S. Lewis, bem como a sua fundamentação e coerência.

2. LEI MORAL E CULTURALISMO RELATIVISTA

Costuma-se alegar contra a existência de um padrão universal do certo e do errado inscrito na consciência humana, o fato de não haver consenso ético entre as diversas culturas. C. S. Lewis, por outro lado, costumava dizer que lhe causava mais espanto o consenso entre as variadas culturas do que a sua diversidade[1]. Ele, porém, preferiu aludir ao consenso de culturas mais antigas, porquanto, agora, no Ocidente, tornou-se moda dizer que não existe um padrão do certo e do errado ou que tudo é relativo, e essa postura relativista faz com que, de maneira artificial, se provoque uma diversidade que, na verdade, não é espontânea.

Quando investigamos culturas antigas procedentes de contextos sociais diferentes, percebemos muitos códigos morais comuns. Nunca houve, por exemplo, uma cultura que tenha valorizado a covardia, enquanto a coragem sempre foi colocada como uma virtude. Nós também não encontramos nenhuma cultura que tenha valorizado positivamente os traidores. Em todas elas, foi salientado o mérito da lealdade.

---

1. LEWIS, C. S. *A abolição do homem*. Tradução de Remo Mannarino Filho. São Paulo: Martins Fontes, 2005, p. 79-95.

Muito embora haja divergência acerca de com quem nós devamos ser altruístas, nenhuma cultura aprovou o egoísmo em si mesmo. Em todos os povos, também houve um reconhecimento da sacralidade da vida humana, embora alguém possa contestar a afirmação, lembrando que havia os sacrifícios humanos realizados para os deuses em muitas comunidades pagãs. O equívoco, porém, estava na crença de que os deuses estavam requerendo tais sacrifícios, bem como na crença de que existiam aqueles "deuses". De fato, os pagãos não estavam desprezando o valor da vida, pois se dá a Deus o que se acredita ser o melhor. Se eles ofereciam uma vida humana, é por que julgavam que ela tinha grande valor[2].

Lealdade, veracidade, coragem e respeito à vida são apenas alguns exemplos de virtudes que encontraram voz unânime nas variadas culturas.

Ao final do livro *A Abolição do Homem*, C. S. Lewis coloca textos contendo preceitos morais comuns encontrados na China, em Israel, no mundo Árabe, no mundo cristão e em outros lugares para mostrar como há uma afinidade ou uma aproximação dos valores morais. A evidência histórica corrobora a ideia de que há uma lei moral ou natural de conteúdo ético presente na consciência e no coração de todo homem.

3. REFUTANDO OBJEÇÕES

Os que fazem objeção à existência da lei natural (moral) procuram encontrar uma alternativa explicativa para o que parece ser a sua existência. Eles dizem que há outra coisa que está sendo confundida com essa lei.

Uma das opções explicativas consiste em sustentar que a "lei moral" é apenas o instinto gregário. A moral, então, não seria uma coisa que nos faria superiores aos animais, mas um instinto semelhante aos que os animais têm. C. S. Lewis opõe-se de maneira taxativa a essa ideia. Primeiro, porque o instinto seria uma inclinação e há uma diferença entre você desejar fazer algo e se sentir obrigado a fazer algo[3]. Há muitas coisas para as quais nós estamos inclinados, mas que não coincidem com os nossos deveres. Há também muitos deveres para os quais as nossas inclinações podem não aderir.

Lewis afirma que os instintos podem entrar em conflito. Ao mesmo tempo em que o meu instinto gregário poderia fazer com que eu quisesse socorrer alguém que está morrendo afogado, o meu instinto de autopreservação poderia sugerir outra coisa, já que eu também poderia morrer afogado na tentativa de salvá-lo. Se os instintos entram em conflito, então o padrão que decide qual deles deve prevalecer não pode ser outro instinto. Para Lewis, a lei moral é o maestro dos nossos instintos.

Outros oponentes sustentam que não há lei moral, mas, sim, valores incutidos pelo processo de educação, valores que foram aprendidos. Seria, porém, muita coincidência, como nós observamos, que valores como coragem, lealdade, veracidade e altruísmo, que se apresentam universais, tivessem sidos ensinados em todos os lugares e com a concordância

---

2. No cristianismo, também é dito que Deus quer a nossa vida, mas não morta e, sim, ativa (Romanos 12: 1-3).

3. LEWIS, C. S. *Cristianismo puro e simples*. Tradução de Álvaro Oppermann e Marcelo Brandão Cipolla. São Paulo: WMF Martins Fontes, 2009, p. 14.

entre todos os mestres, sem que haja um padrão comum, uma referência transcendente que eles usaram e usam como critério para distinguir o certo do o errado. Além disso, o fato de alguma coisa ser aprendida não impede que ela seja de validade universal. Nós, por exemplo, aprendemos várias lições de matemática (como a soma de dois mais dois sendo quatro), mas isso não impede que elas sejam verdadeiras universalmente. Esse tipo de aprendizagem não é incutido, mas, antes, é uma coisa cuja evidência a nossa razão é capaz de reconhecer. Geralmente, esse ensino é aprendido antes de chegarmos a ele por nós mesmos, mas, ao longo do tempo, nós poderíamos ter chegado lá sozinhos. O processo educacional apenas antecipou o conhecimento para que ele avançasse mais rápido. Desse modo, quando me educam, explicando tais lições, eu não as vejo como realidades heterônomas que se me impõe de fora, mas como aquilo que a minha razão reconhece como sua verdade[4].

Vale lembrar a existência de reformadores morais. Caso não existisse uma lei moral, nós não falaríamos, como de fato falamos nos livros de história, dos grandes reformadores morais. Os reformadores morais foram aqueles que entenderam a moral melhor do que os seus contemporâneos e conseguiram despertar consciências adormecidas em períodos de decadência ética. Nós homenageamos esses homens exatamente porque reconhecemos um padrão que estava sepultado num período de negligência moral e foi retomado pela diligência deles. Não seria, por outro lado, adequado falar em progresso e decadência moral se não existisse um padrão para aferir se há uma coisa ou outra.

Alguém poderia, entretanto, contestar a apologia dos valores universais, lembrando a existência de algumas práticas que seriam hoje consideradas inaceitáveis. Na Idade Média, por exemplo, havia a matança de feiticeiras, enquanto, entre algumas tribos indígenas, se ofereciam sacrifícios humanos aos deuses. De certa maneira, já foi falado sobre isso. A resposta para a questão depende da distinção entre fato e valor. Foi dito que há valores universais, mas, agora, observamos que a valoração ocorre sobre fatos contingentes, e nossa compreensão equivocada desses fatos poderá nos levar também a equívocos nas suas valorações concretas. A correção, porém, que é preciso fazer não diz respeito à intuição do valor, mas ao entendimento dos fatos. Nós podemos, por exemplo, imaginar hoje a queima de uma bruxa como uma coisa errada, mas aqueles que queimavam bruxas na Idade Média acreditavam que as bruxas eram demônios que haviam tomado forma humana. Para eles, não era um ser humano que estava sendo queimado, mas um poder maligno. Se, de fato, o poder maligno por eles imaginado estivesse ali, não havia nada de errado em queimar aquela bruxa da mesma forma que nós procuramos destruir qualquer força devastadora que está querendo acabar com a humanidade[5]. Não sabemos até que ponto eles se enganavam deliberadamente ou até que ponto eles acreditavam naquela ilusão, mas o fato é que eles não estavam dizendo que era correto matar um ser humano. Eles estavam fazendo aquilo com as bruxas por entendê-las como não humanas. Claro

---

4. LEWIS, C. S. *Cristianismo puro e simples*. Tradução de Álvaro Oppermann e Marcelo Brandão Cipolla. São Paulo: WMF Martins Fontes, 2009, p. 17-19.
5. LEWIS, C. S. *Cristianismo puro e simples*. Tradução de Álvaro Oppermann e Marcelo Brandão Cipolla. São Paulo: WMF Martins Fontes, 2009, p. 20.

que isso explica o comportamento deles, mas não justifica absolutamente as atrocidades que eram cometidas sob esse pretexto.

Aqueles que ofereciam sacrifícios humanos aos deuses, por sua vez, acreditavam no valor da vida, pois a Deus se oferece o que se julga melhor. Eles julgavam estar fazendo a vida voltar à Vida, uma vez que Deus é a fonte da tudo. O equívoco deles não estava em não reconhecer o valor da vida, mas em compreender mal como fazer a vida realmente ser ressaltada.

Poderíamos encontrar inúmeros outros exemplos de situações em que o equívoco está na compreensão dos fatos. Aristóteles, por exemplo, defendeu a justiça como igualdade, mas tratou as mulheres como inferiores. O seu erro não decorreu de uma falta de compreensão do que seria a justiça, pois foi ele próprio quem a definiu como igualdade, mas, antes, foi por uma compreensão equivocada sobre quem eram os iguais a serem tratados igualmente. Fazendo uma análise do cérebro a partir de uma biologia mal elaborada, ele deduziu ser a mulher inferior ao homem. Para ele, a mulher não poderia se guiar de maneira autônoma em relação a certos assuntos. Nós, hoje, não teríamos que explicar a Aristóteles que os iguais devem ser tratados igualmente, mas nós teríamos que corrigir a sua biologia e a sua antropologia.

É perceptível que a pretensa "variação ética" está relacionada à nossa compreensão dos fatos. Nesse conhecimento, precisamos nos aprimorar sempre, buscando correção, mas a intuição moral revela valores básicos e fundamentais em sua universalidade.

Alguns poderiam dizer que a moral não passa de conveniência afirmando que "dizemos que é certo o que nos é conveniente e dizemos que é errado o que não nos é conveniente." Mas imagine que você esteja em um ônibus, quando alguém, por acidente, tropeça e cai sobre você. Você pode num ímpeto se revoltar e dizer palavras desagradáveis para aquela pessoa, mas você não vai preservar no coração nenhuma mágoa, pois, afinal de contas, aquilo foi um acidente. Sua raiva foi só pelo desprazer que lhe causou o incidente, mas, depois que passou o momento e você voltou ao bom senso, viu que aquela pessoa não tinha culpa nenhuma. Agora, imagine que uma pessoa tente lhe derrubar dentro do ônibus, apesar de não conseguir. Ela não lhe foi inconveniente, pois não obteve êxito no seu intento perverso, mas ela lhe causará uma indignação mais duradoura, havendo ciência de seus propósitos. Se o seu juízo fosse movido apenas pela conveniência, a primeira teria sido julgada imoral (não a segunda), mas é contra a segunda, a que não conseguiu lhe derrubar, que se estabelece uma reprovação moral veemente. Portanto, a moral não se confunde com aquilo que nos é conveniente[6].

Por que, então, as pessoas não gostam da afirmação de que há uma lei moral imutável inscrita na consciência e no coração? Quais são as razões para tanta objeção a essa ideia? Há duas respostas. A primeira delas é a seguinte: o ser humano, sendo extremamente egoísta e soberbo, quer tirar os absolutos da História e construir o seu próprio destino. Ele, portanto, não acha boa a ideia de uma lei moral, a qual não tenha o poder de modificar ou alterar por uma convenção. É comum vermos um político aparentemente idôneo,

---

6. LEWIS, C. S. *Cristianismo puro e simples*. Tradução de Álvaro Oppermann e Marcelo Brandão Cipolla. São Paulo: WMF Martins Fontes, 2009, p. 27-28.

durante uma CPI, defender um corrupto ou sugerir que ele não seja punido. Por que é que ele está defendendo o que é corrupto se ele é honesto? É porque lá no fundo ele pensa: "Bem, eu fui honesto até agora, mas será que, no futuro, eu não vou fazer alguma coisa errada também? Não seria melhor estabelecer um precedente de impunidade para me proteger?". Isso mostra que a pessoa tem uma insegurança moral. Para ela, um dever permanente é algo que lhe parece muito pesado. O ser humano de hoje gosta das coisas efêmeras, coisas sobre as quais ele possa dizer: "amanhã eu modifico se desejar". A própria ideia de um dever permanente e inexorável já o perturba, pois ele quer ter o poder de modificação sobre tudo, ou seja, quer, por convenção, fazer o preto ser branco e o branco ser preto.

A segunda resposta para a rejeição constante da lei moral é essa: Se há uma lei natural escrita em nosso coração e consciência, então, quando nós a descumprimos, a nossa responsabilidade é cósmica e não apenas perante uma lei local ou nacional. O homem sabe que isto assume muito maior gravidade do que ele pode conceber.

Lewis divide a lei moral em três partes[7]. A primeira implica a exigência de relação entre os homens: relações de solidariedade, relações de ajuda mútua, relações de fidelidade e relações de lealdade. A segunda envolve relações do homem consigo mesmo, ou seja, a obrigação de se organizar interiormente, de moderar os instintos. Por último, a lei moral envolve a relação do homem com o poder que a instituiu. Para os que defendem a fé cristã, é a relação do homem com o seu Criador.

O homem moderno não gosta especialmente da segunda nem da terceira parte da lei moral. Repudia a moderação dos instintos porque prefere o hedonismo e a liberação sexual. Diz que, se você fizer coisas extravagantes, mas não for imediatamente ofensivo ao outro, não tem nada de mais. O homem de hoje também não gosta dos deveres para com o poder que instituiu a lei, para com Deus. Ele admite tão somente os deveres para com o outro. Essa fragmentação moral tira toda coerência da lei moral e faz com que ela perca muito da força sobre as consciências. A verdade é que o homem que não reconhece o Criador e que não modera os seus instintos não vai ser um homem bom em seus relacionamentos com o seu próximo.

Lewis também faz a relação entre a moralidade e a psicanálise. Ele diz que há muitas inclinações nossas que representam deficiências orgânicas ou um material psicológico ruim. Ele ilustra isso com dois exemplos: a inclinação homossexual e a fobia[8]. Ele diz que nada há de errado moralmente no fato de a pessoa ter uma inclinação homossexual ou ter um medo desesperador. Isso significa apenas que há alguma coisa no seu histórico que a desequilibrou psicologicamente ou talvez até alguma coisa relacionada a algum fator orgânico. A moral tem ligação com as nossas escolhas, com a administração que fazemos desse material. Portanto, uma pessoa que tem fobia, mas se mostra corajosa, está praticando um ato de muito mais valor do que uma que não tem o problema da fobia e enfrenta a mesma situação. Uma pessoa que tem uma inclinação homossexual,

---

7. LEWIS, C. S. *Cristianismo puro e simples*. Tradução de Álvaro Oppermann e Marcelo Brandão Cipolla. São Paulo: WMF Martins Fontes, 2009, p. 95.
8. LEWIS, C. S. *Cristianismo puro e simples*. Tradução de Álvaro Oppermann e Marcelo Brandão Cipolla. São Paulo: WMF Martins Fontes, 2009, p. 118.

mas não dá vazão a essa inclinação, antes, a disciplina interiormente, está muito mais acertada do que uma que não tem essa inclinação, mas é promíscua ou adúltera em suas relações com o sexo oposto. Lewis diz que essas inclinações que se apresentam como disfunções precisam de tratamento, não de arrependimento. Diferentemente, porém, das inclinações, as nossas escolhas são morais. As nossas escolhas erradas precisam de arrependimento e não de um mero tratamento.

Lewis observa que Deus nos julgará conforme o uso que fazemos do material que dispomos. Assim, uma pessoa que viveu em uma casa em que o pai chegava alcoolizado em casa e batia na mulher e nos filhos vai ser alguém que sofre dos nervos. Não é possível igualar essa pessoa a uma que teve um ambiente familiar sadio. Possivelmente, a que veio de um ambiente familiar sadio terá menos dificuldade de ser paciente do que aquele que veio de um ambiente que lhe predispôs a um estado nervoso e confuso. O fato, porém, é que a paciência que não requer escolha, mas, antes, resulta da inclinação natural do temperamento, não tem nenhum valor moral. Diferentemente, a paciência que resulta de autodisciplina e administração de material humano prejudicado é de grande valor.

Lewis diz que, no juízo divino, seremos considerados independentemente do corpo corruptível. Então, cada um se apresentará como de fato é. Nesse dia, muitas surpresas aparecerão.

4.   A CONSCIÊNCIA E O JUÍZO ÉTICO

Lewis diz que podemos falar acerca da consciência de duas maneiras[9]. A consciência pode ser entendida como uma pressão exercida sobre a nossa vontade para que venhamos a agir de uma determinada maneira e a consciência pode ser o conteúdo do nosso juízo moral sobre o que seja certo e o que seja errado. Ele diz que, no primeiro sentido, a consciência sempre deve ser seguida, ou seja, aquela pressão que é exercida sobre nossa vontade para fazer o que é certo. No segundo sentido, porém, a consciência é falível, porque podemos ter uma informação equivocada dos fatos que prejudique o nosso juízo.

Conhecemos os fatos por experiência e pelo relato de outras pessoas. Nesse segundo caso, entra uma ideia de autoridade. Há muitas coisas que nós aceitamos que estão nos nossos livros, pois nossa experiência de vida é limitada. É exatamente no conhecimento dos fatos onde muitos equívocos acontecem, e o primeiro elemento do juízo moral (sua matéria prima) são os fatos.

O segundo elemento do juízo moral são as intuições puras. Essas intuições puras são as intuições do bem e do mal, do certo e do errado, ou seja, a intuição dos valores. Lewis diz que essas intuições são universais. A nossa consciência as apreende com certa evidência. Nesse ponto, a nossa consciência merece confiança. Ninguém dirá, por exemplo, que o ódio, por si mesmo, é uma coisa certa, a não ser o cínico e o idiota moral. Ninguém em sã consciência dirá que mentir deliberadamente é uma coisa certa. Lewis afirma que as intuições não são objetos de convencimento. Eu não tenho que convencer alguém de que a verdade é melhor que a mentira ou de que a lealdade é melhor que a

---

9. LEWIS, C. S. *O peso de glória*. Tradução de Lenita Ananias do Nascimento. São Paulo: Vida, 2008, p. 68.

deslealdade. Tais valores são o ponto de partida do convencimento de qualquer outra coisa no mundo moral. São os princípios primeiros da ética.

Não somente na ética, mas também no plano especulativo, temos princípios pressupostos. Um exemplo é o princípio da não contradição. Uma coisa não pode ser ela e o que a nega ao mesmo tempo e sob o mesmo aspecto. Para alguém dizer "eu não concordo com o princípio da não contradição", é preciso pressupor o próprio princípio da não contradição, pois se está afirmando que tudo aquilo que contradiga ao que se falou está errado. As duas afirmações (a da existência e a da negação) não podem valer ao mesmo tempo e sob o mesmo ponto de vista. Temos aqui uma lógica inescapável em qualquer ato de fala. Eu não preciso convencer ninguém da validade desse princípio, pois, sem ele, não haveria sequer racionalidade. Do mesmo modo, há princípios primeiros no mundo moral.

Lewis diz que a nossa intuição ética pode ser treinada através de um esforço de atenção para perceber os valores[10]. Para tanto, devemos disciplinar as paixões que obscurecem a nossa apreensão. Trata-se de uma arte de autodisciplina para vislumbrar aquilo que é imediato e intuitivo.

Ao lado dos fatos e das intuições puras, o juízo moral também envolve um processo de argumentação.

O processo de argumentação é o raciocínio pelo qual procuramos mostrar que os fatos devem ser valorados de determinada maneira. O conhecimento errado sobre os fatos pode levar a equívocos no processo de argumentação. Por outro lado, pode haver simplesmente uma má composição do argumento através de sofismas e falácias.

Os processos argumentativos têm por objetivo tirar conclusões e fazer aplicações práticas, raciocinando das intuições para os fatos. É nesse momento que nossa falibilidade se mostra mais presente, tanto devido à possibilidade de o processo argumentativo ser falacioso como devido à possibilidade de a nossa apreensão dos fatos ter sido equivocada.

Por último, temos a *autoridade*. Quando eu julgo que haja alguém mais habilitado que eu para argumentar sobre um determinado assunto, posso confiar no seu juízo em lugar do meu.

O juízo moral, portanto, envolve fato, intuição, raciocínio e alguma consideração pela autoridade.

Conforme fora dito, a intuição moral pode ser treinada pela atenção e requer a disciplina das paixões (*ordo amoris*). Há, porém, outro elemento que pode perturbar a intuição moral: o interesse. A pessoa, por estar interessada em uma coisa e, por isso, pode não estar querendo ver nitidamente o que é certo e errado sobre ela. É nessas horas que a autoridade pode ajudar. Percebendo o meu interesse por algo, posso recorrer a alguém que não esteja interessado, alguém que possa argumentar com imparcialidade e me ajudar a alcançar a lucidez.

Lewis lembra as lições de Aristóteles em *Ética a Nicômaco*. O filósofo grego dizia que a criança deveria ser treinada para seguir suas intuições morais antes de chegar à

---

10. LEWIS, C. S. *O peso de glória*. Tradução de Lenita Ananias do Nascimento. São Paulo: Vida, 2008, p. 70.

idade em que essas intuições racionalmente lhe parecerão mais claras, pois, quando a criança chegar à idade adulta, terá interesses que competirão com o certo e o errado na sua mente[11]. Para evitar que uma pessoa perverta o certo e o errado em função de seus interesses, é bom que ela seja treinada desde cedo a fortalecer as inclinações morais. Esse treinamento moral deve acontecer desde a educação infantil. Lewis diz que uma pessoa que foi treinada a seguir as intuições morais por uma boa educação pode ser mais confiável – muito embora, em idade adulta, ela se diga relativista – do que uma pessoa que diga acreditar nos valores universais, mas desde a infância não foi preparada para seguir as suas intuições[12].

5. O FUNDAMENTO DA LEI MORAL

O que está por trás dessa lei moral? Para responder a essa pergunta, temos que rever duas explicações para o universo. A partir dessas explicações, nós poderemos levantar o questionamento do que está por trás dessa lei. Uma explicação é aquela que diz que o Universo nasceu de matéria somada ao acaso. É a concepção materialista. A outra é a concepção religiosa que diz que, por trás do universo, existe uma mente. A causa última a ser procurada é uma mente, não matéria mais o acaso. Lewis diz que esta questão sobre se um lado está certo ou outro não pode ser decidida pela ciência, pois a ciência explica como as coisas são, mas não o porquê de elas serem o que são[13]. A ciência não pode, portanto, decidir nada sobre esse assunto. O único caminho que nos resta é o da filosofia.

Lewis diz que nós conhecemos as coisas de duas maneiras: por observação externa (o mundo ao nosso redor) e por implicação (as coisas que estão dentro de nós)[14]. Pela observação externa, podemos constatar a existência de um arquiteto para a criação, alguém que orquestrou tudo isso, que colocou ordem em todas as coisas. O universo está alinhado, as estrelas estão em determinada posições e o corpo dos seres vivos funciona de acordo com uma propensão dos seus órgãos. Pela observação externa indireta, podemos identificar alguém que construiu esse universo, mas não podemos saber nada sobre o seu caráter. Antes, tanto a bondade como a justiça divina podem ser questionadas, pois a natureza (em razão das consequências cósmicas da queda do homem), pode se mostrar violenta e confusa, como num tsunami.

Por outro lado, Lewis assevera que, se uma mente criou este mundo, nós não podemos ir atrás dessa mente como um fato no mundo, pois ela está fora dele da mesma maneira que Shakespeare está fora de suas obras literárias. Você não pode encontrar o arquiteto dentro de uma casa como se ele fosse uma escada ou uma janela, mas poderá ver nas linhas da casa as ideias que vieram da mente do arquiteto. Deus está além deste mundo, pois o criou. Mas, como fora dito, nós não podemos saber nada sobre o caráter de Deus no mundo criado e caído. No entanto, temos o conhecimento interior, por

---

11. LEWIS, C. S. *A abolição do homem*. Tradução de Remo Mannarino Filho. São Paulo: Martins Fontes, 2005, p. 14.
12. LEWIS, C. S. *A abolição do homem*. Tradução de Remo Mannarino Filho. São Paulo: Martins Fontes, 2005, p. 22.
13. LEWIS, C. S. *Cristianismo puro e simples*. Tradução de Álvaro Oppermann e Marcelo Brandão Cipolla. São Paulo: WMF Martins Fontes, 2009, p. 29-32.
14. LEWIS, C. S. *Cristianismo puro e simples*. Trad. Álvaro Oppermann e Marcelo Brandão Cipolla. São Paulo: WMF Martins Fontes, 2009, p. 32-34.

implicação. Trata-se do conhecimento da lei moral dentro de nós. Aí não é a observação externa que decide, mas, antes, uma voz que fala dentro de nós, que fala a nossa consciência. Por esse caminho, posso não apenas reconhecer o Criador, mas posso também reconhecer que ele é bom, pois esta lei me ensina a ser bom, a ser justo. Ela, portanto, diz muito sobre o caráter de Deus.

A matéria pode ser sentida, mas matéria não dá ordem a ninguém. Se existem prescrições morais em nossas consciências, elas não vieram da matéria, vieram de uma mente, vieram de Deus.

6. A ABOLIÇÃO DO HOMEM

No seu livro *A abolição do homem*, Lewis fala sobre um livro que ele apelidou de "O Livro Verde"[15]. O apelido é uma maneira educada de ele não detratar os autores, que ele preferiu não identificar. Trata-se de um livro sobre literatura escrito para adolescentes. Lewis, porém, considera desonesta a apresentação do livro como uma obra sobre literatura, pois ele termina apresentando uma teoria sobre os valores[16].

Lewis chama a atenção para uma parte do livro verde que comenta um trecho de uma poesia em que um homem, observando uma cachoeira, diz que aquela cena era sublime[17]. A seguir, é colocada a seguinte questão: Quando este homem afirma que a cachoeira é sublime, ele está falando algo sobre aquela cachoeira ou sobre os seus sentimentos? O *Livro Verde*, como ele chama, cujos autores ele há de criticar, assevera que, quando uma pessoa diz "isto é sublime!" diante de uma imensa cachoeira ou cascata, ela não está falando da cachoeira, mas de seus sentimentos. É a visão subjetivista dos valores. Segundo ela, quando alguém diz que algo é certo no plano moral, está simplesmente fazendo uma referência ao seu gosto. Como você pode dizer que gosta de feijão, você pode dizer que um determinado ato é certo. Como "questão de gosto não se discute", temos o relativismo como consequência.

Lewis diz que, se o admirador da cachoeira estivesse falando de seus sentimentos, a sua afirmação significaria que os seus próprios sentimentos seriam sublimes, o que não faz sentido. Ela não deveria, pois, dizer que os seus sentimentos eram sublimes, mas, sim, que os seus sentimentos eram humildes diante da imensa cachoeira. E, ao dizer que os seus sentimentos eram humildes, ela estaria dizendo que a cachoeira era realmente sublime no sentido objetivo. O sentimento seria de veneração.

Lewis diz que, se diante de uma cachoeira, eu considerar o meu sentimento sublime, então considero que estou diante de uma coisa desprezível[18]. Por outro lado, ao achar uma coisa desprezível, ninguém interpretaria que isso significa que os sentimentos relacionados são desprezíveis. A pessoa estará dizendo que aquela coisa é merecedora de desprezo, não que os sentimentos relacionados são desprezíveis.

---

15. LEWIS, C. S. *A abolição do homem*. Tradução de Remo Mannarino Filho. São Paulo: Martins Fontes, 2005, p. 2.
16. LEWIS, C. S. *A abolição do homem*. Tradução de Remo Mannarino Filho. São Paulo: Martins Fontes, 2005, p. 3-4.
17. LEWIS, C. S. *A abolição do homem*. Tradução de Remo Mannarino Filho. São Paulo: Martins Fontes, 2005, p. 2.
18. LEWIS, C. S. *A abolição do homem*. Tradução de Remo Mannarino Filho. São Paulo: Martins Fontes, 2005, p. 3.

Lewis observa que excluir os valores dizendo que eles são meros sentimentos é muito mais fácil do dedicar-se a descobrir quais são os sentimentos adequados e inadequados diante de algo. O *Livro Verde* foge a esse desafio.

Lewis, por exemplo, diz que, se alguém dissesse que a cachoeira é bonita, estaria usando uma palavra errada. Diferentemente, estaria certo quando dissesse que é sublime, majestosa, que é objeto de veneração[19]. Assim, aqueles que suprimem os valores, reputando-os como meros sentimentos em nome de um racionalismo extremo, estão se poupando da tarefa mais nobre e diligente de distinguir qual sentimento é congruente com a realidade e qual o sentimento não é congruente. Lewis diz que entre as nossas emoções e o universo há ou deve haver uma congruência.

Quando nós dizemos que uma conduta é certa ou errada, isso deve implicar em uma congruência entre o nosso juízo e aquela conduta. Quando fazemos um juízo estético, também deve haver uma congruência com a realidade, pois todo juízo é uma relação. É semelhante à afirmação de que um sapato cabe muito bem no pé.

Lewis diz que as coisas foram feitas para nós e nós fomos feitos para apreciá-las. Essa é a verdade suprema apregoada pela visão judaico-cristã. Deus criou o mundo para nós e Deus criou-nos com a possibilidade de apreciar o mundo. Quando, ao final da criação, Deus disse que "tudo era muito bom", Ele não disse isso para si próprio, mas o disse para nós, para que nós concordemos, dizendo que a criação era boa mesmo.

Somos chamados a estimar cada coisa com a estima que lhe é devida. Agostinho definia a virtude como *ordo amoris* (o amor ordenado), a ordenação correta das disposições afetivas. Aristóteles falou de um treinamento das afeições nas crianças para ajudá-las a se inclinarem para o que é certo em detrimento de seus interesses pessoais em idade adulta. Lewis lembra que, entre os Hindus, fala-se em "um grande rito" como algo equivalente à ideia de lei moral que estamos explicando. Os chineses, por sua vez, têm o "Tao" ("via" ou "caminho"), que traduz a ideia de lei moral[20].

No livro *A abolição do homem*, Lewis, com muita frequência, usa a palavra *Tao*, a fim de que ninguém ache que a verdade sobre a lei moral dentro de nós seja uma coisa específica do cristianismo. Ele lembra que Confúcio falou de muitas coisas que coincidem com aquilo que os judeus têm na lei mosaica. Nós encontramos a mesma coisa em Platão, Aristóteles, no Estoicismo e no Cristianismo. Nós podemos perceber que essa ideia é universal, ou seja, a doutrina do valor objetivo.

Em relação às emoções, Lewis diz que nossas emoções podem ser razoáveis ou irrazoáveis, ou seja, elas podem ou não estar de acordo com a razão[21]. Tudo depende de nossas emoções serem congruentes com o que realmente há nos fatos. Se você tiver uma disposição emocional para o que é certo, você poderá identificar a ação correta antes de ter os argumentos para justificá-la. As emoções sãs se antecipam ou devem se antecipar em função do que é certo. Entender racionalmente porque algo é certo, porém, confir-

---

19. LEWIS, C. S. *A abolição do homem*. Tradução de Remo Mannarino Filho. São Paulo: Martins Fontes, 2005, p. 13.
20. LEWIS, C. S. *A abolição do homem*. Tradução de Remo Mannarino Filho. São Paulo: Martins Fontes, 2005, p. 15-16.
21. LEWIS, C. S. *A abolição do homem*. Tradução de Remo Mannarino Filho. São Paulo: Martins Fontes, 2005, p. 18.

mará e fortalecerá as emoções bem orientadas. Esse entendimento ajudará a resolver questões sobre a educação moral.

Para quem está dentro do *Tao* (reconhece a lei moral), o objetivo da educação é desenvolver reações apropriadas ao homem, construindo a verdadeira natureza humana. Para quem está fora do Tao (nega a lei moral interior), a educação vai ser a remoção (banalização) de todas as emoções ou, então, a instrumentalização das emoções para fins extrínsecos, fins que outros vão definir, ou seja, para a manipulação. A educação antiga, diz Lewis, é uma iniciação. A educação nova é um condicionamento. A educação antiga, de acordo com a lei moral, assemelha-se ao pássaro ensinando o seu filhote a voar. O filhote já tem toda a potencialidade para voar, e o pássaro maior está, por força da natureza, transferindo essa capacidade ao filhote. Para a educação nova, que nega os valores, educar não é como o pássaro adulto ensinando o seu filhote a voar, mas é como um criador de pássaro que quer adestrar o pássaro para fins que não tem nada a ver com a sua natureza. Para a velha educação, educar é propagar a humanidade, é propagação. Para a nova educação educar é propaganda, uma coisa incutida de fora[22].

Lewis diz que nós temos a cabeça (a razão, o homem cerebral), o peito (o sentimento, a magnanimidade) e o homem visceral (os apetites)[23]. A razão deve comandar o homem visceral através das emoções. O que nos faz propriamente humano não é a racionalidade, mas a magnanimidade, o coração, as emoções adequadas. O problema contemporâneo, diz ele, é que nós acabamos com o órgão e queremos a realização da função, nós castramos as pessoas e queremos que elas sejam férteis, ou, em outras palavras, queremos negar essa lei moral e, ao mesmo tempo, queremos esperar virtude das pessoas. Nós desprezamos a moralidade, mas queremos pessoas corajosas. Ao extirparmos, porém, o órgão, não teremos a função. Não se pode exigir de homens sem coração que se comportem como se tivessem coração[24].

Lewis constata que os que negam valores objetivos normalmente têm valores objetivos. Eles negam os valores tradicionais, mas, dentro de seu próprio meio, eles têm os seus valores, sendo dogmáticos e acríticos[25]. Tais pessoas criticam só os valores alheios sem fazerem uma autocrítica. Enquanto isso, quem reconhece valores universais, está pronto para discutir sobre qualquer questão ética.

Entre os inimigos do *Tao*, estão os que dizem que não há realmente valor, mas, sim, um fato, o que é útil para a comunidade. Lewis responde, dizendo que se o "bom" é o que é útil para a comunidade, então, talvez, em uma situação extrema, se exigirá que alguns morram por todos, para o bem da comunidade. Mas como é que você vai estimular alguém a morrer por todos se você não pode falar em vergonha e honra? Com que base você vai chamá-los a essa ação? Por que seriam aquelas e não outras pessoas que deveriam morrer pela comunidade? Que critérios definiriam quem seriam os mártires?[26]

---

22. LEWIS, C. S. *A abolição do homem*. Tradução de Remo Mannarino Filho. São Paulo: Martins Fontes, 2005, p. 19-21.
23. LEWIS, C. S. *A abolição do homem*. Tradução de Remo Mannarino Filho. São Paulo: Martins Fontes, 2005, p. 22-23.
24. LEWIS, C. S. *A abolição do homem*. Tradução de Remo Mannarino Filho. São Paulo: Martins Fontes, 2005, p. 24.
25. LEWIS, C. S. *A abolição do homem*. Tradução de Remo Mannarino Filho. São Paulo: Martins Fontes, 2005, p. 27.
26. LEWIS, C. S. *A abolição do homem*. Tradução de Remo Mannarino Filho. São Paulo: Martins Fontes, 2005, p. 28-30.

Lewis observa que, de uma proposição fática não se pode chegar a uma conclusão prática sobre o modo de agir das pessoas, a não ser que haja uma premissa valorativa. Não é possível dizer que o certo é o que é útil para a comunidade a não ser que se tenha uma premissa que diga que proteger a comunidade é uma coisa boa. É necessária uma proposição intermediária que não seja fática, mas valorativa[27].

Outro erro parecido com um que nós já apresentamos é a ideia de que a moral poderia ser reduzida a um instinto de preservação da espécie humana. As pessoas que falam que a lei moral é apenas o instinto de preservação da espécie humana dizem que devemos também nos preocupar com a posteridade da raça humana. Lewis, porém, diz não conhecer dentro de si nem dentro de ninguém esse instinto. O nosso instinto é o de proteger os nossos filhos e os nossos netos a quem estamos vendo. Quanto mais o referencial avança para um mundo distante que nós não estamos sombreando, mais desaparece qualquer instinto. Quando queremos proteger a humanidade futura, nós o fazemos por reflexão, não por instinto. Por instinto eu quero proteger o meu filho que está chorando ou o neto com quem brinco. Mas, com relação ao tataraneto, que ainda virá, não tenho instinto nenhum. É apenas pela reflexão que eu posso querer o bem estar de gerações futuras. Aí, já não há mais instinto e, sim, reflexão[28].

Lewis observa que as pessoas querem pegar fragmentos do *Tao* fora do contexto e defender algum tipo parcial de moral, desprezando o resto. Mas se alguém quiser ser coerente, o que vai concluir? Concluirá que, se há um dever de se preocupar com a posteridade, há um dever de se preocupar também com a ancestralidade. Então, da mesma maneira que eu devo me preocupar com a continuidade da espécie, eu devo honrar pai e mãe. Mas os novos "profetas" da moral aceitam certos fragmentos do *Tao* para se preocuparem com a posteridade e esquecem o restante da lei moral[29].

Lewis também enfrenta aqueles que querem realmente acabar com qualquer ideia de valores ou de ética. Tais pessoas não propõem uma moral alternativa, mas pretendem acabar com a própria eticidade. Para elas, não há valor, não há certo nem errado, não há nada disso. Tudo isso é coisa da imaginação. Estamos diante dos grandes negadores do conceito de valor. Os "negadores" imaginam um domínio completo do homem sobre a natureza. Eles já dominaram a natureza externa pela ciência, e querem dominar a natureza do homem. O homem é o que a gente quer do homem. Há até quem diga que não existe mais homem nem mulher, defendendo que o *sexo* é construído socialmente. Somos nós que decidimos o que é ser homem ou ser mulher. Nem a biologia é levada mais em conta. Temos aqui o desejo humano de transformar não só a natureza exterior, mas a si mesmo[30].

Os negadores dos valores terminam falando de uma dominação sobre a natureza, mas, se você for ver na prática, eles estão falando de um domínio de alguns homens sobre os outros homens. Uma pequena elite é que vai decidir o que os outros serão. C. S. Lewis chama os que irão dominar os outros de "manipuladores" ou "planejadores". Eles não reconhecem o certo e o errado nem valorizam a tradição. Acham que não há limite

---

27. LEWIS, C. S. *A abolição do homem*. Tradução de Remo Mannarino Filho. São Paulo: Martins Fontes, 2005, p. 29-30.
28. LEWIS, C. S. *A abolição do homem*. Tradução de Remo Mannarino Filho. São Paulo: Martins Fontes, 2005, p. 37.
29. LEWIS, C. S. *A abolição do homem*. Tradução de Remo Mannarino Filho. São Paulo: Martins Fontes, 2005, p. 42.
30. LEWIS, C. S. *A abolição do homem*. Tradução de Remo Mannarino Filho. São Paulo: Martins Fontes, 2005, p.51-77.

ético para a ciência e para a manipulação, pois se libertaram do passado (tradição) e o futuro lhes está aberto à criatividade. Podem usar a eugenia e a manipulação genética, assim como podem mudar o meio ambiente e condicionar geneticamente o que cada um pode ser. Na prática, esses homens terão uma ampla liberdade amoral, mas o mesmo não poderá ser dito da geração seguinte, pois essa terá sido manipulada por eles. A geração seguinte será uma geração de menor liberdade, pois serão escravos e não mais livres.

Quando o homem chegar à dominação máxima que ele imagina, terá dominado a si mesmo. Pensando ser o general, ele se tornará o escravo; pensando ser o vencedor, ele se tornará o vencido, pois a geração seguinte a dos "manipuladores" será inteiramente condicionada pela geração anterior.

Aos grandes manipuladores caberia condicionar e controlar as ações dos outros, bem como decidir e produzir o tipo pretendido de consciência e deveres, estando eles mesmos fora desse processo ou acima dele.

Lewis diz que esses "manipuladores", lá no íntimo, estarão invejando os manipulados, pois os manipulados terão pelo menos a ilusão de que alguma coisa seja certa e errada, mas eles não terão ilusão nenhuma para se confortar, viverão no vazio[31]. Os "manipuladores", diz Lewis, sequer serão homens, pois terão esvaziado o conceito de humanidade, de bem e de mal[32]. E os manipulados também não serão homens, mas artefatos, massa modelável para ser o que os "manipuladores" bem entenderem. Eles não terão nenhuma motivação, pois não reconhecerão os valores. Agirão segundo a força do momento, pelo que lhes vêm à cabeça. Como negarão a racionalidade dos valores e farão o que o ímpeto lhes traz, estarão, na verdade, dominados pela natureza instintiva. Pensando dominar a natureza, a natureza os terá dominado.

Lewis diz que essas ideias já estão presentes na nossa linguagem, ideias que parecem tratar o homem como coisa manipulada. Nós, por exemplo, em vez de falarmos de virtude, falamos de integração. Em vez de falarmos em pessoas boas, falamos em bom material humano. Não falarmos mais em diligência, mas falamos em dinamismo. Os novos termos não se referem a seres pessoais[33].

O "Tao" iguala Legisladores e Legislados[34]. Todos estão debaixo da lei natural. Mas, na ideia dos manipuladores, há uma desigualdade. Eles é que vão decidir o que os outros serão. Não há, porém, nenhum exemplo na história de pessoas que tenham negado a lei moral e que tenham feito um bem para a humanidade. Veja-se Hitler, que se colocou acima do bem e do mal, e constatem-se os resultados apocalípticos de suas ações. A conquista final do homem será, na verdade, a abolição do homem.

Por último, Lewis vai falar sobre o "Tao" e a ciência[35]. Ele diz que muitas pessoas, admiradoras da ciência moderna associam a Idade Média com um período de proliferação da bruxaria, mas essa afirmação é inverídica. Muito embora na Idade Média tenha havido casos pontuais de bruxaria, sua difusão aconteceu nos séculos XVI e XVII, e,

---

31. LEWIS, C. S. *A abolição do homem*. Tradução de Remo Mannarino Filho. São Paulo: Martins Fontes, 2005, p. 63.
32. LEWIS, C. S. *A abolição do homem*. Tradução de Remo Mannarino Filho. São Paulo: Martins Fontes, 2005, p. 60.
33. LEWIS, C. S. *A abolição do homem*. Tradução de Remo Mannarino Filho. São Paulo: Martins Fontes, 2005, p. 70.
34. LEWIS, C. S. *A abolição do homem*. Tradução de Remo Mannarino Filho. São Paulo: Martins Fontes, 2005, p. 69.
35. LEWIS, C. S. *A abolição do homem*. Tradução de Remo Mannarino Filho. São Paulo: Martins Fontes, 2005, p. 77.

portanto, já entrando na Idade Moderna. Jean Bodin, filósofo político desse período, escreveu, inclusive, um livro sobre as ações das bruxas e feiticeiras da época[36], sendo ele próprio alguém que acreditava na eficácia maléfica dessas práticas. As bruxas e as feiticeiras surgiram no mesmo período em que a ciência moderna estava irrompendo, pois "a bruxaria e a ciência são irmãs gêmeas".

O que diferencia bruxaria e ciência de um lado e o saber dos antigos do outro é o seguinte: o saber dos antigos dizia que você tinha que se conformar com a realidade pelo conhecimento, pela virtude e pela autodisciplina, pois a realidade tem leis, inclusive a moral. Para a bruxaria e a ciência, entretanto, você não tem que se conformar a realidade, mas, sim, dominá-la. A questão é que a bruxaria era enferma e morreu, mas a ciência continuou. Ambas, porém, baseavam-se na pretensão humana de ter um domínio sobre a natureza em vez de se conformar a ela.

Lewis diz que o *Tao* não é contrário à verdadeira ciência. Aliás, se você fala na ciência que quer saber da verdade você precisa do *Tao*. É o *Tao* que diz que a verdade é um valor. Dentro desse escopo, Lewis faz várias propostas para uma ciência renovada[37], uma nova ciência:

Primeira proposta: Precisamos de uma ciência que, ao tratar da parte, não negligencie o todo.

Segunda proposta: Precisamos de uma ciência que ao estudar o mundo do "isso", das coisas, não esqueça o mundo do "tu", ou seja, das pessoas. Aqui, precisamos fazer uma analogia entre o *Tao*, a lei moral dos homens, e os instintos dos animais, não para reduzir o *Tao* aos instintos, mas para entender que até nos instintos dos animais existe uma lei.

A lei moral existe para os seres livres, enquanto, para os animais, que não são livres, há uma lei própria que regula seus instintos. Ambas, porém, evocam a ideia de um legislador supremo.

Terceira proposta: Precisamos explicar as coisas sem aboli-las. A ideia do homem de hoje é desconstruir tudo, mas chega um momento em que não dá mais para desconstruir, pois chegamos aos princípios que são intocáveis, como o princípio da não contradição. Da mesma forma, acontece em relação aos princípios morais do *Tao*. Lewis diz que, quando o homem quer tirar o véu de tudo e ir até o final, demolindo até a lei moral e os princípios lógicos, ele vai chegar simplesmente ao nada. Nessa hora, a explicação terá acabado consigo mesma e a ciência terá acabado consigo própria. Se conseguíssemos esse feito, o mundo ficaria transparente e nada veríamos do outro lado. Há de ter coisas que são inquestionáveis no final, coisas que sejam os pressupostos de todas as outras.

7. CONCLUSÕES

(1) De acordo com C. S. Lewis, há uma lei moral inscrita na consciência humana e que testemunha a existência de um Criador.

---

36. *De La démonomanie des sorciers.*
37. LEWIS, C. S. *A abolição do homem*. Tradução de Remo Mannarino Filho. São Paulo: Martins Fontes, 2005, p. 74-77.

(2) A lei moral ou *Tao* está baseada em princípios básicos universais. Esses princípios são os *lugares comuns* da ética e servem como pontos de partidas de suas argumentações.

(3) O juízo moral acertado requer, além da intuição valorativa atenta, uma adequada compreensão dos fatos e um argumento racional isento de vícios.

(4) As tentativas de explicar os valores éticos pelos instintos, utilidade e conveniência são insuficientes.

(5) A lei moral une a humanidade e define o ser humano. Negá-la e negar a humanidade. Os negadores da natureza humana ambicionam a posição de planejadores ou manipuladores, o que resultaria na coisificação dos manipulados.

(6) A lei moral deve ser a base da educação que humaniza e, por ela, devem ser estabelecidos os postulados da ciência.

8. REFERÊNCIAS

LEWIS, C. S. *A abolição do homem*. Tradução de Remo Mannarino Filho. São Paulo: Martins Fontes, 2005.

LEWIS, C. S. *Cristianismo puro e simples*. Tradução de Álvaro de Oppermann e Marcelo Brandão Cipolla. São Paulo: WMF Martins Fontes, 2009.

LEWIS, C. S. *O peso de glória*. Tradução de Lenita Ananias do Nascimento. São Paulo: Vida, 2008.

MAGALHÃES FILHO, Glauco Barreira. *Teoria dos valores jurídicos*. Belo Horizonte: Mandamentos, 2006.

COERÊNCIA E CRÍTICA: A HERMENÊUTICA JURÍDICA EM TEMPOS DEMOCRÁTICOS

Natercia Sampaio Siqueira

Doutora em Direito Constitucional pela Unifor. Mestre em direito tributário pela UFMG. Professora do Programa de Pós-graduação (mestrado e Doutorado) em direito constitucional da Unifor. Procuradora do Município de Fortaleza.

Sumário: 1. Introdução. 2. Breves considerações sobre a experiência hermenêutica constitucional no Brasil. 3. Criticidade no direito. 4. A ética e moral como consequências do pensamento. 5. Coerência: elemento da interpretação séria. 6. Liberdade e reflexão. 7. Rapidez, acriticidade e entorpecimento: o ocaso da cultura. 8. Conclusão: legitimidade do direito pela crítica. 9. Referências.

1. INTRODUÇÃO

A prática jurídica nas democracias contemporâneas compatilha elementos em comum, tais quais a incorporação de direitos naturais, a supremacia constitucional e conceitos axiológicos como liberdade, equidade e dignidade. É também uma prática que se vai construindo num ambiente pluralista, permissivo e tecnológico, cujos dados e informações circulam em tempo real e de forma ilimitada, tanto pelo parâmetro temporal como espacial.

Nesse contexto, de aparente superação de antinomias, tais quais liberdade e socialismo, direito natural e positivismo, a Constituição por vezes aparenta suficiente à legitimação do direito, ainda mais quando acompanhada de elementos que adiquiriram quase status místico, tais quais: poder constituinte originário, juridicionalização e sopesamento. A constituição se bastaria. Esta é a problemática que se propõe a tratar no presente artigo, a partir do enfoque da reflexão coerente como pressuposto necessário à construção de um direito adequado às democracias contemporâneas.

A perspectiva de uma instância crítica e reflexiva é o mote que se despreende da constante perseverança do Professor Arnaldo Vasconcelos, quando insiste no direito natural como instância legitimadora do direito. A legitimidade carce de razões adequadas, que pressupõem reflexão e liberdade. Apenas desta forma, se constrói uma prática jurídica com aptidão ao justo e ao ético, o que se mostra imprescindível à axiologia própria da cultura democrática.

No propósito de explicitar a relação entre razões adequadas e legitimação do direito, recorreu-se a vários pensadores da atualidade, que traçaram a conexão entre a ausência do pensamento e a injustiça, entre a acriticidade e o mal, entre o autômato e o alienado, entre entorpecimento e imbecilização. Por estes pensadores, se pretende comprovar que a prática jurídica justa e ética demanda que se vivencie o direito como atividade interpretativa, por isto coerente, reflexiva e livre, que se constrói mediante relação empática com o mundo real e vivido.

Nos tópicos pelos quais se desenvolve o presente artigo, a coerência e a reflexão são tratadas como elementos hermenêuticos, por óbvio que eminentes formais, necessários à construção de uma prática jurídica legítima no contexto de uma democracia. A conclusão não foi outra: a de que a obra do professor Arnaldo Vasconcelos, que sempre pontuou a necessidade de uma instância crítica, que legitimasse o direito para além de argumentos dogmáticos, evidentes e suficientes, nunca foi tão importante e necessária.

2. BREVES CONSIDERAÇÕES SOBRE A EXPERIÊNCIA HERMENÊUTICA CONSTITUCIONAL NO BRASIL

Segue-se um roteiro de simplificação histórica no qual o liberalismo burguês, predominante no séc. XIX, é seguido do Estado Social, com experimentação a partir do início do séc. XX, ao qual sucede o Estado Democrático de Direito, elaborado após a segunda guerra mundial. Mas referido roteiro não foi seguido por todas as democracias ocidentais. Também não o foi pelo Brasil, não obstante a miscelânea de princípios que constituem a Constituição Federal de 1988.

Por exemplo: o livre mercado nunca obteve experimentação efetiva no Brasil, como ocorreu na Europa do séc. XIX e do início do séc. XX. Já o regime ditatorial de Vargas, ainda que vivenciado em época concomitante aos regimes totalitários Europeus, não desenvolveu todas as potencialidades fascistas de cooptação de massas. Apenas na década de 1950, quando o Brasil, em sintonia com as aspirações de redemocratização vivenciadas pelos países da Europa ocidental, empenhava-se em construir e experimentar um regime democrático, é que Vargas, reconduzido à Presidência da República, explora a força do apoio popular, mediante propaganda com esteio nos direitos sociais e em políticas nacionalistas.

Mas o período que seguiu à Vargas e JK foi tumultuado pela divisão política entre comunistas e capitalistas – esquerdistas e direitistas – num precário ambiente institucional, ferido por uma pobreza devastadora. A polaridade da guerra fria refletia-se internamente nos países da América latina; nesta queda de braço, saiu vitoriosa a ala direitista no Estado brasileiro, iniciando-se, em 1964, o período de ditadura militar que se viu comprometida com o capitalismo neoliberal.

Não obstante a resistência esquerdista que enfrentou o governo militar, o término da ditadura deu-se de forma pacífica, com a eleição indireta do presidente e vice presidente, mas com a promulgação de uma Constituição Democrática, que adota o modelo do Estado democrático de direito. Ao tempo que a CF de 1988 recuperou cláusulas liberais – liberdades básicas, legalidade administrativa e separação dos poderes – reconheceu direitos sociais e atribuiu ao poder público uma série de funções, para além de assegurar os direitos referentes ao mínimo existencial: preservação do meio ambiente e do patrimônio artístico, histórico e cultural, fomento à ciência e tecnologia, são exemplos.

Sem que nunca se tivesse tido uma efetiva experiência histórica, política e social dos vários princípios e funções que foram albergados pelo texto pluralista de 88, o Brasil vê-se às voltas com uma carta constitucional verdadeiramente democrática, que passou a albergar aspirações de diferente ordem axiológica. O problema acresce em razão de que a hermenêutica jurídica que se vinha praticando, seja na academia ou na práxis forense, se revelava eminente silogística, desprovida de uma efetiva consideração sistémica e valorativa.

Mas a nova realidade constitucional demandou uma rápida adaptação institucional e hermenêutica do direito brasileiro. Isto, por sua vez, teve consequências: a "fundamentalização" "acrítica" e "casuística" do direito. "Fundamentalização", porque a hermenêutica constitucional que se passou a praticar, uma vez que pretensamente compatível com a nova constituição democrática, adota por pressuposto lógico a prevalência dos princípios e regras constitucionais às leis. Por consequência, a política legislativa viu-se superável pela juridicidade constitucional, com a crescente subjugação da política ao direito. Acrítica, porque a nova abordagem hermenêutica passou a ser adotada com matizes dogmáticas. Mas não só: a inserção aligeirada de princípios hermenêuticos, como o da proporcionalidade, a orientar o sopesamento principiológico, recepcionou o subjetivismo, que se tem escondido nas dobras das peculiaridades fáticas que determinariam a prevalência de um princípio sobre o outro no caso concreto. Por consequência, vai-se construindo e costurando um direito "casuístico" e por vezes arbitrário, sem preocupações com a sistematicidade, a coerência e a ética.

A acriticidade e ausência de coerência na interpretação jurídica respondem, por sua vez, pela falha no que se pode falar da qualidade hermenêutica do direito. Tanto mais grave, quando se prolifera a cultura do silogismo dos precedentes, que muitas vezes são construídos ao sabor do subjetivismo disfarçado nas prioridades e urgências do caso concreto. Do silogismo legal, corre-se o risco da adoção do silogismo do precedente: a acriticidade e consequente carência ética prosseguem, mas de forma mais sorrateira do que no silogismo legal, já que a construção do precedente, em especial quando a sua aplicação materialize a pretensa técnica hermenêutica do sopesamento, estaria em conformidade com a axiologia democrática própria da Constituição Federal de 1988.

3. CRITICIDADE NO DIREITO

O professor Arnaldo Vasconcelos de há tempos revela-se crítico do positivismo. Desta constância em seu pensamento, ressalta-se, antes de mais nada, a 'crítica' ao 'acriticismo' no direito. É por demais expressiva sua colocação quanto ao necessário recurso à metafísica como instância legitimadora:

> No que concerne ao direito, estas posições correspondem, respectivamente, à ideia metafísica do Direito perfeito, ao sistema de Direito positivo de cada povo e à visão do Direito ideal, que se deseja que venha algum dia prevalecer. Porque há uma constante intercomunicação entre estes três níveis, todo o olhar sobre o fenômeno jurídico, que se pretenda alcançá-lo na sua integridade, deverá necessariamente envolver numa síntese todo o conjunto. O estudioso do direito, portanto, carece de legitimidade teórica para cindi-lo, ao destacar qualquer de suas partes e apresentá-la como se fosse a totalidade. Seria uma violentação e uma fraude.

> Observa-se claramente a coexistência de três situações distintas, em níveis próprios e diversos, correspondendo, cada um deles, a três diferentes conceitos de direito [...]Em outros termos: o direito futuro deverá constituir-se de acordo com o modelo do direito ideal. Vale lembrar a analogia do processo com a teoria platônica das ideias, na qual se põem em confronto as noções de essência e existência, aquela funcionando como arquétipo desta (VASCONCELOS, 2001, p. 9).

A metafísica seria a instância legitimadora do direito. Mais: a consideração à instância legitimadora do direito, para além da coação que lhe seria imanente, implica o reconhecimento de uma esfera argumentativa crítica, por isso mesmo coerente e substancial, a explorar a vacuidade semântica de expressões como liberdade, isonomia, dignidade, segurança, equidade e democracia de forma reflexiva, séria e ponderada; longe, portanto, de arbitrariedades decorrentes de subjetivismos aligeirados.

Ou por outras palavras: para que a indefinição semântica de conceitos elementares ao direito não funcione como Cavalo de Troia ao subjetivismo, faz-se necessário que se trabalha a construção de uma argumentação crítica. A insistência do Prof. Arnaldo em apontar o direito natural como instância que legitima, orienta e pretende espelhar o direito positivo, revela-se em absoluto fundamental na construção de uma prática jurídica que se afasta da arbitrariedade e se pretende legítima. Para isso, a reflexão crítica que se extrai da metafísica mostra-se elementar. Esse é o desafio perene do direito: a legitimidade pela crítica.

4. A ÉTICA E MORAL COMO CONSEQUÊNCIAS DO PENSAMENTO

A legitimidade pelo pensamento crítico é importante ponto de convergência entre filósofos, cientistas políticos e juristas do século XX.

Em tom crescente, Hannah Arendt trabalha a correlação estreita entre o mal, a acriticidade, a irreflexão e a estereotipação. Sobre estereótipos, já na sua primeira obra 'Origens do Totalitarismo', Arendt começa a trabalhar na tese de que a estereotipação prejudica à 'pessoa' a qualidade de 'pessoa', ao expor que o estereótipo judaico foi importante facilitador do nazismo.

Hannah Arendt (1989, p. 39-41), de primeiro, deteve-se na caracterização do judeu como figura dos bastidores do Estado, o que se deveu às suas conexões financeiras que possibilitavam empréstimos aos cofres públicos, concomitante a ausência de uma real influência política. Aqui, já o primeiro estereótipo: o da eminência parda, que sempre junto aos meandros do poder se beneficia da máquina pública em detrimento da maioria da sociedade. Não é de se estranhar, por conseguinte, que na época em que se acentuavam as tensões entre Estado e sociedade, o estereótipo judaico tenha canalizado a raiva social, já que o judeu, sem aliar-se "a um governo", e sim a "governos, à autoridade em si" (ARENDT, 1989, p. 45), era "o único grupo que parecia representar o Estado, identificando-se com ele servilmente" (ARENDT, 1989, p. 45).

Este primeiro estereótipo, a de gafanhoto, que sem lealdade e sem pertencimento chega a uma plantação, alimenta-se e a exaure, para depois deixá-la, espalhou-se por entre o imaginário do homem europeu do final do século XIX. O afastamento do judeu do cenário político tão somente fomenta esta caricatura, já que o seu alheamento lhe acresce o perfil alienígena. Mas quando os judeus perdem, inclusive, a sua função de financistas do governo, Hannah Arendt (1989, p. 107) ressalta a futilidade do seu novo papel de entreter a boa sociedade como espécime exótico:

> Cada sociedade exige de seus membros uma certa dose de representação – a capacidade de apresentar, desempenhar, interpretar aquilo que se realmente é. Quando a sociedade se desintegra em grupos, essa exigência não se aplica mais aos homens como indivíduos, e sim como membros dos grupos. A conduta passa então a ser controlada por exigências silenciosas e não por capacidades individuais, exatamente do modo como o desempenho de um ator deve enquadrar-se no conjunto de todos os outros papéis da peça. Os salões de Faubourg Saint-Germain enquadravam-se nesse conjunto de grupos, cada qual exibindo um padrão externo de conduta. O papel dos anormais sexuais era exibir a sua anomalia, o dos judeus era representar a "magia negra", o dos aristocratas era mostrar que não eram pessoas comuns, os burgueses [...] Os sinais de distinção só sendo determinados pelo conjunto de grupo, os judeus – ou homossexuais – sentiam-se privados da sua distinção numa sociedade de judeus ou de homossexuais, onde a condição de judeu ou de homossexual era a mais natural, mais desinteressante e mais banal do mundo. O mesmo, contudo, era também verdadeiro com relação àqueles que os acolhiam, e que necessitavam de um conjunto de elementos em contraponto, diante dos quais eles próprios pudessem ser diferentes, os não aristocratas que admiravam os aristocratas, como estes admiravam os judeus ou os homossexuais.

A estereotipação ganha força com o culto da personalidade própria da era romântica; a personalidade substituiria o nascimento como forma de distinção (ARENDT, 1989, p. 199). Hannah Arendt desenha um contexto interessante, que permite pensar elementos que contribuem para o distanciamento, o estranhamento, a não aceitação e mesmo o ódio: a 'interatividade' humana mediante estereótipos, em ambiente social cuja falta de intencionalidade favorece o desejo de distinção por estereótipos. Referidos elementos compõem uma dinâmica viciosa, na qual um alimenta e permite o outro.

Esta primeira intuição, a de que os estereótipos, ao negarem a pessoalidade destroem a empatia entre pessoas, ganha força por ocasião em que Hannah Arendt resolve fazer a cobertura do julgamento de Eichmann, nazista responsável pela logística de transportes de judeus para os campos de concentração. Ao se deparar com a figura de Eichmann, Hannah Arendt dirige a sua atenção para pontos essenciais da sua personalidade: não era dominado por uma ferrenho anti semitismo e não revelava personalidade perversa ou sádica.

Em seu relato, Hannah Arendt (2013, p. 43-44) chama a atenção para o fato de que o ingresso de Eichmann na burocracia nazista não se deu em razão da crença ideológica no programa do partido; antes, foi resultado de uma postura de vida carente de convicção, que se movimenta ao sabor da adesão a situações ou movimentos que lhe permitam a inserção, o entrosamento e a ascenção. Arendt (2013, p. 45) levanta a hipótese de que Eichmann entrou no movimento nazista por ser um jovem ambicioso, que desacreditado por uma sólida família de classe média, busca revelar o seu valor. Não é de se estranhar, desta forma, que o jovem Eichmann se tenha permitido aderir ao movimento de evolução histórica que reconheceria a grandeza e superioridade da alemanha e da raça germânica sobre os demais países e povos. Era o momento perfeito para engajar-se e revelar-se.

Ainda nesta tese, Hannah Arendt (2013, p. 61) chega a mais uma conclusão de grande importância ao pensar: o oficialês, da qual se gabou Eichmann, se denunciaria na sua "incapacidade de pronunciar uma frase que não fosse um clichê". A fala já revelava a ausência do refletir e do pensar que deságua na inaptidão de colocar-se no lugar do outro (ARENDT, 2013, p. 60); ou seja, de ver o outro no contexto do outro. O 'oficialês', como a estereotipização, compartilham a mesma realidade da falta de empatia com as pessoas. Como resultado, a possibilidade de 'despessoalizar' o outro.

Arendt (2013, p. 83) ainda chama a atenção para a burocratização e consequente despessoalização do extermínio dos judeus: não era pronunciada a palavra assassinato, mas solução final, ao passo que os campos de concentração e de extermíno eram tratados como questão de administração e economia. Já o desconforto instituivo com o extermínio se compreendia como o peso desconfortável do cumprimento de um dever (Arendt, 2013, p. 122). Não se encarava a questão ética do certo e do errado do assassinato de judeus. Antes, qualquer descomodidade, como reflexo do instituo humano que se revela na repulsa ao sofrimento alheio, era superada pela necessidade de servir ao movimento histórico tendente à grandiosidade da Alemanha, que estaria acima de qualquer homem ou pesar, seja da vítima ou do executor.

As características que Hannah Arendt pinçou do caso Eichmann compõem uma teia surpreendente de indiferença ao outro: pessoas que se limitam a aderir, que abrem mão de uma linguagem própria para sujeitar-se a clichês, que se deixam levar por uma fictícia inevitabilidade histórica que a acomodam à uma fictícia impotência. A recusa do olhar pelos próprios olhos e do pensar pelo próprio vocabulário o outro retira qualquer possibilidade de empatia entre os diferentes. A consequente despessoalização é a chave para que o mal se manifeste em seu caráter mais devastador, que é banal e totalizante.

Já por esta ocasião, Hannah Arendt se apropria do entendimento de que a preguiça ou anorexia do pensamento é corrosiva à ética. Em seu livro "Responsabilidade e julgamento", Hannah Arendt deixa expressa a relação entre a ausência do refletir e o mal. Em tal obra, ela (2004, p. 09) questiona-se sobre a capacidade humana de, abrindo mão de parâmetros preexistentes de enquadramento da experiência, realizar o julgamento ético de determinada situação. Mas já de início, Arendt (2004, p. 107) deixa expressa a opção pela resposta afirmativa a referido questionamento, ao relatar casos de pessoas que não colaboraram com o movimento nazista sob a explicação de que não poderiam conviver consigo mesmas se o tivessem feito. Eram pessoas não especialmente inteligentes, cultas, intelectualizadas, instruídas ou sensíveis, mas que se permitiram pensar e sentir. Ou seja, que se mostraram dispostas a sair da linguagem pronta, da conduta pronta, da moral pronta e de interações sociais prontas para se permitirem o convívio consigo mesmas (ARENDT, 2004, p. 107).

Hannah Arendt (2004, p. 124-133) recorre a Kant, à sua filosofia da racionalidade imanente ao homem, que lhe reconheceu a aptidão de pensar e agir coerentemento ao seu senso pessoal de moral, sem concessões arbitrárias. O imperativo categórico junta-se a preceitos judaicos cristãos, que proíbem fazer ao próximo o que não se gostaria que fosse feito a si (ARENDT, 2004, p. 139-140). Essas máximas creditam ao homem a aptidão inata de pensar coerentemente uma situação, num movimento de si ao outro; o que não se quer para si não se pode fazer ao ao outro, sob pena de incoerência moral que leva ao autodesprezo. Esse auto desprezo resultado da incoerência seria passível de superação

COERÊNCIA E CRÍTICA: A HERMENÊUTICA JURÍDICA EM TEMPOS DEMOCRÁTICOS

pelo autoengano (ARENDT, 2004, p. 126); mas se a pessoa for sincera consigo mesma, ela não suportará conviver com a arbitrariedade.

Entretanto, se a pessoa não se apropria da aptidão à coerência moral a envolver a si e aos demais, ela sequer possui necessidade do auto engano. Ela abdica do pensar o correto, da sua autonomia moral. Por isto, Hannah Arendt (2004, p. 146) confere ênfase especial ao convívio consigo mesmo, que permite o depurar-se dos conceitos e parâmetros prontos e difundidos pela sociedade mediante reflexão coerente sobre o correto. A moral não está pronta e acabada: é construída mediante a reflexão coerente, informada pela reciprocidade.

A possibilidade do correto e da justiça demanda, portanto, o pensamento. Pensamento, crítica, reflexão, coerência e repúdio à arbitrariedade são componentes indispensáveis para que se pense o correto e o justo.

5. COERÊNCIA: ELEMENTO DA INTERPRETAÇÃO SÉRIA

A coerência, entretanto, não apenas se revela como elemento da ética, mas também da hermenêutica.

Dworkin, de há tempos trata a questão do ceticismo: se é possível trabalhar o direito mediante a possibilidade da resposta correta. E ele o faz mediante a concepção de que o direito não é questão semântica, mas interpretativa. Ou seja: o jurista não possui a tarefa de definir o conteúdo semântico das palavras nas quais vazados os precedentes e textos normativos: antes, o jurista deve interpretar o direito como um todo, na busca de revela-lo em suas melhores luzes na resolução do caso concreto.

O trabalho do jurista seria parecido com o do dramaturgo, que se debate sobre a maneira de melhor adaptar um texto teatral de outrora aos dias contemporâneos, ou do crítico de arte que se questiona acerca do significado de um quadro ou do romancista em cadeia (DWORKIN, 273-279). Ambas as empreitadas são interpretativas e constitutivas: busca-se ser fiel à integralidade do dado interpretado, mas com o propósito de revelá-lo com as melhores luzes no caso concreto. São, portanto, tarefa do jurista: fidelidade e criação.

Ainda importa ressaltar que Dworkin confere destaque especial à coerência, que aliás passará a ser uns dos elementos onipresentes em sua vasta obra, que trata da hermenêutica, ao liberalismo, de pornografia ao aborto, de arte ao mercado. Em se tratando propriamente de hermenêutica, ele adota como melhor concepção interpretativa do direito aquela que o compreende como a 'integridade' de princípios:

> A integridade exige que as normas públicas da comunidade sejam criadas e vistas, na medida do possível, de modo a expressar um sistema único e coerente de justiça e equidade na correta proporção. Uma instituição que aceite esse ideal às vezes irá, por essa razão, afastar-se da estreita das decisões anteriores, em busca de fidelidade aos princípios concebidos como mais fundamentais a esse sistema (DWORKIN, 1999, p. 264).

A integridade revela a coerência e sistematicidade do todo. Já o elemento de integralização, que permite a interpretação coerente do direito, seria a igualdade, a revelar-se na igual importância que os vários modelos de vida possuem em uma democracia. A igualdade, assim compreendida, passa a ser tratada, na penúltima obra de Dworkin, como dado metafísico. Isto, porque Dworkin (2011, p. 203-204) passa a defender que é imanente ao homem dois deveres morais: o do auto respeito e o da autenticidade. O primeiro significa que o homem deve respeitar-se, o que faz quando compreende sua vida como oportunidade a ser bem aproveitada e não desperdiçada. Já a autenticidade manifesta-se no dever de se criar uma narrativa de vida coerente ao que realmente se valoriza; apenas assim, faz-se da vida uma oportunidade bem aproveitada. O auto respeito e a autenticidade, por sua vez, justificam a concepção de igualdade como o dever do Estado de tratar todo o modelo de vida como igualmente bom: cabe a cada qual buscar o que é valoroso a si.

A perspectiva da igualdade como a igual relevância dos vários modelos de vida existentes é a constância, é o dado integrador, ao qual Dworkin recorre ao debruçar-se sobre vários problemas referentes ao direito contemporâneo. Ou seja, as várias reflexões que empreendeu sobre assuntos polêmicos encontram por ponto de integração e coerência este conceito de igualdade. Por outro lado, a incursão que faz Dworkin no direito, quando se dedica à construção de interpretações que se mantenham coerente à igualdade, desafia a coerência. Quanto mais se testa o direito perante novas situações, mais difícil abdicar da arbitrariedade; em especial, quando se chega a questões cuja integridade do dado interpretado desafia os gostos, os interesses e mesmo as inclinações e convicções mais arraigadas do intérprete. Nesse ponto, a manutenção da integridade mostra-se crítica, por demandar a fidelidade racional do hermeneuta.

O direito é, então, prática interpretativa, realizada mediante esforço de coerência ao todo. Como tal, é importante perceber, que não implica a mera compreensão de como um fato ou instituto funciona (DWORKIN, 2011, p. 115). Antes, a interpretação é compreendida como 'correta' quando é exposta mediante razões adequadas:

> [...] An interpretation is not evidence of some futher fact. A true interpretative claim is true because the reasons for accepting any rival interpretative claim, that is why, when we reconstruct the reasoning of a great critic, we must speak of a web rather than a chain of value.

E as razões adequadas à interpretação séria, segundo Dworkin – não prejudica repetir – são as construídas no caráter de teia e não pela forma de uma escala de valores. A boa interpretação carece de ser responsável, o que demanda coerência e integração (DWORKIN, 2011, p. 113). A Coerência assume local de destaque na teoria hermenêutica de Dworkin, revelando-se tanto como elemento formal de construção da ética e do direito, como da existência humana. A Coerência aparece como elemento nodal, que possibilita ao homem interpretar 'corretamente' sua vida, a ética, a moral e mesmo o direito: "[...] the fox knows many things, but the hedgehog knows one big thing. Value is one big thing" (DWORKIN, 2011, p. 1).

6. LIBERDADE E REFLEXÃO

Conforme o anteriormente considerado, à fidelidade do dado interpretado deve-se manter-se coerente ao todo, unificado por um elemento integrador. Mas o direito apresenta a dimensão criativa: o intérprete deve procurar revela-lo em sua melhor luz no caso concreto. Essa dimensão, que já se manifesta na interpretação coerente ao elemento integrador, e mesmo no elemento integrador, propicia a liberdade que se revela tão essencial à ética.

A reflexão própria da ética revela-se como ato de liberdade, uma vez que liberta dos encaixes aos padrões preexistentes. Nesta linha de raciocínio, Jurandir costa expõe que a estranheza do comportamento dos homens-máquinas ou das máquinas humanizadas dá-se pela rígida programação a parâmetros previamente estipulados, o que retira a possibilidade da empatia com o outro:

> O intuito salta à vista. Os objetos são incapazes de agir de modo livre e moral por estarem subjugados à premissa dos meios adequados aos fins, típica do cálculo instrumental. O que fazem parece louco não por ser ilógico, mas por reger-se por uma lógica paralítica totalmente inadequada às necessidades humanas. O aspecto desvairado apresentado pelas coisas falantes não nasce da incoerência do que fazem, mas da impotência para criar normas sensíveis às variáveis afetivas de circunstâncias inéditas (COSTA, p. 189)

O comportamento que se dá pela relação de causa e efeito foge à liberdade, o que corrói a possibilidade da ética e do justo. Para tanto, a reflexão pela empatia com a situação revela-se fundamental: a liberdade é o pressuposto do raciocínio que, por sua vez, é o instrumento da justiça. A justiça não se faz pela aplicação mecânica de teorias ou parâmetros morais e éticos, desprovida de reflexão e entrosamento:

> Dick chega onde quer: fazer do déficit intelectual superávit ético. Exatamente porque não podemos 'conhecer' o que seja um sujeito, temos que lidar com um resto inabsorvível pelas identidades simbólicas reconhecidas; com um resto que não se deixa explicar, embora se deixe 'pensar' ou 'conceber'. Nesse resto, pensa ele, mora a liberdade e a moralidade [...] Fred, ao fechar os olhos, admite a existência do enigma da compreensão racional, do sujeito: ao clamar por Deus, pelo Outro, dá o pontapé inicial da partida ética. Ao saber que nada sabe, ele começa a agir moralmente.

O fundamental do acima transcrito, ao direito, manifesta-se na correlação entre a liberdade do pensar e a justiça: ao perceber-se o direito como atividade interpretativa, e não meramente subjuntiva, que retira a liberdade do pensamento, possibilita-se a construção de um direito justo, empático, crítico e reflexivo.

7. RAPIDEZ, ACRITICIDADE E ENTORPECIMENTO: O OCASO DA CULTURA

Mas se a reflexão demanda liberdade e crítica, ela se mostra como elemento psicológico e racional escasso na era 'do espetáculo', na qual as pessoas vão se construindo na vivência do entretenimento rápido, que entorpece e alheia.

Em seu livro a Civilização do espetáculo, Mário Vargas Llosa (2013, p. 25) chama a atenção para a corrosão do que ele compreende como cultura e a consequente massificação: "a cultura-mundo, em vez de promover o indivíduo, imbeciliza-o, privando-o de lucidez e livre-arbítrio, fazendo-o reagir à Cultura dominante de maneira condicionada e gregária, como os cães de Pavlov à campainha que anuncia a comida". Mais adiante, prossegue (LLOSA, 2013, p. 27):

A diferença essencial entre a cultura do passado e o entretenimento de hoje é que os produtos daquela pretendiam transcender o tempo ´presente, durar, continuar vivos nas gerações futuras, ao passo que os produtos deste são fabricados para serem consumidos no momento e desaparecer, tal como biscoitos ou pipoca. Tolstoi, Thomas Mann e ainda Joyce e Faulkner escreviam livros que pretendiam derrotar a morte, sobreviver a seus autores, continuar atraindo e fascinando leitores nos tempos futuros. As telenovelas brasileiras e os filmes de Hollywood, assim como os shows de Shakira, não pretendem durar mais que o tempo da apresentação, desaparecendo para dar espaço a outros produtos igualmente bem-sucedidos e efêmeros. Cultura é diversão e o que não é divertido não é cultura.

Vargas Llosa (2013, p.67) ainda adverte, em tom derrotista:

A cultura pode ser experimentação e reflexão, pensamento e sonho, paixão e poesia e uma revisão crítica constante e profunda de todas as certezas, convicções, teorias e crenças. Mas não pode afastar-se da vida real, da vida verdadeira, da vida vivida, que nunca é a dos lugares-comuns, do artifício, do sofisma e da brincadeira, sem risco de se desintegrar. Posso parecer pessimista, mas minha impressão é de que, com uma irresponsabilidade tão grande como nossa irreprimível vocação para a brincadeira e a diversão, fizemos da cultura um daqueles castelos de areia, vistosos mas frágeis, que se desmancham com a primeira ventania.

O imediatismo e o entorpecimento, cuja falta de reflexão é imanente, seria elemento estrutural da cultura contemporânea, que massifica o homem, retira-lhe a individualidade e a empatia com o outro-real. Referida situação encontra seu habitat natural no mundo tecnológico, de dados prontos e tópicos, mas sem sistematicidade; o homem torna-se depositário de dados. Os conhece, mas não, necessariamente, os compreende, pois não os pensa. A atividade mental se dirige ao armazenamento, não à reflexão; o processo vê-se substituído pelo produto, que se entulha e amontoa nas prateleiras cerebrais, o que deixa o 'almoxarifado' mental com a cômoda sensação de saciedade 'cognitiva'.

Não obstante, a carência nutricional do dado armazenado não resiste ao sopro de questionamentos elementares, que mais do que informações, requer o processo da reflexão. Mas disto raramente se ressente o homem tecnológico; eventuais carências são supridas com a aglutinação de mais dados, em um crescente entorpecimento, cuja quantidade sacia e supre a necessidade do questionamento.

O problema, no entanto, é que o entorpecimento acrítico, como denuncia Llosla, esgaça a cultura, que passa a ser apenas e tão somente aparência comestível. Referida advertência aplica-se ao Direito, que é objeto cultural. A rapidez e o entorpecimento, mediante os quais se está construindo o caráter contemporâneo, refletem-se na estruturação de uma prática jurídica acrítica, cujo fator tempo tem motivado a construção de princípio utilitarista que, por sua vez, revelou-se da maior importância no direito atual: eficiência.

Soluções rápidas e uniformes, não obstante a indubitável relevância, têm escamoteado os elementos essenciais à prática jurídica séria e responsável: a reflexão e criticidade, que demandam tempo e pressupõem liberdade. Mas do esforço da crítica, que pressupõe liberdade, é possível facilmente se escusar, sob a justificativa da aplicação dos precedentes, que teriam sido produzidos no contexto da hermenêutica adequada às democracias contemporâneas.

O precedente, constituído pelos Tribunais, que incorporaria, na sua formação, os mais sofisticados e democráticos métodos, considerações e princípios, legitimaria a prática jurídica. Ou seja, a técnica do precedente vinculante seria suficiente à formação de um direito sério e responsável; um direito que se realiza sob as cláusulas e valores elementares à equidade democrática. Deixa-se a responsabilidade pela reflexão e crítica aos Tribunais, preferencialmente os superiores, que por seus órgãos de cúpula vão trabalhando o direito 'de acordo' com os elementos estruturantes da democracia. À legitimação do direito bastaria o 'armazenamento' e conhecimento' dos precedentes, mediante aplicação silogística que asseguraria a respectiva uniformidade, segurança, rapidez e eficiência. E assim também se vai estruturando o estudo do direito; mediante armazenamento e aplicação silogística do precedente; especificamente, da sua ementa. Isto, na melhor das hipóteses, já que outro comportamento se mostra ainda mais perigoso: o subjetivismo travestido nas relevâncias fáticas, que permitiriam a escolha de determinado princípio em relação a outro no caso concreto.

Mas as ressalvas a um e outro comportamento, ou seja, ao armazenamento e ao subjetivismo, não obstante conhecidas, não se mostram como preocupações genuinamente difundidas. A cultura jurídica se envaidece pelo simbolismo dos princípios que se vêm repetindo como estandartes da superioridade civilizatória das democracias ocidentais. A mera menção por vezes se revela suficiente ao que seria uma resolução séria e responsável do direito; entretanto, como 'castelo de areia', encanta à primeira vista, mas não suporta uma rajada de vento.

Por serem mais do que rótulos, a democracia, a equidade e liberdade realizam-se como produtos de pensamento e reflexão que não se limitam à mera técnica subsuntiva do precedente; antes, pressupõe liberdade. O fato é que nunca a metafísica, como instância de reflexão, crítica e conhecimento, se fez tão relevante, não obstante disto não se tenha apercebido por uma série de fatores: a) a positivação do direito natural; b) o simbolismo legitimador de expressões como liberdade, igualdade e dignidade; c) a tecnologia. A reflexão, sobre os aspectos mais relevantes à existência humana, à política e à democracia tem sido substituída pelo armazenamento de dados; o processo jurídico tem cedido espaço, cada vez maior, ao produto jurídico, de maneira que se tem a irreflexão no âmbito que mais demandaria a reflexão: quando se trata dos elementos estruturais à vivência democrática na atualidade.

A vivência da democracia sem crítica, como repetição autômata de parâmetros liberais, gera o risco inverso que se pode chamar de 'fundamentalismo democrático'. A irreflexão, este é o ponto em comum dos autores neste artigo mencionados, corrói a empatia, a individualidade, a realidade, a possibilidade do justo, da ética e da moral; isso em todo contexto, seja o de uma constituição democrática ou autoritária, tolerante ou arbitrária.

8. CONCLUSÃO: LEGITIMIDADE DO DIREITO PELA CRÍTICA

A longa obra do professor Arnaldo Vasconcelos, ao frisar a dimensão metafísica legitimadora do direito, mostrou-se de enorme relevância, tanto no contexto do direito silogístico de lei ou de decreto, que se seguiu à ditadura militar e formou a mentalidade de vários acadêmicos, advogados e aplicadores do direito, como na época atual, na qual se fala da positivação de direitos naturais, em hermenêutica de princípios e na legitimação do direito.

É até possível que as considerações à instância legitimadora do direito, que o oriente e legitime, se façam mais relevantes nos dias de hoje, cujo imediatismo e o entorpecimento mostram-se como elementos estruturais da cultura democrática contemporânea. Até porque, a velocidade encontra seu habitat natural no mundo tecnológico, de dados prontos e tópicos, mas sem sistematicidade; o homem torna-se depositário de dados. Os conhece, mas não, necessariamente, os compreende, pois não os pensa. A atividade mental se dirige ao armazenamento, não à reflexão; o processo vê-se substituído pelo produto, que se entulha e amontoa nas prateleiras cerebrais, o que deixa o 'almoxarifado' mental com a cômoda sensação de saciedade 'cognitiva'.

Mas a velocidade entorpece e aliena, o que redunda na falta de reflexão. Sem reflexão, por outro lado, perde-se a possibilidade da interação e empatia com o outro-real, com o mundo verdadeiro, assim como a possibilidade de se vivenciar o justo, a ética e a moral. Mas a reflexão, por sua vez, pressupõe a liberdade. A liberdade e a reflexão, que são elementos cognitivos fundamentais a construção de um direito justo, indispõem-se, por lógica, a uma prática jurídica eminente silogística ou simplesmente subjetiva e arbitrária; antes, adaptam-se especialmente bem à vivência do direito como empreitada interpretativa, que se dá pela interpretação coerente de um todo axiológico constituído por textos, práticas e elementos culturais, na construção da solução do caso concreto.

O direito, em uma democracia, que incorpora elementos axiológicos estruturantes que lhe são imanentes, carece de razões adequadas, cujo processo de construção é reflexivo, crítico, ponderado, coerente e não arbitrário. A incorporação aberta e franca de elementos como equidade, liberdade, dignidade, oportunidade e sustentabilidade, na estruturação das instituições básicas de uma democracia, carece de reportar-se a uma instância crítica legitimadora que não pode bastar-se no silogismo do precedente – ou de sua ementa – e nem na subjetividade, a revelar-se na ponderação de princípios que prevaleceriam no caso concreto, face às urgências e prioridades fáticas. A razão adequada, posto que legitimadora da prática jurídica democrática, é crítica: demanda tempo, costura-se de forma coerente e empática à realidade e à cultura democrática, sem entorpecimentos, arbitrariedades e automatismo. Demanda a comunhão entre essência e existência: o pensar para a construção de uma realidade ética e justa.

9. REFERÊNCIAS

ARENDT, Hannah. *Origens do totalitarismo*. Tradução Roberto Raposo. São Paulo: Companhia das letras, 1989.

ARENDT, Hannah. *Responsabilidade e julgamento*. Tradução Rosaura Einchenberg. São Paulo: Companhia das letras, 2004.

ARENDT, Hannah. Eichamann em Jerusalém; um relato sobe a banalidade do mal. São Paulo: Companhia das letras, 1990.

COSTA, Jurandir Freire. *O ponto de vista do outro*; figuras da ética na ficção de Graham Greene e Phillip K. Dick. Rio de Janeiro: Garamond, 2010.

DWORKIN, Ronald. *Justice for Hedgehogs*. Cambridge; Havard University Press, 2011.

DWORKIN, Ronald. O império do Direito. Tradução Jefferson Luiz Camargo. São Paulo: Martins Fontes, 1999.

LLOSA, Mário Vargas. *A civilização do espetáculo*; uma radiografia do nosso tempo e da nossa cultura. Tradução de Ivone Benedetti. Rio de Janeiro: Objetiva, 2013.

VASCONCELOS, Arnaldo. *Direito e força*: uma visão pluridimensional da coação jurídica. São Paulo: Dialética, 2001.

IN CLARIS CESSAT INTERPRETATIO? ALGUMAS CONSIDERAÇÕES EM TORNO DOS LIMITES DA INTERPRETAÇÃO JURÍDICA

Tercio Sampaio Ferraz Jr.

Sumário: 1. A interpretação jurídica. 2. A norma como comunicação. 3. O jogo interpretativo: códigos fortes e códigos fracos. 4. Limites à interpretação: limitação normativa. 4.1 Norma legal sobre nova jurisprudência. 4.2 Lei interpretativa. 5. Limitações principiológicas ou doutrinárias. 6. A limitação mediante o sentido normal das palavras. 7. A limitação mediante o brocardo *in claris cessat interpretatio.* 8. Revisão pragmática da noção de *clareza.* 9. *Clareza:* nem ponto de partida nem ponto final da interpretação.

---

1. A INTERPRETAÇÃO JURÍDICA

A interpretação jurídica, como tarefa dogmática, ocorre num amplo espectro de possibilidades. Envolve o direito como um fenômeno complexo de comunicação, na perspectiva da decidibilidade de conflitos. O jurista não *interpreta* do mesmo modo em que o faz o ser humano, ordinariamente, quando procura entender a mensagem de alguém numa simples conversa. A comunicação jurídica ocorre sempre entre três emissores que são ao mesmo tempo receptores.

A interpretação jurídica tem por objeto determinar o *sentido* vinculante da *normatividade.* Que está no ato, na omissão, no comportamento, nas prescrições, nas recomendações, nas políticas, na organização etc. Por simplificação e abstração, costuma-se dizer que interpretamos *normas jurídicas.* Ora o sentido do seu dever-ser, ora o sentido daquilo que por elas deve-ser, ora o sentido do seu dever-ser para os destinatários, ora o sentido do seu dever-ser para quem dita normas. Na prática, ora nos fixamos num desses pontos: interpretamos ou sua validade ou o seu significado ou a sua eficácia ou a sua função. Fixar num desses pontos significa atribuir-lhe *relevância* em vista de um objetivo. Esse objetivo pode ser percebido num processo de comunicação.

2. A NORMA COMO COMUNICAÇÃO

A comunicação ocorre em dois níveis: um diz respeito à mensagem (relato), outro à relação entre os comunicadores (cometimento). Por exemplo, o uso da forma imperativa: *feche a porta* contém uma mensagem cujo *conteúdo* é a ação de fechar a porta e, ao mesmo tempo, uma *relação*: o emissor se põe como superior e põe o receptor como inferior (relação assimétrica de posições).

A relação/*cometimento* supõe reações: confirmação, negação, desconfirmação. A reação de confirmação, no exemplo, ocorre pela obediência; a negação, pela desobediência; a desconfirmação, pela indiferença.

A mensagem/*relato* supõe entendimento/desentendimento e exige compreensão. *Fechar a porta* pode significar *trancá-la, fechar sem trancá-la* ou simplesmente *encostá-la*.

Entre os dois níveis da comunicação pode haver congruência ou incongruência. Quem confirma ou nega ou desconfirma a relação nem sempre entende o relato (o conteúdo). Essa incongruência gera um peculiar problema de metacomunicação e a exigência de outros relatos sobre a relação, com reafirmação ou com modificação expressiva da relação (paráfrase). Por exemplo: *eu disse para fechar a porta* (reafirmação). Ou *você está surdo ou não entendeu ou que eu lhe disse?* (ameaça) Ou então: *esqueça, eu mesmo fecho a porta* (desistência).

A metacomunicação ocorre, portanto, mediante outro relato, que implica reafirmação da relação ou até uma nova relação. A escalada das metacomunicações pode gerar conflito. O sentido desse conflito em escala pede um ponto final: a normatividade vinculante do direito. Essa normatividade pode exigir uma interpretação vinculante do relato (*a porta deve ser trancada*).

Um conflito sobre a relação desloca-se, assim, para a interpretação do relato que, por sua vez, tem a ver com a relação: trata-se de uma ordem, uma recomendação, um conselho?

No direito, temos, de um lado, os emissores/receptores desse universo da conversação comum. De outro, um terceiro emissor/receptor. Terceiro no sentido de um outro que alheio à conversação, nele intervém ou na forma de uma pressuposição institucionalizada sem sujeito ostensivo (costumes, princípios, máximas morais etc.) ou na forma de um terceiro sujeito institucionalizado (o legislador, o juiz, a autoridade administrativa, o contrato, o tratado etc.).

O terceiro institucionalizado é um emissor privilegiado: a relação dele com os outros dois é assimétrica e implica autoridade. Trata-se de uma assimetria institucionalizada, isto é, presumidamente posta fora de discussão: *lex prima facie valet*. Ou também *nemo ignorantia legis excusat*.

Nesses termos, uma relação assimétrica de autoridade admite confirmação e negação, mas não suporta desconfirmação: a indiferença elimina a autoridade. Por isso, o terceiro emissor/receptor sempre desconfirma a indiferença, recebendo-a como ou confirmação ou negação. A reação dos destinatários é por ele confirmada (confirmação da confirmação: a autoridade age como se a desconfirmação fosse uma confirmação) ou é por ele negada (donde a sanção).

Por tratar-se de relação assimétrica, ocorre uma disputa entre os comunicadores (emissor privilegiado *versus* receptores destinatários): manutenção da assimetria, inversão da assimetria, fuga da assimetria. Na assimetria institucionalizada revela-se um jogo de *poder*.

3. O JOGO INTERPRETATIVO: CÓDIGOS FORTES E CÓDIGOS FRACOS

O intérprete jurista pressupõe que, no discurso normativo, são fornecidas razões/ motivos para agir de certo modo e não de outro, que se destinam a uma tomada de posição diante de diferentes possibilidades nem sempre congruentes, ao contrário, em conflito. Pressupõe, assim, que o legislador age motivadamente; e assim atribui significação ao seu discurso.

Essa atribuição de significação ocorre mediante codificação. A norma (mensagem e relação de autoridade) supõe um código que visa ao cumprimento da mensagem e à prevalência da assimetria. Ao excluir a indiferença e exigir cumprimento, a codificação da significação normativa trabalha com esquematismos binários: proibido/permitido, lícito/ilícito. Do lado dos receptores, a significação é decodificada, de modo a criar espaço para a indiferença e outras alternativas de agir. Exige esquematismos trinários: proibido/ permitido/lacunoso, lícito/ilícito/legítimo. Às vezes as codificações se invertem, o que é mais raro. O emissor normativo codifica para abrir espaço para a discricionariedade e o receptor decodifica para impor-lhe limites.

Como essa codificação/decodificação conhece variações intersubjetivas, em termos de como se codifica a significação normativa (código forte/código débil) a possibilidade de conflitos sobre o conflito, pode levar a uma escalada de interpretações.

O jogo de poder presente na comunicação normativa faz da interpretação da norma jurídica um jogo peculiar. Nesse jogo comunicativo, a interpretação jurídica conhece, assim, sua peculiaridade e constitui um desafio. Isto porque, não obstante a norma ou comunicação normativa receba a desconfirmação como negação ou como confirmação, ela não elimina a desconfirmação, que continua presente na interpretação.

Por exemplo: o Código Penal Brasileiro pune o estupro (art. 214) nos seguintes termos *"Constranger mulher à conjunção carnal, mediante violência ou grave ameaça"*. Há aqui uma indefinição sobre o que se considera *violência* ou *grave ameaça*. Todavia, com relação a: *menores do sexo feminino*, é estipulada uma presunção absoluta, com precisão numérica (art. 224): *Presume-se a violência, se a vítima não é maior de 14 (catorze) anos"*.

Não obstante o aparente nível de determinação alcançado a partir dos recursos disponíveis na linguagem ordinária na qual a norma foi formulada *"sexo com mulheres menos de 14 anos é punido com reclusão"*, o Supremo Tribunal Federal no *Habeas Corpus* HC 73.662-9 MG, garantiu a liberdade a réu que havia mantido relação com menina de 12 anos, nos seguintes termos do Ministro Relator: *nos nossos dias não há crianças, mas moças de doze anos. Precocemente amadurecidas, a maioria delas já conta com discernimento bastante para reagir ante eventuais adversidades, ainda que não possuam escala de valores definida a ponto de vislumbrarem toda a sorte de consequências que lhes pode advir.*

Mediante o conceito de *amadurecimento* o intérprete desconfirma a estipulação numérica, que é ignorada, e, em lugar da exatidão quantitativa adota um conceito qualitativo.

Isso parece implicar que a interpretação que as possibilidades de interpretativas seriam ilimitadas. Veja-se, por exemplo, o caso do advogado que, para livrar seu cliente de tráfico de maconha, sustenta que o acusado portava maconha para uso próprio. Mas eram 40 kg.! Diante do que, argumentou: meu cliente acredita em reencarnação: trata-

-se de uma provisão para a outra vida! O senso comum jurídico, porém, diria que esse argumento fere os limites da razoabilidade. O que implica: a interpretação jurídica tem limites? Quais ou de que modo?

4. LIMITES À INTERPRETAÇÃO: LIMITAÇÃO NORMATIVA

A imposição de limites à interpretação jurídica surge como uma resposta a esse problema. Entendo por *limites* a hipótese de *restrições* à possibilidade aberta de decodificação da mensagem legal. Algumas dessas restrições são normativas, isto é, impostas mediante norma jurídica. Por exemplo, a limitação referente à aplicação de jurisprudência nova (leia-se, interpretação jurisprudencial) a casos pregressos.

4.1 Norma legal sobre nova jurisprudência

Lembro o dispositivo legal adotado pelo legislador pátrio, a propósito do processo administrativo, cujo inciso XIII do art. 2°, parágrafo único, da Lei do Processo Administrativo (Lei n. 9784/99), ao enumerar os princípios a que deve obedecer ao processo administrativo federal, inclusive, obviamente, em suas decisões judicantes, determina: "Art. 2°, Parágrafo único (...): XIII – interpretação da norma administrativa da forma que melhor garanta o atendimento do fim público a que se dirige, *vedada aplicação retroativa de nova interpretação*" (destaquei).

Mesmo no caso da Lei do Processo Administrativo, dúvidas interpretativas podem surgir em torno do adjetivo *nova* em *nova interpretação*. O preceito limitador da lei do processo administrativo trabalha, na verdade, com um pressuposto localizado no motivo legal: *ubi eadem ratio, ibi eadem legis dispositio* (onde existe a mesma razão fundamental, prevalece a mesma regra de direito). No caso, a decisão tomada anteriormente se aplica aos casos semelhantes, salvo se for detectado um fator diferenciador.

No direito da *common law* encontramos algo parecido no que ao que a doutrina chama de *ratio decidendi*, isto é, da escolha dos aspectos relevantes, em detrimento de outros aspectos, desprezados ou ignorados, por serem considerados irrelevantes (*obiter dictum*). A distinção entre *ratio decidendi* e *obiter dictum* não é fácil de ser traçada.[1] Até porque, por força das diferentes possibilidades interpretativas, não é possível falar de uma única, mas de várias *rationes decidendi*. Afinal, a lógica jurídica nos ensina que toda decisão jurídica (norma individual) pode ser subsumida a um indefinido número de diferentes regras gerais, identificadas mediante interpretação. Não obstante, a *ratio decidendi* de uma decisão deve representar uma escolha metodicamente trabalhada, na qual se identificam premissas e conclusões.

Como limitação da interpretação, a *ratio decidendi* acaba por exigir, reflexivamente, outra interpretação. Ou seja, as limitações legais expressam vinculações normativas, sujeitas às novas interpretações. O que nos recoloca no campo de escalada interpretativa.

---

1. cf. STONE, Julius. *Legal System And Lawyers Reasonings*, Sydney, 1968, p. 268 ss.

ALGUMAS CONSIDERAÇÕES EM TORNO DOS LIMITES DA INTERPRETAÇÃO JURÍDICA

A limitação normativa, portanto, não elide completamente a possibilidade de interpretação posto que, estabelecida mediante *norma*, está sempre sujeita a interpretação dessa própria norma.

Veja-se a regra geral de interpretação, referente ao efeito *ex tunc*, no caso da declaração de inconstitucionalidade, que a doutrina e a própria jurisprudência acatam de longa data.

Do efeito *ex tunc* da declaração de inconstitucionalidade resulta a total nulidade dos atos emanados do Poder Público, desamparando as situações constituídas sob sua égide e inibindo a possibilidade de invocação de qualquer direito (cf. STF – RTJ, 146/461). Além disso, como as decisões do STF, em sede de ação direta de inconstitucionalidade, têm *força obrigatória geral*, diz-se que produz, também, efeito *erga omnes*. O próprio STF considera-se vinculado aos efeitos de sua decisão abstrata, não havendo possibilidade de nova análise contestatória da matéria. Com isso, o legislador fica impedido de editar novas normas com idêntico conteúdo ou normas que, de algum modo, convalidem os efeitos da norma inconstitucional ou anulem os efeitos da decisão do Supremo. Todos os juízos e tribunais verão afastado o controle difuso da constitucionalidade. As autoridades administrativas ficarão impossibilitadas de aplicar a norma (cf. art. 28, parágrafo único da Lei n. 9868/99).

Essa regra geral (efeito *ex tunc*) está presumida no art. 27 da Lei nº 9.868/99, ao trazer um dispositivo inovador que admite uma exceção, referente à possibilidade de atribuição de efeito *ex nunc*, de significativa importância, como se verá ainda, para o caso específico envolvido na consulta. Essa regra ficou conhecida no STF como regra de modulação dos efeitos.

Diz o art. 27, daquela Lei:

> *"Art. 27. Ao declarar a inconstitucionalidade de lei ou ato normativo, e tendo em vista razões de segurança jurídica ou de excepcional interesse social, poderá o Supremo Tribunal Federal, por maioria de 2/3 (dois terços) de seus membros, restringir os efeitos daquela declaração ou decidir que ela só tenha eficácia a partir de seu trânsito em julgado ou de outro momento que venha a ser fixado."*

Trata-se de norma permissiva, que tem por conteúdo uma faculdade ("poderá"), no âmbito de uma competência ("declarar a inconstitucionalidade"), que autoriza modificações no efeito *erga omnes* (amplitude dos efeitos) e no efeito *ex tunc* (temporalidade dos efeitos).

Assim, pelo art. 27, como exceção à regra, pode o STF, por maioria de 2/3 de seus membros (*requisito formal*), no momento em que a decisão é tomada, alterar o efeito *erga omnes*, restringindo-lhe a amplitude e atribuir temporalmente outro prazo *a quo* para início da produção de efeitos da declaração de inconstitucionalidade, que será referido ao trânsito em julgado ou, em vista das peculiaridades técnicas do caso, a um outro momento a ele mais adequado. Nessa hipótese, a decisão é tomada por razões de segurança jurídica ou excepcional interesse social (*requisito material*).

É de se assinalar que, em face dos seus requisitos, a própria norma de modulação dos efeitos exige interpretação. Diz-se, assim, que a faculdade correspondente não deve ser vista como exercício de competência fundada em razões de conveniência. É o que sustenta o Min. Gilmar Mendes. O afastamento do princípio da nulidade da lei assenta-

-se, antes, em fundamentos constitucionais. Insere-se, portanto, *no modelo de controle da constitucionalidade como um todo* (Controle incidental e a aplicação do art. 27 da Lei n. 9.868/1999, Repertório de Jurisprudência IOB, 2ª quinzena de junho de 2005, n. 12/2005, Volume I, p. 456).

4.2 Lei interpretativa

Uma limitação normativa mais forte, quanto ao efeito restritivo, ocorre mediante a chamada *lei interpretativa*[2].

Veja-se, por exemplo, a nova dicção do art. 195 da CF: *o faturamento ou a receita bruta*. Pela nova dicção do art. 195, por força da referida Emenda, passou a CF a determinar como fonte *o faturamento ou a receita bruta*. O art. 195 fala de contribuições, (I) do empregador, da empresa e da entidade a ela equiparada na forma da lei, *incidentes* sobre: (b) a receita ou o faturamento.

Diante disso, pode-se tomar o novo texto como uma equiparação *interpretativa* dos dois conceitos. Ou, objetivamente, entender que a nova redação constitucional, com a expressão *"incidentes sobre a receita ou o faturamento"* conferiu ao dispositivo constitucional o significado de *uma única e mesma hipótese de incidência*. O que significaria: *tornou claro, ex tunc, o sentido de faturamento*, afastando, definitivamente, a interpretação de que se trata e se tratava de diferentes *hipóteses de incidência* ou *fatos geradores* distintos.

A norma *interpretativa* contida no novo preceito constitucional conferiria ao conceito de faturamento um sentido *correto* retroativo, isto é, válido desde sua emissão. No entanto, conforme nos dá conta Carlos Maximiliano (*Hermenêutica e aplicação do direito*, Rio de Janeiro, 1997, p. 89), o projeto de Clóvis Beviláqua era precedido de uma Lei de Introdução, cujo art. 6º preceituava: *"Salvante a disposição do artigo antecedente* (a que mandava respeitar o direito adquirido, o ato jurídico perfeito e a coisa julgada), *a lei interpretativa se considera da mesma data da lei interpretada"*. Com base no parecer do jurista Andrade Figueira, que considerava falso o princípio no qual se apoiava o dispositivo proposto, o Congresso Nacional o eliminou.

A falsidade do princípio estaria em que se uma lei apresenta falhas ou sentidos equívocos, aquela que a corrige constitui nova lei, que substitui a anterior e *passa a gozar da presunção de perfeita e clara*. Por sua vez, seria quase impossível distinguir entre uma norma meramente explicativa e as sutis modificações que, ao supostamente explicar, ela introduz no texto anterior.

Com efeito, a expressão *norma interpretativa* no contexto de uma *lei interpretativa* é plurívoca. Pode significar, de um lado, que uma interpretação é o conteúdo da norma, de outro, que a interpretação é normativa e, portanto, obrigatória. Ou seja, admite duas leituras: *interpretação* mediante norma e *normatividade* da interpretação.

A interpretação mediante norma, segundo Kelsen, é a que é realizada pela autoridade competente quando aplica (concretiza, individualiza, ou simplesmente dispõe)

---

2. Sobre lei interpretativa em referência a leis declarativas ver VASCONCELOS, Arnaldo. *Teoria da norma jurídica*. Rio de Janeiro, 1978, p. 217.

ALGUMAS CONSIDERAÇÕES EM TORNO DOS LIMITES DA INTERPRETAÇÃO JURÍDICA **159**

norma editada por autoridade superior no quadro do escalonamento normativo. Nesse sentido genérico, diz ele, toda norma exarada por autoridade competente é sempre ato de produção de norma própria, e aplicação e observância de outra norma (superior).

Da interpretação mediante norma se distingue a normatividade da interpretação. Nesses termos fala ele de *interpretação autêntica*: a estabelecida com força normativa (obrigatória) pela autoridade competente – interpretação válida (cf. Reine Rechtslehre, Viena, 1960, cap. VIII). Nisso ela se distingue da interpretação doutrinária, cuja aceitação generalizada deve apelar para motivos racionais mediante métodos próprios (que Kelsen, aliás, encara com ceticismo quanto à sua capacidade de generalização: interpretação verdadeira em oposição a interpretação válida).

Note-se que a noção de interpretação *autêntica ou válida* é uma propriedade da interpretação mediante norma. Mas com ela não se confunde. A interpretação mediante norma não admite interpretação autêntica de si mesma e por ela mesma. A dinâmica da ordem escalonada está submetida ao fator tempo.

Assim, quando a autoridade competente emite norma que interpreta o conteúdo de outra norma, na sucessão temporal, o caráter autêntico da interpretação é propriedade de ambas as normas em sucessão. É um erro, por força de uma impossibilidade cronológica, confundir o sentido autêntico de ambas (sua validade generalizável). Ou seja, quando uma autoridade confere, mediante norma, o sentido autêntico de outra norma, não cria uma *explicação* mediante uma proposição prescritiva de *autointerpretação*, mas *cria norma nova*. Por força da temporalidade, nenhuma norma pode *interpretar-se* a si mesma, como se a norma interpretada e a explicação posterior, mediante proposição prescritiva, constituíssem um só ato normativo. Conferir, mediante norma, sentido autêntico a outra norma é inovar o sentido autêntico desta. O que explica as questões tratadas pela doutrina das regras de direito intertemporal.

Nesses termos é de se reconhecer que a expressão *norma ou lei interpretativa* não tem o sentido de *norma ou lei meramente explicativa*.

5. LIMITAÇÕES PRINCIPIOLÓGICAS OU DOUTRINÁRIAS

As dificuldades experimentadas pela limitação normativa levam à busca de limitações trazidas pela própria doutrina.

Examinando essa questão, assinala Dworkin que uma das presunções importantes para o intérprete e, *a fortiori*, para quem cumpre uma legislação, é a sua *integridade* (*integrity* – cf. *Laws Empire*, Harvard University Press, 1986, *passim*). A integridade na legislação restringe o que o legislador pode propriamente fazer, ao expandir ou modificar os *standards* públicos. Trata-se de um princípio que autoriza o cidadão a ter os seus atos e os seus negócios julgados de acordo com o melhor ponto de vista sobre aquilo que os *standards* legais de uma comunidade requerem ou permitem, à época em que agiram e efetuaram os negócios. A integridade exige que esses *standards* sejam vistos como coerentes, como se o Estado falasse mediante uma única voz (p. 217-218). Em suma, sem o princípio da integridade, não funcionaria o *due process of law*. E, embora a integridade não responda inteiramente não só sobre como deve agir o legislador, mas também, o aplicador da lei, tratar-se-ia, não obstante, de um princípio que daria o primeiro sentido de orientação à conduta do cidadão e à interpretação das regras correspondentes.

Observa-se, nesse sentido, uma espécie de acordo, na doutrina, mediante o qual as instituições apontam para uma *espécie de resistência* ao voluntarismo, quer individual quer legal. Como diz Canotilho, as *"garantias institucionais, constitucionalmente protegidas, visam, não tanto, 'firmar', 'manter' ou 'conservar' certas 'instituições naturais', mas impedir sua submissão à completa discricionariedade dos órgãos estaduais, proteger a instituição e defender o cidadão contra ingerências desproporcionais ou coactivas"* (Direito Constitucional, Coimbra, 1995, p. 395). Por isso mesmo, quando estamos às voltas com conceitos institucionais, entende-se a dificuldade do tema referente, por exemplo, à possibilidade de o *casamento*, que a própria Constituição Federal estende, para efeito de proteção, à *união estável entre o homem e a mulher* (art. 226, par. 2º e 3º), ser estendido, por lei, aos homossexuais.

As dificuldades dessa limitação principiológica aparecem, entretanto, no fato de que ela não tem uma efetividade plenamente constatável. Por exemplo, *faturamento* como expressão constitucional, é um desses termos que apontam para um conceito enraizado numa prática usual do comércio. Do ponto de vista genético, não se pode deixar de reconhecer que a palavra denota uma prática comercial referente à *fatura*, isto é, ao ato de faturar ou organizar fatura. Isto é, aquela escrita do vendedor que acompanha as mercadorias, na qual se insere o nome e características da mercadoria, inclusive o preço respectivo (assim, entre outros, Carvalho de Mendonça, em seu: Tratado de Direito Comercial, Rio de Janeiro, 1938). Trata-se, nesse sentido, de uma prática referente a uma técnica documental, que a distingue de outras, como a conta-corrente ou o pedido de mercadorias.

Essa técnica ganhou conceituação doutrinária, de modo que o faturamento de uma empresa passou a referir-se a todas as vendas realizadas em determinado período. O uso comum estendeu, pois, o faturamento de vendas mercantis também a vendas de serviços prestados, com a indicação dos preços respectivos. Assim, o faturamento, que, em sentido denotativo, aponta para o ato de extrair ou formalizar a fatura, conhece uma extensão do seu sentido conotativo, que permite denotar também um rol de vendas de uma empresa.

Essa interpretação tem por base um atributo conotativo do conceito, localizado não no atributo *fatura*, mas no atributo *venda*. Entende-se, assim, o entendimento uniforme do STF de *faturamento* num sentido que alcança, para efeitos fiscais, todas as vendas, mesmo se não acompanhadas de fatura, admitindo, portanto, que ao faturamento se equipare a receita bruta das vendas de mercadorias, de mercadorias e serviços e de serviços de qualquer natureza (teor da LC 70/91). Mas que não alcança, *objetivamente*, isto é, *independentemente do sujeito*, outros numerários, aqueles que não resultam de *venda*, como juros, aluguéis, variações monetárias, royalties, lucros e dividendos, descontos obtidos etc. (RE n. 357.950-RS).

Lê-se na correspondente ementa: "Contribuição Social – PIS – Receita bruta – Noção inconstitucionalidade do § 1º do artigo 3º da Lei 9.718/98. A jurisprudência do Supremo, ante a redação do artigo 195 da Carta Federal anterior à Emenda Constitucional nº 20/98, consolidou-se no sentido de tomar as expressões receita bruta e faturamento como sinônimas, jungindo-as à *venda* de mercadorias, de serviços ou de mercadorias e serviços. *É inconstitucional* o § 1º do artigo 3º da Lei nº 9.718/98, no que ampliou o conceito de receita bruta para envolver a totalidade das receitas auferidas por pessoas jurídicas, *independentemente da atividade por elas desenvolvidas* e da classificação contábil adotada." (destaquei).

Nesses termos, assim se manifestou o Ministro Peluso: "Quanto ao caput do art. 3º, julgo-o constitucional para lhe dar interpretação conforme a Constituição, nos termos do julgamento proferido no *RE n. 150.755/PE*, que tomou a locução receita bruta como sinônimo de faturamento, ou seja, no significado de 'receita bruta de venda de merca- doria e de prestação de serviços', *adotado pela legislação anterior*, e que, a meu juízo, *se traduz na soma das receitas oriundas do exercício das atividades empresariais*" (destaquei).

Note-se que, embora a ementa fale de uma *ampliação inconstitucional* do conceito, *por envolver a totalidade das receitas auferidas por pessoas jurídicas* (isto é, também as *re- ceitas não operacionais), independentemente da atividade por elas desenvolvidas*, o Ministro Peluso admite que, no conceito de *receita bruta* sejam incluídas as *receitas financeiras, dependendo do sujeito: quando obtidas por instituições que as têm como remuneração de sua atividade própria*.

Assim, ao esclarecer o seu voto, diz o Ministro Peluso que, ao referir-se ao conceito construído, em especial, no RE n. 150.755/PE, sob a expressão "*receita bruta de venda de mercadoria e de prestação de serviços*", quis ele significar que tal conceito estaria ligado "à ideia de produto do exercício de atividades empresariais *típicas*" (destaquei). E, em complemento, explicou que, se determinadas instituições "prestam tipo de serviço cuja remuneração entra na classe das receitas chamadas financeiras, isso não desnatura a re- muneração de atividade própria do campo empresarial, de modo que tal produto entra no conceito de 'receita bruta igual a faturamento'".

Ou seja, embora o princípio da integridade trate de um princípio que daria o primeiro sentido de orientação à conduta do cidadão e à interpretação das regras correspondentes, ele conhece, na prática decisória, certos desvios interpretativos, sujeitos, por isso mesmo, a novas interpretações, mediante invocação do próprio princípio. Não se trata de "malabarismo", mas de interpretação suscitada pelo próprio sentido normativo de uma decisão.

6. A LIMITAÇÃO MEDIANTE O SENTIDO NORMAL DAS PALAVRAS

Na verdade, todas essas dificuldades poderiam ser contornadas por meio do que a doutrina tradicional da hermenêutica jurídica chama de *apelo ao sentido normal das palavras da lei*.

Por exemplo, na jurisprudência e na doutrina norte-americanas, os dois cânones mais comuns da *constitutional construction* têm sido, primeiro, que as palavras ou termos da constituição devem ser interpretados no seu *sentido normal, natural, usual, comum, ordinário ou popular* e, segundo, em se tratando de termos técnicos, *eles devem ter o sentido técnico*.

O senso comum jurídico tende a aceitar a distinção entre as chamadas definições reais e nominais. A definição real é a que parte da premissa segundo a qual a língua é um instrumento que designa a realidade donde definir é delimitar *conceitos* a partir da realidade designada: definições reais são, assim, verdadeiras ou falsas (captam ou não captam a realidade). Dada, às vezes, a dificuldade de se captar a realidade, admite-se a definição nominal que delimita o conceito pelo seu uso (natural ou técnico) dentro de uma comunidade linguística.

Nos dois casos, a realidade ou o uso comum estabelecem os parâmetros para uma definição. Fora destes parâmetros o que se tem é uma definição estipulativa, isto é, abandonam-se aqueles critérios e propõe-se um novo uso para o vocábulo, fixando-lhe arbitrariamente o conceito, que, funcionalmente, ou é aceito ou recusado (cf. Lantella, Belvedere, Iori: La definizione giuridica, Milão, 1979, p. 33).

Deste sentido da palavra *definir* não discrepa a jurisprudência. "Definir é explicar o significado de um termo, estabelecendo seu valor semântico. É, ainda, colocar em destaque os atributos próprios de um ente, para torná-lo inconfundível com qualquer outro" (STJ, Recurso em mandado de segurança n. 3889-0 – RN, Ministro Humberto Gomes de Barros, relator). Estão aí os dois modos de definição: nominal (*estabelecimento do valor semântico*) e real (*destacar os atributos próprios de um ente*).

O discurso normativo (norma) emprega conceitos que se definem real ou nominalmente, ressalvadas as definições estipulativas. Ora, definições reais ou nominais suscitam a questão da *clareza* como limite à interpretação.

7. A LIMITAÇÃO MEDIANTE O BROCARDO *IN CLARIS CESSAT INTERPRETATIO*

No início do século XI, Burcardo, um bispo de Worms, organizou uma série cânones que granjearam autoridade, tendo sido impresso em 1548, em Colônia, e em 1550, em Paris sob o título *Decretum Burchardi*, donde resultou a corruptela *brocardo*.

Uma das fórmulas doutrinárias mediante brocardo, conhecida sob a expressão *in claris cessat interpretatio*, merece aqui um destaque especial.

Leibniz definiu, por exemplo, a clareza de uma sentença do seguinte modo: *uma sentença está clara quando os significados de todas as suas palavras são compreendidos apenas prestando atenção às palavras*. Nesses termos, definiu interpretar como *esclarecer uma oração ou tornar cognoscível aquilo que nela não está suficientemente cognoscível*.

A *claritas veritatis* seria aquela obtida mediante imparcialidade e bom senso. Isso exigiria método e, se possível, um método capaz de alcançar clareza na elaboração das leis, para evitar a protelação de decisões (exigência de *brevitas* como requisito de justiça).

O brocardo *in claris cessat interpretatio* sofreu inúmeras críticas. Na verdade, o brocardo (disposições claras não comportam interpretação) foi um limite à interpretação, de grande voga até o fim do século XIX. A relatividade do conceito de clareza (predicado *correlativo*: claro/escuro) levou o brocardo a um descrédito, substituído pelo aforismo *não há lei sem interpretação*. Em todas as críticas a presunção é de que a *clareza* é uma propriedade semântica do texto em si.

No cerne da crítica ao brocardo está não só o caráter correlativo do predicado: *clareza*, mas também a presunção de que a clareza não pode ser reduzida a uma qualidade das normas (clareza no sentido de estilo claro, redação clara), mas é antes uma qualidade do contexto em que ela se insere e que é inerente ao seu significado. Além disso, argumenta-se que a carga valorativa do próprio intérprete afeta a possibilidade de uma clareza intrínseca e limitadora da interpretação. Ou seja, nenhum texto normativo se reduz ao aspecto locucionário (*é proibido fumar nesta sala*), mas é sempre acompanhado de alguma ilocução (*fumar faz mal à saúde*), na qual as disputas axiológicas, ideológicas entre os próprios intérpretes aparecem.

O brocardo *in claris cessat interpretatio* pressuporia, assim, perante a crítica, uma qualidade objetiva do texto – a clareza –, como uma pré-condição da atividade interpretativa. Só se apela para a interpretação se o texto não é claro.

Diante disso, do ponto de vista semântico, a doutrina tradicional da clareza (*in claris cessat interpretatio*) entende que essa seria difícil de ser sustentada em face da ambiguidade e da vagueza da língua natural, base da legislação.

8. REVISÃO PRAGMÁTICA DA NOÇÃO DE *CLAREZA*

Há, hoje, contudo, algumas tentativas de revisão daquelas críticas.

Como visto, a interpretação jurídica ocorre num amplo espectro de possibilidades. Envolve o direito como um fenômeno complexo de comunicação, na perspectiva da decidibilidade de conflitos. O jurista não *interpreta* do mesmo modo em que o faz o ser humano, ordinariamente, quando procura entender a mensagem de alguém numa simples conversa.

Interpretação admite pelo menos três significados[3]. Em latíssimo senso, refere-se a *qualquer compreensão de qualquer objeto como um objeto de cultura. Interpretação e compreensão* convergem, como é o caso, por exemplo das escolas culturalistas da hermenêutica jurídica. Em lato senso refere-se a uma atribuição de significado a um signo de determinada língua conforme suas regras de uso. É o caso dos métodos usuais: interpretação gramatical, lógica e sistemática. Em estrito senso, é a atribuição de um significado a um signo linguístico em caso de ser duvidoso em uma situação comunicativa (sentido problemático). É o caso da interpretação teleológica, axiológica e histórica. Na prática jurídica o aforismo *não há lei sem interpretação* mostra a relevância predominante e até única dessa última definição. A presunção é de que o uso da língua natural pelo legislador coloca o intérprete diante de ambiguidades e vaguezas inerentes às palavras, posto que a língua se constrói mediante metáforas que vão multiplicando os significados (por exemplo: *fonte* do direito; aliás, a própria palavra *direito* resulta de uma metáfora: *derectum*, isto é, a retidão do fiel da balança no baixo latim).

A questão da clareza exige uma revisão dessa presunção. De um ponto de vista, não semântico, mas pragmático, o problema é deslocado para o uso da língua em sede de comunicação. Nesse quadro, a referência a um contexto é decisiva. É o caso de sentenças

---

3. DASCAL, Marcelo. *Interpretação e compreensão*. São Leopoldo, 2006, p. 343.

comparativas (Pedro é alto – em relação a um padrão de *baixo*) ou de sentenças em que a *locução* (*meu filho, está chovendo*) implica uma *ilocução* não expressa (*leve o guarda-chuva*).

O *contexto* desempenha aqui não o papel de *instrumento* da interpretação (por exemplo, interpretação sociológica: suprir o sentido mediante levantamento de suas circunstâncias), mas de busca do chamado *significado indireto* (ilocução), isto é, do modo como ele ocorre na comunicação.

Essa mudança de foco, passando do que foi dito na sentença para o que o agente quis dizer na comunicação é o ponto de partida para a análise pragmática de Grice sobre o que seria uma lógica da conversação.[4] Para Grice o acesso ao que se *quis dizer* a partir do que se *disse* consiste em um processo de inferência, não dedutiva, que é chamada de *implicatura*. Nesse quadro revela-se o fato de que muitas das interpretações jurídicas constituem *abduções* e não deduções ou induções. Mas a *implicatura* não trabalha, propriamente, com deduções e induções. Trata-se, antes, de um processo diferente – abdução –, mediante o qual a interpretação ocorre por meio de testes capazes de revelar o significado das proposições normativas.

A ideia é de que o esforço interpretativo *resista o quanto possível a uma atribuição de um sem sentido*, buscando-se fazer com o que a fala do outro *faça sentido*. Por exemplo, diante da fala: *todos são iguais perante a lei, mas alguns são mais iguais do que os outros*, ao *sem sentido* poder-se-ia resistir, invocando-se o aforisma: *deve-se tratar igualmente os iguais e desigualmente os desiguais*.

Isso envolve uma conceptualização do emissor, a partir do compartilhamento de determinados padrões de racionalidade (além das regras semânticas convencionadas na comunidade linguística).

A ausência desses padrões mínimos simplesmente mina a capacidade de entendimento,[5] ou pode mesmo significar o descarte da mensagem como algo a ser interpretado ou algo relevante para nossas ações. Incumbe ao intérprete, diante de textos vagos, ou aparentemente incoerentes ou irrelevantes, entender o que o agente "quis dizer" (comunicar) muito embora isso não esteja claramente articulado no que ele "disse" (i.e. no significado da sentença).

9. *CLAREZA*: NEM PONTO DE PARTIDA NEM PONTO FINAL DA INTERPRETAÇÃO

Com isso, volta-se à questão da clareza e, diante do exposto, põe-se a *possibilidade de clareza* nos seguintes termos:

---

4. GRICE, *op. cit.* e FURTHER notes on logic and conversation. in Studies in the way of words, Harvard University Press,1991, p.41-57.
5. DAVIDSON, D. "Belief and the basis of meaning", op. cit. p. p.153: "The point is that widespread agreement is the only possible background against which disputes [about meaning] and mistakes can be interpreted. Making sense of utterances and behaviour of others, even their most aberrant behavior, requires us to find a great deal of reason and truth in them. To see to much unreason on the part of others is simply to undermine our ability to understand what it is they are so unreasonable about".

ALGUMAS CONSIDERAÇÕES EM TORNO DOS LIMITES DA INTERPRETAÇÃO JURÍDICA

a) deve-se perguntar se existem razões para para *não* aceitar o significado de uma elocução em seu valor de face: se a resposta é negativa, a elocução é transparente, isto é, não há razões para recusar o valor de face;

b) se positiva, deve-se buscar interpretações alternativas, até chegar a uma resposta negativa; isto é, buscam-se razões até chegar a um sentido irrecusável para o valor de face.

Donde *clareza* significar *transparência*, isto é, endosso de uma interpretação direta, sem necessidade de busca de alternativas ou de renovadas alternativas (Dascal, p. 353 ss.).

Como isso repercute na interpretação jurídica?

Observe-se que, do ponto de vista pragmático, a hermenêutica jurídica se põe diante de duas situações possíveis. Primeira: existe uma *situação de isomorfia*, em que o texto (locução) casa com o caso, sem necessidade de busca da *ilocução*. Por exemplo, num posto de gasolina, a locução normativa: *é proibido fumar*. Nesse caso, o teste: há alguma razão para recusar o valor de face da locução? conduz a uma resposta negativa. Temos, pois, aí a possibilidade de uma interpretação *transparente*. Segunda: uma *situação de interpretação*, em que o texto exige a busca da ilocução. Por exemplo, *é proibido fumar em locais públicos*. Nesse caso cabe testar o significado absoluto do valor de face (*em todo e qualquer local público, inclusive nas ruas, nas praças, a qualquer hora do dia ou da noite*), mediante busca de alternativas, até chegar a um sentido irrecusável.

Nesses termos, a clareza não é um dado absoluto (ou é claro ou é obscuro), mas dependente da existência de dúvidas razoáveis quanto ao significado. Essas dúvidas, ainda que referidas a uma base semântica, reportam-se primariamente à situação comunicativa.

A noção de *clareza* em uma relação de implicatura a partir de uma conceptualização do *agente* interpretado (legislador) em face do *destinatário* (sujeito), guarda características próximas da atividade de interpretação jurídica, como forma de se ampliar a base de informações disponíveis acerca do sentido da lei. Juridicamente, a clareza depende, assim, de condições institucionais, que o jurista invoca mediante fórmulas do tipo *jurisprudência mansa e pacífica, doutrina dominante, entendimento sumulado, uso técnico das expressões, uso comum de certos institutos* etc. A remissão a esses lugares comuns permite trabalhar, legitimamente, com a relevância atribuída à base semântica dentro da situação comunicativa.

Veja-se, de novo, o recurso extraordinário, objetivando a declaração de inconstitucionalidade do art. 3°, par. 1°, da Lei n. 9718/98. O apelo ao significado institucional de faturamento mostra como aparece a *clareza*. O papel da relevância faz de um termo um sentido isomórfico (claro), ou põe em questão o sentido isomórfico, para levantar dúvidas razoáveis referentes à ilocução (transformações históricas sofridas pelo uso comum), para depois retornar a um uso isomórfico (claro) capaz de limitar, em outro contexto comunicativo, o significado.

É o que se percebe na discussão sobre o tema *faturamento/receita bruta. Faturamento* como expressão constitucional: *situação de isomorfia* (*faturamento* como *ato de faturar ou organizar fatura*) parecia levar a um *sem sentido*: o uso comum, até no comércio, nega essa restrição. Portanto, não passou no teste: há alguma razão para recusar o valor de face da locução? Assim, mediante busca de alternativas, passou a referir-se a *todas as vendas realizadas em determinado período.*

Essa interpretação tem por base a relevância de um atributo conotativo do conceito, localizado não no atributo *fatura*, mas no atributo *venda*. Esse deslocamento mostra-se como um típico caso de implicatura, em que a *relevância* passa de um termo a outro. Com isso, o conceito de *receita bruta* pôde ser equiparado ao de *faturamento*,

Daí o entendimento uniforme do STF de *faturamento* num sentido que alcança, para efeitos fiscais, todas as vendas, mesmo se não acompanhadas de fatura, admitindo, portanto, que *ao faturamento* seja equiparada a *receita bruta* das vendas de mercadorias, de mercadorias e serviços e de serviços de qualquer natureza (teor da LC 70/91). Ou, dito de outro modo, desde que entendida a *receita bruta* como "receita bruta das *vendas de mercadoria e serviços*", *ela pôde ser aceita como faturamento.* Assim entendida, criou-se uma nova isomorfia (clareza), que passou a ser base semântica das interpretações do STF.

Daí o voto do Ministro Peluso, segundo o qual teria havido desconformidade entre a definição adotada na Lei para *receita bruta,* cujo sentido violava a significação adotada pela jurisprudência do STF como equivalente a de *faturamento.* O que se manteve quando, ao final, o voto conferiu, mediante interpretação conforme a Constituição, ao termo *receita bruta,* (constante do *caput* do art. 3º e nele equiparado a *faturamento*), o sentido de *receita bruta de venda de mercadorias e prestação de serviços, de acordo com jurisprudência anterior do STF.*

Quando, porém, ao reportar-se à isomorfia estabelecida e reconhecida, acresceu ao significado de *receita bruta* um novo atributo, desapareceu a transparência.

"Quanto ao *caput* do art. 3º, julgo-o constitucional para lhe dar interpretação conforme a Constituição, nos termos do julgamento proferido no RE n. 150.755/PE, que tomou a locução *receita bruta* como sinônimo de *faturamento,* ou seja, no significado de '*receita bruta de venda de mercadoria e de prestação de serviços',* adotado pela legislação anterior, e que, a meu juízo, *se traduz na soma das receitas oriundas do exercício das atividades empresariais*" (destaquei).

Contrapôs-se ao significado isomórfico uma dúvida quanto à base semântica, o que, certamente, introduz na situação de isomorfia alcançada anteriormente, uma outra situação de interpretação.

Legítimo, assim, perguntar se o teste por ele realizado tem razão de ser: a situação de isomorfia (*objetivamente vendas*) conduziria a uma espécie de "sem sentido": *subjetivamente,* quando não há *venda,* alguns deixam de recolher o tributo.